A PRÁTICA
DA JUSTIÇA

A PRÁTICA DA JUSTIÇA

Uma teoria da ética dos advogados

William H. Simon

Tradução
LUÍS CARLOS BORGES

Martins Fontes
São Paulo 2001

Esta obra foi publicada originalmente em inglês com o título
THE PRACTICE OF JUSTICE: A THEORY OF LAWYERS' ETHICS
por Harvard University Press, Cambridge, Massachusetts, USA, em 1998.
Publicado por acordo com Harvard University Press.
Copyright © 1998 by the President and Fellows of Harvard College.
Copyright © 2001, Livraria Martins Fontes Editora Ltda.,
São Paulo, para a presente edição.

1ª edição
dezembro de 2001

Tradução
LUÍS CARLOS BORGES

Consultor técnico
Gildo Sá Leitão Rios
Revisão da tradução
Silvana Vieira
Revisão gráfica
Ana Maria de Oliveira Mendes Barbosa
Produção gráfica
Geraldo Alves
Paginação/Fotolitos
Studio 3 Desenvolvimento Editorial

Dados Internacionais de Catalogação na Publicação (CIP)
(Câmara Brasileira do Livro, SP, Brasil)

Simon, William H.
  A prática da justiça : uma teoria da ética dos advogados / William H. Simon ; tradução Luís Carlos Borges. – São Paulo : Martins Fontes, 2001. – (Justiça e direito)

  Título original: The practice of justice.
  ISBN 85-336-1441-1

  1. Advogados – Ética profissional 2. Direito – Filosofia 3. Direito e ética 4. Justiça 5. Prática forense I. Título. II. Série.

01-2537   CDD-174.3

Índices para catálogo sistemático:
1. Advogados : Ética   174.3
2. Ética jurídica   174.3

Todos os direitos desta edição para o Brasil reservados à
Livraria Martins Fontes Editora Ltda.
Rua Conselheiro Ramalho, 330/340 01325-000 São Paulo SP Brasil
Tel. (11) 239.3677 Fax (11) 3105.6867
e-mail: info@martinsfontes.com.br http://www.martinsfontes.com.br

Para Gary Bellow

Índice

Introdução 1
  Uma profissão angustiada 1
  O terreno moral da advocacia 5
  A Visão Dominante e as possibilidades 11
  Uma visão preliminar 18
  Falsos começos 20

1. Um direito à injustiça 39
  O argumento da prerrogativa 40
  A premissa libertária 44
  A premissa positivista 56
  Libertarismo contra positivismo 66
  O problema da retroatividade 67
  O problema da legislação privada 69
  Conclusão 75

2. Justiça a longo prazo 79
  Confidencialidade 80
  O contraditório e a preparação do julgamento 95
  A identificação com os clientes e a dissonância cognitiva 104
  A eficiência das normas categóricas 107
  A aptidão para o julgamento complexo 113
  Conclusão 115

3. Os advogados devem obedecer à lei?...... 119
   A obrigação do advogado na Visão Dominante...... 120
   A concepção positivista contra a concepção substantiva de lei...... 122
   A difusão da anulação implícita...... 133
   Alguns esclarecimentos sobre a anulação...... 148
   Anulação *versus* reforma...... 150
   Imposto *versus* proibição...... 151
   Determinação *versus* obrigação...... 153
   Uma obrigação *prima facie*?...... 158
   Reexame do perjúrio no caso de divórcio e de aconselhamento acerca da aplicação da lei...... 161
   Conclusão...... 166

4. O profissionalismo jurídico como trabalho significativo...... 169
   O problema da alienação...... 171
   A solução profissional...... 185
   O advogado perdido...... 195
   As evasões brandeisianas...... 204
   Autotraição...... 209
   Conclusão...... 210

5. A ética jurídica como julgamento contextual...... 213
   A estrutura dos problemas da ética jurídica...... 214
   Algumas objeções...... 242
   O terreno moral da advocacia reconsiderado...... 252

6. A defesa criminal é diferente?...... 263
   Questões controvertidas...... 263
   Argumentos fracos a favor da defesa agressiva...... 268
   Assistência social, justiça e anulação...... 290
   Os interesses em jogo...... 298
   Conclusão...... 300

7. Institucionalizando a ética 301
   Um regime disciplinar contextual: o modelo do delito civil 305
   Reestruturando o mercado de serviços jurídicos 314
   Conclusão 329

Leitura adicional 331
Agradecimentos 337
Índice remissivo 341

Introdução

Uma profissão angustiada

Nenhum papel social estimula aspirações morais tão ambiciosas como o do advogado e nenhum papel social desaponta tão constantemente as aspirações que estimula.

Muitos jovens vão para a escola de Direito com a esperança de encontrar uma carreira na qual possam oferecer uma contribuição para a sociedade. Tendem a sair com essas esperanças diminuídas, e as esperanças muitas vezes desaparecem sob as pressões da prática. Mais tarde, nas suas carreiras, especialmente se alcançam o sucesso mundano, muitas vezes recordam-se das suas esperanças com nostalgia e pesar. Devemos a essa experiência de fim de carreira uma florescente literatura de livros, discursos após jantares e relatórios da Ordem dos Advogados lamentando a pobreza ética da prática do Direito.

Parte dessa literatura atribui o desapontamento ético a desenvolvimentos recentes na prática ou na teoria. A prática tornou-se mais burocrática em certos aspectos, mais comercial em outros. As pretensões de autonomia, coerência e autoridade do pensamento jurídico foram desafiadas tanto pela esquerda como pela direita. Contudo, sabemos que a experiência do desapontamento ético e, na verdade, a literatura do lamento de fim de carreira precedem em muito esses desenvolvimentos. As críticas atuais são apenas o pico mais recente de um ciclo que tem, pelo menos, um século. O volume da queixa flutuou, mas a queixa tem estado conosco constantemente[1].

Encontramos uma expressão de angústia similar com respeito ao papel do advogado, que se tem manifestado na cultura popular em um ritmo razoavelmente constante ao longo dos anos. Os retratos heróicos da advocacia com freqüência amputam características importantes das versões oficial e empírica do papel do advogado. Os clientes de Perry Mason são sempre inocentes. Retratos dramáticos que pretendem tratar os advogados de maneira mais realista são em geral ambivalentes ou francamente depreciativos quanto a esse papel. Jaggers e Tulkinghorn, de Dickens, parecem mais grotescos quanto mais fielmente servem os seus clientes.

Portanto, uma explicação da angústia moral associada com a advocacia devia atentar para condições mais permanentes que os desenvolvimentos recentes na organização e na teoria do Direito. Minha explicação concentra-se em uma tensão estrutural no papel do advogado que sempre esteve presente mas que se tornou mais aguda durante o último século. O cerne da explicação é este: a concepção dominante das responsabilidades profissionais do advogado enfraquece a ligação entre as tarefas práticas da advocacia e os valo-

---

1. Para lamentos recentes e notáveis, ver Anthony Kronman, *The Lost Lawyer* (1993); Sol Linowitz, *The Betrayed Profession* (1994); Mary Ann Glendon, *A Nation Under Lawyers* (1994); The American Bar Association, Section on Legal Education and Admission to the Bar, *Legal Education and Professional Development – An Education Continuum: Report of the Task Force on Law Schools and the Profession* (1992); American Bar Association, Commission on Professionalism, *"In the Spirit of Public Service": A Blueprint for Reviving Lawyer Professionalism* (1986). Para uma perspectiva histórica sobre a tradição da lamentação, ver Robert W. Gordon, "The Independence of Lawyers", 68, *Boston University Law Review* 63 (1988).

res de justiça que, os advogados acreditam, provêem os fundamentos morais do seu papel. Essa concepção muitas vezes requer que o advogado pratique ações que contribuem para a injustiça nas circunstâncias em questão. Naturalmente, supõe-se que essas ações facilitam uma justiça maior em um sentido mais remoto. Mas o caráter remoto da sentença moral final da conduta do advogado é um problema. Na melhor das hipóteses, a situação exige do advogado um ascetismo moral rigoroso. Sua experiência imediata implica-o em violações dos valores com os quais está mais fundamentalmente comprometido; os efeitos benéficos redentores ocorrem em algum lugar fora da sua vida de trabalho, talvez invisivelmente. Portanto, de uma maneira muito prontamente associada com normas religiosas, a advocacia exige um adiamento da satisfação ética de experimentar o bem para o qual contribui a nossa conduta correta.

O problema torna-se mais sério uma vez que temos razão para duvidar da ligação entre a injustiça vividamente percebida do aqui e agora e a justiça maior esperada em outro lugar e mais tarde. A ligação não pode ser observada. É uma questão para a teoria, e a teoria tornou mais difícil para os advogados acreditar que as suas injustiças imediatas são realmente necessárias para um bem mais remoto.

Assim, há verdade na sugestão de que os desenvolvimentos na teoria jurídica contribuem para a angústia moral do papel do advogado. Mas as descrições conhecidas da contribuição da teoria são desorientadoras. Na verdade, os importantes desenvolvimentos teóricos são bem anteriores às duas últimas décadas; eles remontam ao início do século XX. Além disso, o problema não é que a teoria jurídica tornou as pessoas cínicas quanto aos valores. O cinismo não é necessariamente uma ameaça à concepção dominante da responsabilidade profissional. Se eu estiver certo, a origem fundamental da angústia moral é a tenuidade que se percebe na ligação entre as injustiças imediatas concretas da prática e a justiça remota que supostamente as redime. Um aumento do ceticismo não teria nenhum efeito importante sobre essa experiência. O ceticismo reduziria nossa confiança no poder redentor da justiça remota mas também nos tornaria comparativamente mais indiferentes à injustiça a curto prazo.

Os desenvolvimentos importantes da teoria jurídica não são os que encorajam o ceticismo quanto à justiça mas os que desafiam a idéia de que a justiça no abstrato exige a injustiça deliberada no aqui e agora. E o mais importante deles é a crítica centenária ao julgamento formalista, categórico ou "mecânico". Isso porque os problemas centrais do papel do advogado originam-se da tendência da concepção dominante de definir as suas responsabilidades em função de normas formalistas, categóricas e "mecânicas".

A revolta contra o formalismo no pensamento jurídico triunfou em quase todo campo jurídico que não o da própria advocacia. Em quase todos os outros lugares, a teoria do Direito moderna ensina que a marca do julgamento jurídico é a complexidade: o seu compromisso é vindicar princípios gerais enquanto leva em conta a particularidade factual. Nessa visão, o julgamento jurídico é caracteristicamente contextual. Sozinha, a moderna teoria do Direito da responsabilidade profissional pressupõe ou prescreve o julgamento categórico. Não há justificativa para essa diferença. As críticas clássicas ao julgamento categórico aplicam-se com força excepcional ao campo da advocacia.

Por meio de um ato notável de segregação intelectual, as práticas categóricas da ética jurídica convencional gozaram de relativa imunidade a essas críticas. Mas os advogados que absorveram as críticas ao formalismo e que estão acostumados a operar sob regimes de julgamento contextual em outras áreas não podem ser completamente insensíveis às deficiências do julgamento categórico nesse caso. Na verdade, lapsos retóricos notáveis na responsabilidade profissional sugerem ocasionalmente que os proponentes não poderiam acreditar no que estão dizendo[2]. Nessas circunstâncias, a angústia e o desapontamento do advogado são prontamente explicados. As normas da prática exigem que ele pratique ações que frustram os valores com os quais está supostamente comprometido. Os fundamentos ideológicos que supostamente tornam tolerável essa experiência são fracos e ineficazes. O argumento aqui ressoa com a crítica tradicional à advocacia na cultura popular. O principal ataque dessa crítica leiga sempre foi o de que os advogados, nas suas práticas convencionais, contribuem sabidamente para a injustiça. Embora os advogados gostem de atribuir a hostilidade dos leigos para com a ética dos advogados à sua falta de familiaridade com a teoria do Direito, o oposto encontra-se mais próximo da verdade. O público leigo sempre foi colocado em situação mais vantajosa que o profissional pela teoria do Direito formalista. Os melhores retratos leigos da advocacia refletem uma compreensão da teoria do Direito superior aos próprios pronunciamentos da profissão a respeito da matéria.

O terreno moral da advocacia

Os tipos de decisões morais que implicam os compromissos mais fundamentais da profissão com a legalidade e a justiça são os que se originam dos conflitos entre os interes-

---

2. Por exemplo, considere o argumento das *Model Rules* a favor da confidencialidade da informação no que diz respeito a transgressões planejadas, discutido no capítulo 2, e as torturadas racionalizações da confidencialidade discutas na nota 9 desse capítulo.

ses dos clientes, por um lado, e os interesses de terceiros e públicos, por outro lado. Considere alguns exemplos.

O condenado inocente. Por volta de 1914, Arthur Powell, um advogado da Geórgia, recebeu de um cliente informações que estabeleciam a inocência de Leo Frank. Frank fora condenado em Atlanta pelo assassinato de uma jovem em um julgamento notoriamente prejudicado pelo anti-semitismo e pela histeria da massa. Como o cliente não consentia na revelação, Powell não comunicou essa informação a ninguém. A sentença de Frank foi posteriormente comutada para prisão perpétua mas, pouco depois, ele foi linchado por uma multidão[3].

Benefícios para empreendimentos agrícolas. O Federal Reclamation Act foi decretado em 1906 com o propósito declarado de sustentar pequenas fazendas familiares. A lei custeia projetos que oferecem água a fazendeiros a tarifas pesadamente subsidiadas. A lei original estipulava que, para ter direito ao recebimento de água subsidiada, a propriedade não poderia ter mais do que 160 acres. Embora seja indiscutível que o intento desse limite era impedir grandes subsídios a fazendeiros ricos, ao longo dos anos os advogados desses fazendeiros, inclusive de grandes corporações como a Ferrovia Southern Pacific, criaram uma série de dispositivos para qualificar os seus clientes a receber bilhões de dólares em benefícios.

Uma abordagem inicial foi fazer com que o cliente dispersasse suas posses entre várias corporações. Embora as

---

3. Arthur Powell, *I Can Go Home Again* 287-92 (2ª. ed., 1943). Provas confirmando que Frank fora condenado injustamente surgiram após a sua morte. Wendell Rawls, Jr., "After 69 Years of Silence, Lynching Victim Is Cleared", *New York Times*, 8 de março de 1982, p. A12.

ações de todas as corporações fossem de propriedade do cliente, juntamente com associados e membros da família, e o cliente continuasse a trabalhar a terra como uma unidade, os advogados argumentaram que, como cada corporação possuía apenas 160 acres, estavam coletivamente habilitadas a receber a água subsidiada para toda a terra trabalhada pelo cliente. Outra abordagem foi criar uma série de fideicomissos para membros da família e atribuir lotes de 160 acres a cada um. Embora uma pessoa pudesse reter o controle de tudo como fideicomissário, os advogados podiam argumentar que cada fideicomisso, como "pessoa jurídica" separada, estava habilitado a receber água subsidiada para "suas" propriedades[4].

O recalcitrante S & L*. Em 1979 o sistema americano de bancos de poupança e empréstimos começou a ruir como resultado de defeitos estruturais agravados pela política monetária estrita e pela desregulamentação opressiva. Embora a natureza e as causas do colapso fossem bem conhecidas por mais de uma década, o congresso e a administração mostraram-se incapazes de uma atuação decisiva. Enquanto isso, o público americano era exposto a um grau surpreendente de risco moral por meio do sistema de seguro de depósito.

Por causa do seguro de depósito, os bancos podiam atrair depósitos sem considerar a sua solidez. Quanto mais se aproximava da insolvência, mais a administração se sentia tentada a fazer investimentos excepcionalmente arriscados. Uma aposta vencedora restauraria a solvência da insti-

---
4. Ver Joseph Sax, "Federal Reclamation Law", em 2 *Waters and Water Rights* 111, 120-4 (Robert Clark, ed. 1967).
* Abreviatura de *Savings & Loan Association*, associação com características de banco criada para captar poupança e dar empréstimos para aquisição de imóveis. (Durval de Noronha Gorjos Jr., *Dicionário Jurídico Noronha*, 3.ª ed., São Paulo, Observador Legal, 1998.)

tuição e enriqueceria a administração, ao passo que os custos de uma aposta perdedora seriam arcados pelo fundo de seguro de depósitos. No ponto em que essa dinâmica começava a operar, era fundamental para o interesse público que o banco fosse fechado. Infelizmente, os recursos e poderes do Federal Home Loan Bank Board eram pateticamente inadequados para proteger esse interesse. O custo público desse fracasso sistêmico excedia $200 bilhões de dólares.

Charles Keating e o Lincoln Savings & Loan tinham empreendido uma estratégia de investimento muito agressiva, que preocupava o Board. Quando o Board expressou dúvidas a respeito da solidez do banco e das suas práticas de empréstimo, Keating respondeu contratando litigantes da firma Kaye, Scholer, Fierman, Hays e Handler, de Nova York, que o representaram nas questões de auditoria bancária entre 1986 e 1989, quando o Lincoln foi finalmente fechado, com um custo para o público estimado em mais de $3 bilhões de dólares.

Com um grau de contenciosidade antagônica anteriormente desconhecido no processo de auditoria bancária, os litigantes da Kaye Scholer despenderam uma engenhosidade formidável e uma energia de tempo integral para limitar a investigação dos regulamentadores sobre as práticas de empréstimo do Lincoln e para evitar a intervenção na instituição fiscalmente hemorrágica. Os muitos exemplos de conduta de ocultamento alegados pelo governo (e contestados por Kaye Scholer) incluem:

- O estudo que a firma fez dos arquivos de empréstimo de seus clientes revelaram um forte padrão de empréstimos feitos sem requerimentos de empréstimo formais, com pouca ou nenhuma análise da caução e sem avaliações nem históricos de fluxo de caixa. Em um memorando interno, um advogado da firma disse que os arquivos de um grupo de empréstimos "percorriam o espectro que ia do desastre ao ine-

xistente". Contudo, ao tentar impedir o confisco, a firma fez ao Board afirmações como: "Ao fazer empréstimo imobiliário, o Lincoln sempre executou processos muito cuidadosos e completos para analisar a caução e o mutuário."
- A equipe do banco havia alterado a documentação apresentada aos auditores. Removeram informações que desaconselhavam os empréstimos e acrescentaram materiais preparados subseqüentemente para sustentar os empréstimos. Esses materiais posteriores não tinham data e foram escritos no tempo presente para dar a impressão de que eram contemporâneos dos empréstimos. Sem revelar essas circunstâncias, os advogados da Kaye Scholer referiram-se repetidamente aos arquivos adulterados como indício da sólida prática de subscrição do banco.
- Para satisfazer exigências de reserva e capital, o Lincoln inflacionou o valor contábil do seu ativo por meio de uma série de "transações ligadas". Vendia propriedade para um aliado por um preço mais alto do que o pago pelo Lincoln, registrando o aumento como ganho de capital. Na verdade, o Lincoln ou um afiliado às vezes tinha emprestado ao aliado o dinheiro para comprar a propriedade, prometido comprá-la de volta ou, simultaneamente, comprara do aliado uma propriedade supervalorizada. Os advogados da Kaye Scholer sabiam das transações e, internamente, expressaram repetidas vezes preocupação com a possibilidade de que os auditores as descobrissem. Sem revelá-las, continuaram a argumentar junto ao Board que o banco era administrado com solidez e referiram-se às cifras contábeis que refletiam as "transações ligadas" como indício da saúde do banco[5].

---

5. As alegações contra a Kaye Scholer aparecem em Office of Thrift Supervision, "Matter of Fishbein", AP 92-19 (1º de março de 1992), reimpresso em *The Attorney Client Relationship After Kaye Scholer* 239-322 (PLI 1992). Para discussões e referências à literatura sobre o caso, ver William H. Simon, "The Kaye Scholer Affair", *Law and Social Inquiry* (1998).

Casos como esses ilustram as fontes da angústia moral associada com o papel do advogado. A conduta de aconselhamento em cada um deles é defensável no mínimo no que diz respeito às normas vigentes de responsabilidade profissional. O silêncio de Powell no caso Frank foi e continua a ser absolutamente mandado pelas normas de confidencialidade[6]. A conduta dos advogados dos empresários agrícolas não foi criticada em termos ético-jurídicos e provavelmente estava dentro das normas convencionais. Os advogados da Kaye Scholer sofreram sanção do Office of Thrift Supervision (sucessor do Bank Board) pela interpretação plausível das regras bancárias aplicáveis, mas a autoridade disciplinar da ordem dos advogados de Nova York não viu nenhuma razão para disciplina. Embora a Kaye Scholer contestasse algumas das bases factuais das acusações do governo, a firma também sugeriu que, mesmo que os advogados houvessem atuado como afirmavam as acusações, sua conduta teria sido adequada; muitos advogados proeminentes concordaram com essa defesa.

Contudo, em cada um desses casos existe pelo menos a suspeita de que a conduta dos advogados contribuiu para injustiça substancial. Essa suspeita persiste mesmo depois de reconhecermos que o nosso conhecimento factual desses casos é limitado e que muitas vezes não existe nenhum consenso quanto ao significado da justiça em casos específicos. Isso porque sabemos, dado o regime ético sob o qual opera-

---

6. Ambas as versões da norma de confidencialidade da profissão – *Model Code* DR 4-101 e *Model Rule* 1.6 – proíbem a revelação em tais circunstâncias. Muitos defensores da Visão Dominante consideram o caso suficientemente perturbador para justificar uma exceção. O esforço de justificar uma exceção sem enfraquecer a norma de confidencialidade categórica deu origem a análises tortuosas de um problema que a maioria das pessoas julgaria (corretamente, a meu ver) simples, com uma resposta evidente. Ver: "Symposium: Executing the Wrong Person: The Professionals' Ethical Dilemmas", 29, *Loyola of Los Angeles Law Review* 1543 (1996).

ram, que os advogados envolvidos provavelmente teriam se comportado como fizeram mesmo que *eles próprios* acreditassem que as conseqüências imediatas prováveis da sua conduta eram injustas.

A Visão Dominante e as possibilidades

A abordagem vigente da ética dos advogados, tal como refletida nos códigos disciplinares da profissão, a jurisprudência a respeito da disciplina dos advogados e a crítica emergente sobre a responsabilidade profissional podem ser crua mas proveitosamente resumidas como a Visão Dominante.

O princípio central da Visão Dominante é este: o advogado deve – ou, pelo menos, pode – perseguir qualquer objetivo do cliente por meio de qualquer curso de ação demonstravelmente legal e fazer valer qualquer reivindicação legal não-frívola. Assim, se o cliente de Arthur Powell quer que ele permaneça em silêncio, Powell deve fazer isso, a menos que alguma lei exija indiscutivelmente o contrário. Se os clientes empresários agrícolas querem água subsidiada, as manobras dos seus advogados são justificadas se houver um argumento não-frívolo de que a lei não as proíbe. Os advogados da Kaye Scholer podem ter tido uma conduta legalmente proibida, mas muitos advogados proeminentes insistiram em que não e, para eles, esse fato teria sido suficiente para estabelecer a adequação da sua conduta.

Observe que na Visão Dominante o único dever ético distinto do papel do advogado é a lealdade ao cliente. A ética jurídica não impõe responsabilidades para com terceiros ou para com o público que não a da observância mínima da lei que se exige de todos.

A Visão Dominante é pressuposta nos mais importantes dispositivos de cada um dos dois códigos éticos promulgados pela Ordem dos Advogados Americana – o *Model*

Code of Professional Conduct [Código-modelo de Conduta Profissional] de 1969 e as *Model Rules of Professional Conduct* [Regras-modelo de Conduta Profissional] de 1983. Um ou outro desses códigos está em vigor em quase toda jurisdição americana[7]. O mandado do *Code*, de "defesa zelosa dentro dos limites da lei", expressa resumidamente a Visão Dominante. As *Model Rules* são menos explícitas, mas os dispositivos sobre advocacia e confidencialidade equivalem quase precisamente à mesma abordagem do *Code*. Mas o *Code* e as *Rules* legitimam que o advogado persiga qualquer objetivo lícito do cliente por meios defensavelmente lícitos. E ambos contêm injunções categóricas, sujeitas apenas a estritas exceções, para que se mantenham confidenciais as informações adversas ao cliente[8].

Naturalmente, nem os códigos disciplinares nem qualquer tribunal ou comentarista subscreve a Visão Dominante *tout court*. O preceito básico é quase sempre qualificado por algumas normas destinadas a proteger terceiros e interesses públicos. Mas o preceito básico continua a ser a norma governante. Ele influencia e estrutura as discussões. Funciona como ponto de partida e como provável opção de emergência.

Nos escritos de alguns críticos da Visão Dominante, podem-se discernir os contornos de uma abordagem alternati-

---

[7]. A regulamentação geral da profissão jurídica é uma responsabilidade do Estado e é geralmente supervisionada pelo tribunal mais elevado do Estado. A Ordem dos Advogados Americana é uma organização nacional privada, sem nenhum poder legislativo. Seus códigos foram promulgados como modelos para adoção pelos estados. Os tribunais estaduais adotaram todos ou partes de um ou outro dos códigos da ABA nos seus sistemas disciplinares. A disciplina, tipicamente, é administrada por um apêndice administrativo do sistema de tribunais. As violações acarretam sanções que vão da censura à expulsão. Tribunais e agências administrativas muitas vezes reportam-se aos códigos para decidir uma reivindicação envolvendo advogados, tais como negligência ou desacato a juiz.

[8]. David Luban chama a Visão Dominante de "Concepção-padrão" e mostra detalhadamente como é pressuposta pelos códigos de ética da profissão em *Lawyers and Justice: An Ethical Study* 393-403 (1988).

va que poderia ser chamada de Visão do Interesse Público. A máxima básica da Visão do Interesse Público é a de que a lei deve ser aplicada de acordo com os seus propósitos e o litígio deve ser conduzido de maneira que promova a solução informada a respeito dos méritos substantivos. A abordagem do Interesse Público é menos definida que a da Visão Dominante, mas tende a ordenar a revelação de informações relevantes – do tipo que foi retido no caso do condenado inocente e no caso S & L –, a rejeitar a manipulação da forma para anular os propósitos jurídicos relevantes – como parece ter acontecido no caso dos benefícios aos empresários agrícolas –, e a negar que se faça uso do processo de um modo que frustre as normas substantivas, como pode ter acontecido no caso S & L[9].

O fato crítico para o nosso propósito é que a Visão Dominante e a Visão do Interesse Público, apesar de todas as diferenças de prioridades, adotam um estilo comum de tomada de decisões, que chamo de categórico. Tal tomada de decisões restringe severamente o âmbito de considerações que a pessoa que decide pode levar em conta ao avaliar um problema particular; uma regra rígida dita uma resposta específica na presença de um número pequeno de fatores. Quem toma as decisões não tem nenhum arbítrio para considerar fatores não-especificados ou para avaliar fatores especificados de outras maneiras que não as prescritas pela regra.

O debate mais amplo a respeito da responsabilidade profissional tem como certo que o julgamento ético deve ser categórico. Por exemplo, considere uma troca entre Monroe Freedman, um expoente inflexível da Visão Dominante, e Geoffrey Hazard, um dos idealizadores das *Model Rules*

---

9. Ver, por exemplo, Marvin Frankel, "The Search for Truth: An Umpireal View", 123, *University of Pennsylvania Law Review* 1031 (1975).

que já foi simpatizante da Visão do Interesse Público. A orientação do advogado para o marido em um caso de divórcio deve insistir na revelação de proventos que a esposa desconhece? Como Freedman relata, a "esposa é representada como uma mercenária cujo único valor na vida é arrancar do marido cada centavo e propriedade que ele possui, a qualquer custo para a relação pessoal, os filhos ou qualquer outra coisa". Hazard responde que poderia contar novamente a história da mulher com os filhos no meio da neve, enquanto o marido se refestela no Caribe. Expressando a premissa comum das abordagens categóricas, Hazard conclui: "não dá para ser das duas maneiras [...] Você não pode fazer com que esses casos se baseiem em méritos subjacentes. Estamos falando [...] da regra processual"[10]. Freedman seria o último a discordar quanto à necessidade de uma regra mas, para ele, a regra adequada é "não revele", e não, como para Hazard, "revele".

Em contraste com a Visão Dominante e a Visão do Interesse Público, defenderei uma abordagem da tomada de decisões éticas, na qual as decisões muitas vezes se baseiam nos "méritos subjacentes". Podemos chamá-la Visão Contextual. Sua máxima básica é que o advogado deve tomar ações tais que, considerando as circunstâncias relevantes do caso em questão, pareçam tender a promover a justiça.

A justiça, tal como uso o termo, não é um conceito extrajurídico. Sigo os preâmbulos dos códigos da Ordem dos Advogados Americana ao considerar que a justiça representa uma premissa normativa do sistema jurídico[11]. Assim,

---

10. "A Gathering of Legal Scholars to Discuss 'Professional Responsibility and the Model Rules of Professional Conduct'", 35, *University of Miami Law Review* 639, 652-4 (1981).

11. *ABA Model Rules of Professional Conduct*, preâmbulo, parágrafo 1 (os advogados têm "responsabilidade especial pela qualidade da justiça"); *ABA Model Code of Professional Responsibility*, preâmbulo, parágrafo 1 ("a lei [...] torna a justiça possível...").

uma formulação alternativa da máxima básica poderia exortar o advogado a atuar para vindicar "os méritos jurídicos" da questão considerada. Naturalmente, para muitos advogados, "justiça" e "lei", ou "mérito jurídico", têm diferentes conotações, e a relação entre ambos é o objeto de um debate clássico na teoria do Direito, ao qual nos referiremos em muitas passagens a seguir. O modo como nos sairmos nessa questão afetará o modo como implementamos a abordagem proposta aqui. Mas qualquer uma das respostas levadas a sério atualmente é compatível com certa variação da minha abordagem.

A essência dessa abordagem é o julgamento contextual – um julgamento que aplica normas relativamente abstratas a um amplo âmbito das particularidades do caso em questão. Em alguns casos, especialmente quando falando sobre a ética da prática, os advogados falam como se tal julgamento fosse necessariamente arbitrário. Falam de normas abstratas como subjetivas e de fatos como indeterminados. Há dois ou mais ângulos para cada questão, eles dizem. A justiça de uma pessoa é a opressão de outra. Nunca podemos saber com certeza o que aconteceu.

Mas, em outros contextos, os advogados, de maneira típica, insistem vigorosamente na possibilidade do julgamento racional, fundamentado, discricionário. Na verdade, no último século, esse foi o impulso central das discussões do papel judicial. A literatura moderna mais conhecida a respeito da tomada de decisão judicial preocupou-se centralmente com a defesa de estilos contextuais de tomada de decisão contra estilos mais categóricos. Embora essa defesa tenha sido desafiada, ganhou ampla aceitação, mesmo entre advogados hostis a esse estilo de decisão na ética jurídica. A preferência por normas e decisões categóricas no contexto da advocacia nada mais reflete que um fracasso em transpor para o papel do advogado a crítica do formalismo, da teoria do Direito mecânica e do raciocínio categórico que há tanto tempo se aplica ao papel judicial.

Outro contexto pertinente no qual os advogados estiveram relativamente dispostos a aceitar a possibilidade de julgamento discricionário significativo foi na arena do promotor público. Na verdade, a minha formulação da máxima básica do modelo discricionário foi parcialmente inspirada pela máxima que o *Code* prescreve para o promotor: "A responsabilidade de um promotor [...] é buscar a justiça, não meramente condenar."[12]

Os advogados estão tão acostumados a associar o julgamento contextual a juízes ou a promotores e outros advogados governamentais que às vezes protestam que a Visão Contextual da ética jurídica reduz o papel do advogado ao do juiz ou do promotor. Mas isso é uma incompreensão. Ao recorrer a esses outros papéis pretendo invocar apenas um estilo de julgamento, não as decisões particulares que juízes e promotores tomam. A Visão Contextual incorpora muito do papel tradicional do advogado, inclusive a noção de que os advogados podem servir à justiça por meio da defesa zelosa dos objetivos dos clientes. Ela respeita plenamente as concepções mais plausíveis da justiça processual e do contraditório. Embora suponha que o papel do advogado tem uma dimensão pública, essa suposição está fundada na velha asserção do advogado de que ele é um "funcionário do tribunal" e em noções sobre a integração mais eficaz do papel do advogado com os outros papéis do sistema jurídico.

A noção de um regime de ética jurídica do julgamento contextual parece, para alguns advogados, quase inconcebivelmente utópica. Na verdade, porém, já temos em vigor, e funcionando, um sistema de regulamentação de advogados

---

12. *Model Code*, EC 7-13.

baseado em normas contextuais. É o sistema de regulamentação de delitos civis que lida com ações de imperícia nos tribunais. A norma central desse sistema – o conceito de negligência – é um exemplo paradigmático de norma contextual. O processo pelo qual a norma de negligência foi elaborada em uma miríade de contextos ocupacionais é uma ilustração familiar da maneira como um ideal abstrato pode ser concretizado e fundamentado em práticas e expectativas sociais por meio de hipóteses e do ajuizamento caso por caso. A preferência por normas contextuais no contexto da ética não reflete nenhuma diferença prática entre as esferas do delito civil e da ética jurídica.

Apesar de todas as suas diferenças em relação à Visão Dominante, o presente argumento compartilha com ela uma premissa de importância vital. Ambas as visões invocam a tradição centrada em aspirações do profissionalismo jurídico. Supõem que os advogados se importam com a correção da sua conduta e que são motivados, pelo menos até certo limite, a comportar-se eticamente. Os advogados dessa visão não são simples maximizadores de lucro em benefício próprio mas pessoas que buscam satisfação e respeito no desempenho de um papel social valioso. Tais convicções são admitidas por quase todos os participantes dos debates clássicos a respeito da ética jurídica. Contudo, devíamos reconhecer que são rejeitadas por algumas pessoas, para as quais esses debates parecem pose hipócrita. Embora tenha muito a dizer a respeito da implementação prática de regimes éticos alternativos, não procurei conquistar o cético extremo, que não consegue enxergar nenhuma razão para que nos importemos com a avaliação moral da conduta do advogado.

Uma visão preliminar

Após discutir algumas perspectivas alternativas sobre a angústia moral da profissão e os problemas básicos da ética jurídica, que na minha opinião estão, pelo menos em parte, mal direcionados, passo a criticar as premissas da Visão Dominante. O capítulo 1 focaliza um conjunto de argumentos implícitos na máxima da "advocacia zelosa dentro dos limites da lei" do *Code*. Esses argumentos sugerem que o cliente geralmente tem direito à advocacia que essa máxima prescreve. Afirmo que esses argumentos são anacrônicos e incoerentes.

O capítulo 2 concentra-se em um conjunto um tanto diferente de argumentos a favor da Visão Dominante, que são mais proeminentes nas *Model Rules* e no comentário que as acompanha. Esses argumentos são instrumentais. Afirmam que, embora um dado cliente possa não ter direito às conseqüências da advocacia zelosa, exigir que um advogado se comprometa com ela promoverá a justiça, de maneira geral, no agregado. O mais importante desses argumentos diz respeito à confidencialidade; outro envolve o "contraditório". Argumento que interesses legítimos, inerentes à confidencialidade, são protegidos por uma norma contextual, e que a abordagem contextual é compatível com concepções plausíveis do "contraditório".

No capítulo 3, passamos para a questão de determinar se existe ou não um dever categórico de obedecer à lei. Tal dever representa o ponto final do modelo dominante e o ponto inicial – o primeiro de uma série de deveres categóricos que consideram o público – do modelo do interesse público. Revela-se que a resposta depende de como respondemos à questão da relação entre lei e justiça. Se definimos a lei estritamente, para excluir dimensões importantes da justiça, então o dever de obedecer torna-se indefensável. Se a definimos mais amplamente, podemos justificar um dever, mas o dever é incompatível com a Visão Dominante da ética jurídica e também, talvez, com a Visão do Interesse Público.

Relaciono a crítica da teoria do Direito à Visão Dominante e à Visão do Interesse Público com a questão da angústia moral dos advogados no capítulo 4. O argumento nesse caso é que o julgamento contextual é um elemento da concepção de trabalho significativo acarretada pelas aspirações morais mais poderosas do profissionalismo.

O capítulo 5 discute a Visão Contextual em detalhe. Forneço vários exemplos de como é possível tomar decisões éticas segundo essa abordagem e concluo revisitando os casos do condenado inocente, dos benefícios aos empresários agrícolas e do recalcitrante S & L.

No capítulo 6 considero e rejeito argumentos de que existe algo especial na defesa criminal que torna a Visão Dominante mais plausível ali do que na esfera civil.

Finalmente, no capítulo 7, considero quais formas de institucionalização e imposição seriam mais adequadas para uma ética jurídica inspirada pela Visão Contextual. Enfatizo a curiosa diferença entre o estilo categórico de regulamentação da advocacia adotado no campo da ética jurídica e o estilo contextual adotado no campo do delito civil, argumentando que este é mais compatível com as aspirações éticas mais plausíveis da profissão. Também considero as pressões que se originam do "mercado do compromisso ético" e especulo a respeito das reformas que poderiam reduzir a tensão entre tais pressões e uma ética do julgamento contextual.

Exceto no capítulo 7 e em partes do capítulo 2, não faço distinção entre a análise ética pertinente a um órgão regulador que promulga regras de conduta profissional e a análise pertinente a um advogado individual que atua dentro dos limites das regras promulgadas. O argumento se destina a ambos os contextos. Regras disciplinares devem exigir julgamento contextual bem fundamentado. Mas qualquer conjunto de regras deixará aos advogados um bocado de arbítrio. Para os advogados que consideram com seriedade a responsabilidade profissional, a ética nunca será unicamente uma questão de aquiescência às regras, não importa como elas sejam estruturadas. O presente argumento sugere aos advogados maneiras de pensar a respeito das decisões no âmbito desse arbítrio.

Falsos começos

Uma premissa importante do meu argumento é a de que as questões fundamentais da ética jurídica pertencem ao âmbito da teoria do Direito, isto é, implicam questões da natureza e do propósito do direito e do sistema jurídico. De modo surpreendente, talvez, essa afirmação não é amplamente aceita. Na verdade, é implicitamente negada em boa parte dos escritos mais ambiciosos a respeito da responsabilidade profissional.

Será útil considerar quatro perspectivas possíveis, três das quais localizam as questões mais básicas da ética dos advogados em outra parte. A primeira vê a responsabilidade profissional como, em boa parte, uma questão de aquiescência mecânica ao Direito positivo. A segunda e a terceira vêem-na como, em boa parte, uma questão de acomodar as exigências profissionais à moralidade pessoal ou às relações públicas. A quarta, embora lembre meu argumento ao enfatizar a importância do julgamento complexo, vê as possibilidades e os obstáculos a tal julgamento de maneira muito diferente.

Seguir as regras

A proeminência contemporânea das questões da responsabilidade profissional data do escândalo de Watergate. Até então, dera-se pouca atenção ao tema nas escolas de Direito ou nos exames da ordem, e havia pouca doutrina ou comentários. Desde Watergate, a ética tornou-se um curso obrigatório na maioria das escolas de Direito. Um exame dedicado ao tema é exigido da maioria dos candidatos. E há uma literatura e uma jurisprudência crescentes. O que tinha Watergate para inspirar tal atividade? Presumivelmente, foi o espetáculo de advogados participando de um roubo ou obstruindo a justiça, ao pagar os que foram pegos para que não oferecessem às autoridades informações sobre os outros envolvidos. Essa conduta poderia ser atribuída à ignorância da lei ou à motivação insuficiente para aquiescer a ela. Embora esta pareça muito mais provável, aquela é muito mais fácil de corrigir. Portanto, houve uma tendência dentro da profissão para definir o problema como conhecimento insuficiente, entre os advogados, das exigências legais que se aplicavam a eles. Portanto, é preciso ensinar mais a respeito das regras aos advogados.

Ora, não foi preciso nenhum exercício de julgamento complexo para determinar que a má conduta mais evidente em Watergate foi criminosa. As atividades envolviam casos centrais de conduta proibida por leis. Não obstante, algumas pessoas extraíram a lição de que parte do problema da ignorância era que as regras que governavam a advocacia não eram simples e diretas o suficiente para que os advogados determinassem prontamente as suas exigências. Assim, parte da resposta a Watergate foi um esforço de simplificar as normas éticas da Ordem dos Advogados.

Uma vítima desse esforço foram as "Considerações Éticas" do *Code*. O *Code* foi dividido em "Regras Disciplinares" e "Considerações Éticas". As primeiras eram relativamente específicas e compulsórias; as segundas eram formulações de princípio amplas, caracterizadas como "programáticas" – algo pelo que os advogados deviam se esforçar, mas pelo qual não sofreriam medidas disciplinares se não conseguissem realizar. Por contraste, os idealizadores das *Model Rules* buscavam criar apenas "regras precisas". Dispensaram assim as "normas programáticas" e buscaram tornar as regras tão diretas quanto possível[13]. Essas regras (e as Regras Disciplinares do *Code* nas jurisdições que ainda o têm) são o núcleo comum dos cursos de ética exigidos em escolas de Direito por todo o país.

Também são a única matéria testada pelo Exame de Responsabilidade Profissional Multiestadual, exigido dos candidatos por 42 estados. Como esse exame é de múltipla escolha e avaliado mecanicamente, concentra-se em regras e situações que se prestam a respostas prontas, precisas. Os candidatos em preparação para o exame recebem conselhos como estes:

> O que eles estão testando é a sua capacidade de memorizar. Se você se descobrir raciocinando criativamente, pare. Lembre onde está.
> Por que fazemos [algo] não é relevante para o exame da Ordem. Importante é se podemos ou não fazer.
> A chave para acertar as questões é evitar pensar por si mesmo[14].

Quando a matéria da ética jurídica ou da responsabilidade profissional foi reduzida dessa maneira a um conjunto de regras disciplinares mecânicas, não é mais evidente o que ela

---

13. Ver Geoffrey Hazard, "Legal Ethics: Legal Rules and Professional Aspirations", 30, *Cleveland State Law Review* 571, 574 (1982).

14. Jamie Heller, Carta ao Editor, *New York Times*, 16 de dezembro de 1994, p. A38 (relatando recomendação dada pelo curso de revisão da Ordem dos Advogados de Nova York).

INTRODUÇÃO

tem a ver com a ética ou a responsabilidade. Se é sobre isso que versa a ética jurídica, então, a fonte da angústia moral dos profissionais deve ser a tolice das suas aspirações ao engajamento moral e à responsabilidade pública. Contudo, ao mesmo tempo em que reduzem a ética a uma questão de aplicação irrefletida das regras, as *Model Rules* continuam a insistir em que um advogado é "um funcionário do tribunal e um cidadão público que tem responsabilidade especial para com a qualidade da justiça"[15]. O advogado julga difícil renunciar a essas aspirações mesmo quando as trai.

Em contraste com a abordagem centrada em regras, o argumento apresentado aqui é o de que as questões importantes da ética jurídica exigem julgamento complexo, contextual.

Moralidade pessoal

Muitos críticos da Visão Dominante partem da seguinte questão: "Um bom advogado pode ser uma boa pessoa?" Sua preocupação é que a Visão Dominante deixa muito pouco espaço para que os advogados expressem os seus valores pessoais. Para eles, o problema central da ética dos advogados é o problema da "moralidade do papel": o desempenho eficaz do papel exige ações que estão em conflito com compromissos morais que o indivíduo faz fora do papel[16].

Na verdade, o *Code* e, especialmente, as *Model Rules* fazem concessões substanciais à autonomia moral pessoal do advogado. Como observei, as normas críticas dessas compilações têm um caráter categórico e compulsório. Mas há

---

15. *Model Rules*, preâmbulo, parágrafo 1.
16. Ver, por exemplo, Luban, *Lawyers and Justice*; Thomas Shaffer e Robert Cochran, *Lawyers, Clients, and Moral Responsibility* (1994).

também algumas normas que delegam autonomia ampla, irrevogável para que os advogados consultem os seus valores pessoais. Essas normas previnem o julgamento complexo de maneira oposta à das normas categóricas. Em vez de ditar rigidamente uma resposta a um conjunto estrito de fatores, não fazem nenhum esforço para especificar como as decisões que nelas se enquadram poderiam ser tomadas de outro modo que não nos termos das predisposições subjetivas do advogado.

Por exemplo, a regra sobre a recusa da representação autoriza a recusa sempre que o advogado "julgar repugnante o objetivo do cliente". O advogado não tem nenhum dever de considerar o âmbito em que a retirada causaria injustiça. Observei acima que a regra da confidencialidade é primariamente categórica, mas ela também incorpora um elemento de moralidade pessoal. As proibições disciplinares rígidas são acompanhadas por dois tipos de exceção, uma que permite a revelação quando necessária para algum interesse do próprio advogado e outra que a permite quando necessária para salvar um terceiro de "morte ou dano corporal substancial" por um ato criminoso do cliente[17]. Esta segunda exceção, que cobre algumas das questões éticas mais instigadoras, não dá origem a uma obrigação de revelar ou sequer de considerar a possibilidade. As regras simplesmente dão ao advogado permissão para revelar; elas afirmam que ele "pode" fazê-lo mas não oferecem nenhum critério para tal decisão e deixam claro que as decisões não estão sujeitas à revisão disciplinar.

Na medida em que o problema da profissão é realmente a necessidade de espaço para a expressão da moralidade pessoal, essas normas parecem receptivas. Na verdade, porém, essa não é uma caracterização adequada do problema.

---

17. *Model Rules* 1.16(g)(3); *ibid.* 1.6(b).

Se abomino o partido republicano e tudo o que ele representa, e um político republicano pede que eu o represente para fazer valer uma reivindicação da Primeira Emenda que, embora válida, é provável que promova os interesses do partido, posso ter um conflito entre o meu papel e a minha moralidade pessoal. Nesse caso, a prescrição de recusar com base no fundamento de que o caso é "repugnante" pode atender a segunda à custa do primeiro.

A maioria das questões cativantes da ética jurídica, porém, são diferentes. Nos casos do condenado inocente, dos benefícios a empresários agrícolas e do recalcitrante S & L, os valores que competem com os interesses dos clientes – reservar a punição para os culpados, distribuir recursos públicos em conformidade com a intenção congressual, tornar disponíveis informações relevantes para as reivindicações envolvidas – não são apenas predisposições de vários indivíduos; são valores solidamente fundados na cultura pública da sociedade e do sistema jurídico.

Os teóricos da moralidade do papel reconhecem que os valores que competem com os interesses dos clientes nos casos centrais da ética jurídica não são apenas predisposições subjetivas. Seu objetivo não é apenas que os advogados possam respeitar tais valores; eles acham que os advogados têm o dever de respeitar tais valores. No mínimo, acreditam que os advogados devem ser criticados por deixar de respeitá-los.

Os teóricos do papel, portanto, tendem a retratar o conflito entre os interesses do cliente e os de terceiros ou públicos como um conflito entre valores jurídicos e valores não-jurídicos fundados socialmente fora do sistema jurídico. Mas por que não devemos ver esses conflitos como algo que ocorre dentro do domínio jurídico – como desafios de valores jurídicos rivais? Por que não devemos ver a crítica da Visão Dominante como um argumento da teoria do Direito a favor da melhora do papel do advogado em vez de vê-la como um argumento moral leigo a favor de limitar a intrusão do papel em outros compromissos? Antes de perguntarmos se um bom advogado pode ser uma boa pessoa, devíamos perguntar se uma pessoa que segue a Visão Dominante é um bom advogado.

Para decidir entre essas caracterizações das questões, precisamos dar mais consideração crítica do que os teóricos do papel já deram àquelas que podem ser exatamente as reivindicações plausíveis da moralidade da função jurídica. Como veremos nos capítulos 1 e 3, essa questão depende do significado e do âmbito da distinção entre valores públicos jurídicos e não-jurídicos.

A crença de que essa distinção é uma distinção importante e que elimina um amplo espectro de valores públicos do domínio do jurídico é uma marca da filosofia positivista da teoria do Direito. Ao caracterizar como não-jurídicos os valores que competem com a lealdade ao cliente em muitos problemas centrais, os teóricos da moralidade do papel adotam implicitamente uma compreensão positivista forte de legalidade. Contudo, sob exame, as versões fortes do positivismo revelam-se implausíveis e, na verdade, são rejeitadas pela maioria dos advogados fora da esfera da ética jurídica. Na maioria das áreas do Direito, os advogados tendem a tratar quase todos os valores públicos, pelo menos implicitamente, como parte do sistema jurídico.

Ora, pode parecer que essa questão da caracterização é apenas uma questão de semântica. Na verdade, os interesses em jogo são importantes. Um diz respeito aos tipos de discurso disponíveis para resolver tais questões e ao potencial para a resolução institucional. Se o problema envolve a reconciliação de valores jurídicos rivais, os advogados sabem como enfrentá-lo. O espectro de fontes e autoridades e os modos de análise e argumentação que os advogados habitualmente empregam no seu trabalho cotidiano estão disponíveis e são adequados às questões centrais da ética jurídica. Além disso, os padrões e conclusões que surgem de tais esforços poderiam ser a base para a crítica profissional e a disciplina da conduta dos advogados.

Por outro lado, se o problema surge das reivindicações de valores não-jurídicos, é provável que os advogados não tenham certeza de como lidar com essas reivindicações de maneira coletiva e, talvez, nem mesmo individual. Eles não possuem ferramentas analíticas e retóricas para enfrentá-las. As ferramentas oferecidas na cultura popular para considerar problemas morais parecem muito informes e subjetivas; as oferecidas pela filosofia acadêmica parecem muito abstratas e multifárias.

Os teóricos do papel muitas vezes reclamam que têm dificuldades para conseguir que seus alunos participem de discussões éticas. A discussão muitas vezes consiste em fluxos de consciência seriados, nos quais cada aluno explica como se "sente" a respeito da questão. Quando os professores tentam reforçar a questão com textos filosóficos, os alunos julgam-nos aborrecidos ou muito difíceis. Os professores às vezes reclamam que os alunos são muito "voltados para a carreira". Mas mesmo alunos idealistas, que foram atraídos para a escola de Direito por certa percepção das possibilidades éticas do papel do advogado, dificilmente sentem que o que procuram são maneiras de se protegerem do papel. E todos os alunos esperam, razoavelmente, que a matéria da ética jurídica envolva mais diretamente o conhecimento técnico que estão aprendendo em outros cursos.

Se a perspectiva centrada nas regras desaponta porque a sua visão da ética jurídica e da responsabilidade profissional parece ter tão pouca ligação com a ética ou com a responsabilidade, a perspectiva da moralidade do papel desaponta porque a sua visão parece ter pouca ligação com o Direito ou com a profissão.

Relações pessoais

A tendência para explicar questões da ética jurídica em termos de valores extrajurídicos chega a um extremo nos escritos de estudiosos como Charles Fried e Charles Ogletree, que defenderam o papel da advocacia da Visão Dominante como uma relação pessoal intrinsecamente valiosa[18]. Eles enfatizam que a Visão Dominante encoraja a lealdade, a confiança e a empatia da parte do advogado para com outra pessoa, o cliente. Tais relações têm algumas das qualidades que associamos à amizade, eles afirmam, e devíamos considerar a relação advogado-cliente da Visão Dominante, assim como a amizade, um bem em si. Elevar as responsabilidades do advogado a valores e pessoas fora da relação minaria as qualidades dignas que lhe são intrínsecas. O argumento é simples e exerceu uma atração duradoura nas duas últimas décadas, mas está errado.

Em primeiro lugar, o argumento tem muitos problemas descritivos evidentes. Muitos clientes não são pessoas mas grandes organizações. As relações de advogados com clientes individuais são muitas vezes breves e impessoais. A maioria das relações advogado-cliente é substancialmente comercial; o advogado insiste em que o cliente pague pela sua lealdade, confiança e empatia. Ao contrário da amizade, a relação não é recíproca; não se espera que o cliente demonstre lealdade e empatia para com o advogado.

Em segundo lugar, o argumento incorre em petição de princípio na questão de por que os valores da relação advogado-cliente são mais fundamentais que os valores – pessoais e impessoais – que a relação ameaça. Seja como for que o advogado considere a relação, o cliente não busca a

---

18. Charles Fried, "The Lawyer as Friend: The Moral Foundations of the Lawyer-Client Relationship", 85, *Yale Law Journal* 1060 (1976); Charles Ogletree, "Beyond Justification: Seeking Motivations to Sustain Public Defenders", 106, *Harvard Law Review* 1239 (1993).

assistência jurídica como um fim em si. Ele vem buscar influência sobre pessoas ou instituições fora da relação. Quando o objetivo do cliente é sustentado por normas de mérito jurídico e justiça, não precisamos do argumento da relação pessoal para justificar o papel do advogado. Quando o objetivo do cliente ameaça tais normas, precisamos de um argumento quanto a por que essas normas devem ser suplantadas pelas normas da relação advogado-cliente. Observe que as normas ameaçadas – as que governam a relação do cliente e de terceiros afetados pela advocacia – também podem ser pessoais. Por exemplo, o cliente pode estar traindo a confiança de alguma outra pessoa para conseguir um benefício imerecido. Os proponentes ainda têm de explicar por que a confiança e a empatia advogado-cliente devem suplantar esses outros valores. A honra também é um valor importante mas daí não decorre que a "honra entre ladrões" deva ser exaltada ou protegida.

Em terceiro lugar, a caracterização como relação pessoal parece incompatível com algumas das tarefas práticas centrais da advocacia. Talvez a mais básica dessas tarefas seja aconselhar clientes a respeito de seus direitos e poderes jurídicos e ajudá-los a impor e fazer uso desses direitos e poderes. Essa tarefa não implica uma relação pessoal íntima; na verdade, está em certa tensão com tal relação. Considere a descrição de Charles Ogletree de sua relação enfática com um homem acusado de um grotesco ato de estupro e assassinato: "Minha empatia baseava-se na minha capacidade de me relacionar com ele como pessoa e de desenvolver uma relação com ele. Eu via Stevens como um homem que a polícia surpreendera com uma detenção infundada, uma pessoa de quem a polícia arrancara indícios incriminadores sem um mandado de busca. Eu não queria saber o que ele tinha feito..."[19]

---

19. Ogletree, "Beyond Justification", 1271.

Ora, essa pode ser uma postura defensável para um advogado de defesa criminal assumir perante um cliente, mas tem pouco a ver com a empatia. A empatia exigiria que o advogado tentasse assumir o ponto de vista do cliente e identificar-se com os sentimentos dele. Isso, quase certamente, exigiria saber "o que ele tinha feito". Ogletree não vê o cliente como alguém cujos direitos de busca e apreensão foram violados porque é assim que o cliente se vê, mas porque essa é a visão que surge do empenho de Ogletree para determinar os direitos jurídicos do cliente. Contudo, Ogletree tornaria a relação pessoal, não os direitos do cliente, como o valor central da ética jurídica. Mais uma vez, temos uma concepção de ética jurídica que parece ter separado a justiça da lei.

Finalmente, a abordagem das relações pessoais ignora alguns elementos eticamente plausíveis e tradicionalmente proeminentes da concepção que a profissão tem de si. Na tradição profissional, o advogado serve de mediador entre os compromissos públicos e os interesses privados do cliente. Os compromissos públicos estão expressos na noção do advogado como "funcionário do tribunal" e na idéia de que a relação do advogado com o cliente envolve não apenas a lealdade, mas também o *distanciamento*. A idéia de distanciamento está expressa em uma variedade de prescrições específicas, tais como as que proíbem o advogado de manifestar a sua "crença pessoal" na credibilidade do cliente ou na legitimidade da causa do cliente, ou a que limita a capacidade do advogado de obter lucro financeiro pessoal nos negócios do cliente[20]. Tais prescrições sublinham aspectos em que a tradição pessoal exige que o advogado *não* se torne amigo do cliente.

A abordagem das relações pessoais exclui ou pelo menos subordina os aspectos públicos e impessoais da relação

---

20. *Model Rules* 1.5; 3.4(e).

advogado-cliente a normas de lealdade privada e pessoal. Além de representar um afastamento radical da tradição profissional, essa visão moral é uma visão sem atrativos. É fácil encontrar retratos de sociedades em que os valores públicos são rotineiramente sacrificados a interesses de lealdade pessoal. Ocorrem em livros com títulos como *The Moral Basis of a Backward Society*. Esse é o mundo da máfia siciliana, da máquina política étnica dos Estados Unidos, da burocracia neotradicionalista maoísta ou de várias oligarquias latino-americanas. Mais perto de casa, podemos encontrar tais retratos em livros como *The Organization Man* e *The Lonely Crowd*. É o mundo do conformismo corporativo.

Nesses cenários, os deveres mais profundos originam-se de relações cara a cara. Essas relações são descritas na retórica da família e da amizade. Recorrer a valores públicos ou normas impessoais é visto como traição. Os conflitos não são resolvidos por meio do princípio mas por meio de hierarquias de deferência pessoal. Os pecados finais são pessoais – ser desrespeitoso, ingrato, não cooperar, não ser um bom padrinho, colaborador ou membro de equipe. As normas públicas são restrições puramente externas, que devem ser tratadas como instrumentais. Muitas vezes, o sabor pessoal da relação é um verniz que esconde uma hierarquia brutal.

Muitas pessoas julgaram atraentes alguns aspectos desses cenários, mas eles têm uma característica que seria de esperar que os advogados não julgassem atraente: são hostis ao Estado de Direito, à justiça e à democracia. Todos esses ideais exigem o respeito a normas e compromissos relativamente impessoais e aos direitos de estranhos, que a abordagem das relações pessoais implicitamente denigre.

Não pretendo negar ou contestar a importante intuição psicológica que inspira o argumento das relações pessoais. A experiência de conhecer e ajudar um indivíduo particular pode proporcionar enorme satisfação. Mas, para que o advogado desempenhe os aspectos mais distintos e importantes do seu trabalho, esse valor tem de ser secundário ao de vindicar normas relevantes de mérito jurídico e justiça.

Razão prática

Em *The Lost Lawyer*, Anthony Kronman explica a angústia moral do advogado contemporâneo em função da erosão de capacidades e oportunidades para a razão prática ou, como ele a chama, "prudencialismo".

Kronman argumenta que qualquer identidade moral satisfatória e distintiva para os advogados deve ser construída em torno desse tipo de razão, que, para ele, é exemplificada pela tomada de decisões do *common law*. Sua idéia da razão prática do advogado tem dois elementos. O primeiro é um compromisso com o julgamento contextual. Um juiz do *common law* tenta, simultaneamente, levar em conta as particularidades do caso que tem diante de si e solucioná-lo de maneira compatível com casos passados. Os princípios que aplica estão sempre assentados em circunstâncias factuais particulares. Nunca podem ser plenamente articulados e não podem ser aplicados de modo mecânico; em vez disso, são elaborados no curso do próprio processo decisório que governam.

A segunda qualidade que Kronman associa com o raciocínio prático é um compromisso simultâneo com a solidariedade e o distanciamento. O juiz tem de se identificar com as várias posições conflitantes das partes em uma série de exercícios de empatia e, ao mesmo tempo, tem de recuar para ver essas várias posições na perspectiva das normas jurídicas aplicáveis. Para Kronman, os compromissos do julgamento caso por caso, por um lado, e da empatia com distanciamento, por outro, que foram longamente associados com o juiz do *common law*, também caracterizam os tipos mais satisfatórios de advocacia.

Na descrição de Kronman, as capacidades e oportunidades para o julgamento prático foram subvertidas por desenvolvimentos organizacionais e teóricos. Na organização, a prática do Direito é mais episódica e mais especializada, de modo que os advogados têm menos ocasiões para obter conhecimento amplo e dar aconselhamento amplo aos seus clientes. As matérias técnicas mais estritas que agora os preocupam deixam pouco espaço para o exercício da razão prática.

Na teoria, o problema é que a idéia de *common law* foi desafiada por movimentos racionalizadores, interdisciplinares, como o Direito e Economia e os Estudos Jurídicos Críticos, que tendem a rejeitar o raciocínio caso por caso por uma generalização ampla e a negar o caráter distinto do raciocínio jurídico fundindo-o com a ciência social ou a política. Kronman teme que, na ausência de um método distinto, os advogados sejam incapazes de desenvolver uma identidade ocupacional distinta que possa sustentar uma ética profissional. Assim, ele chama a manobra interdisciplinar de "suicídio profissional".

O argumento de Kronman inclui muitas características adicionais que, para mim, diminuem a plausibilidade do seu ideal – a afirmação de que a razão prática é mais um traço de caráter que uma capacidade intelectual, a insistência em que o estilo de raciocínio do *common law* tem uma afinidade lógica com a política conservadora e a tendência para enxergar as qualidades morais mais elevadas da profissão exemplificadas exclusivamente em advogados corporativos ricos que, ocasionalmente, servem em altos postos governamentais. Mas, se ignoramos essas excrescências, percebemos que a razão prática de Kronman é uma versão do que chamo julgamento contextual.

Não é a única versão. Existem outras, muitas delas compatíveis com os movimentos Direito e Economia e Estudos Jurídicos Críticos. Não obstante, a descrição de Kronman e a longa tradição da filosofia jurídica do *common law* que ela resume colocam-se como uma ilustração estimulante do que o julgamento ético poderia envolver em uma concepção ambiciosa de responsabilidade profissional. Mas Kronman parte desse início promissor para um argumento que interpreta erroneamente as atuais circunstâncias da profissão. Primeiro, ele compreende erradamente as restrições práticas do cumprimento do ideal da razão prática. Essas restrições precedem em muito as mudanças recentes na organização da prática e não têm nada a ver com a teoria jurídica contemporânea, cuja hostilidade para com a razão prática Kronman exagera e que, de qualquer modo, não influenciou grandemente a prática.

Os obstáculos críticos para uma vindicação do ideal da razão prática são muito mais simples e mais diretos do que os que Kronaman discute. O problema é que, pelo menos nos últimos cem anos, as normas de responsabilidade profissional dos advogados proibiram esse tipo de julgamento em um amplo espectro das situações mais urgentes do ponto de vista ético. A profissão promulgou uma ideologia, amparada por regras e sanções disciplinares, que impõe o julgamento irrefletido, mecânico e categórico em lugar da razão prática. Os principais proponentes dessa ideologia não foram teóricos jurídicos intelectualizados mas os líderes da profissão organizada, inclusive alguns "estadistas advogados", do tipo que Kronman exalta como incorporando o seu ideal.

Segundo, e talvez ironicamente, Kronman subestima a importância ética da razão prática ou do julgamento contextual na prática comum do Direito. Embora lamente a alienação da academia jurídica do mundo da prática, seu livro talvez seja a expressão mais sistemática já produzida dessa alienação. Em 400 páginas ostensivamente devotadas à ética dos advogados, não menciona um único caso de advocacia.

Os únicos advogados contemporâneos que o livro menciona são um punhado de pessoas famosas por se deslocarem de um lado para outro entre grandes corporações e altos postos governamentais: Lloyd Garrison, John McCloy, William Rogers, Adlai Stevenson, Cyrus Vance[21]. Esses "estadistas-advogados" são os grandes exemplos de sabedoria prática de Kronman. Perguntar por que não Clarence Darrow, Thurgood Marshall, Joseph Rauh ou Gary Bellow não é apenas sugerir que Kronman é politicamente parcial. Também é enfatizar a sua alienação da advocacia. Isso porque uma coisa importante que distingue a lista de Kronman desta é que os seus estadistas-advogados devem sua fama, todos eles, ao trabalho em altos postos do governo, não à prática da advocacia.

É difícil evitar a inferência de que, na opinião de Kronman, as tarefas da advocacia comum são vazias de desafio moral e intelectual. Naturalmente, se fosse esse o caso, não seria necessário escrever um livro para explicar a desmoralização dos advogados praticantes. Contudo, muitos teóricos modernos da tradição do *common law* enfatizaram que os desafios ao julgamento prático complexo surgem potencialmente nas tarefas mais mundanas da prática cotidiana. Por exemplo, o clássico de Hart e Sacks, *The Legal Process*, começa com uma exegese de cem páginas da estrutura jurídica de um carregamento de cantalupos e depois parte para uma discussão exaustiva das questões éticas envolvidas no esboço de um arrendamento de pequena empresa[22].

---

21. Kronman, *Lost Lawyer* 283.
22. Henry M. Hart, Jr., e Albert Sacks, *The Legal Process: Basic Problems in the Making and Application of Law*, cap. 1 (10.ª ed., 1958).

Em contraste com o argumento de Kronman, meu argumento supõe que as tarefas da prática comum são, muitas vezes, prática e eticamente complexas. Ao fazê-lo, sou fiel à duradoura premissa dos advogados – de que a advocacia comum pode ser intelectual e moralmente atraente – e à imagem do advogado na filosofia do Direito do *common law* que inspirou Kronman em outros aspectos.

A Escola de Direito de Yale, da qual Kronman é decano, foi por muito tempo o lar de pessoas para quem a prática do Direito, na melhor das hipóteses, é um meio para a segurança econômica, e os altos postos governamentais representam a única forma realmente satisfatória de trabalho. Assim, é tentador ver o livro de Kronman como uma expressão dessa peculiar cultura local. Mas *The Lost Lawyer* também ecoa com a retórica da lamentação de fim de carreira do praticante. Sua lúgubre sugestão de que a prática do Direito não está à altura de ideais morais ambiciosos, desacompanhada da consideração séria de qualquer caso efetivo da prática, é típica dos discursos após os jantares de associações de advogados e de relatórios de comissões. Também o é a tendência de atribuir os problemas a movimentos sociais e intelectuais amplos, em vez de atribuí-los às práticas específicas da profissão organizada.

Que mesmo praticantes muito bem-sucedidos expressem a alienação de Kronman com relação à prática pode ser considerado como indício a favor da conclusão de que a prática comum é inerentemente vazia. Minha visão é diferente. Penso que a qualidade abstrata, desengajada dessa retórica, reflete uma relutância em reconhecer o papel da ideologia e das normas éticas dos advogados ao tolher o desenvolvimento da qualidade moral da prática. Essas ideologias e regras protegem os advogados de um conjunto rival de pressões e desafios que seriam intensificados por reformas que definissem as responsabilidades profissionais em termos da razão prática ou do julgamento contextual. Qualquer tentativa séria de enfrentar e aliviar a angústia moral do advogado contemporâneo exigiria uma disposição para fazer frente a essas pressões e desafios rivais. Até agora, a maioria dos que se lamentam não parece disposta a fazer isso.

Capítulo 1
Um direito à injustiça

O mais antigo e talvez o mais influente argumento a favor da Visão Dominante afirma que o cliente tem direito ao tipo de advocacia que ela prescreve, mesmo quando tal advocacia gera injustiça para outros. O advogado deve manter o segredo do assassino, explorar a brecha dos benefícios agrícolas e enganar o Bank Board porque seu cliente tem direito de que ele o faça, não obstante as conseqüências para o condenado inocente, os cidadãos em geral e o fundo de seguro de depósitos. Naturalmente, como os direitos são derivados da justiça, soa paradoxal dizer que alguém tem direito a uma conduta que inflige injustiça a outros. Os proponentes do argumento da prerrogativa podem enfrentar essa percepção de paradoxo de várias maneiras.

Podem sugerir que os direitos jurídicos são uma aproximação necessariamente imperfeita de justiça, o melhor que podemos fazer dadas as limitações das nossas capacidades legisladoras. A percepção de injustiça para não-clientes reflete um padrão moral basicamente inalcançável que tem de ceder lugar a normas mais praticáveis. Ou, então, podem afirmar que o direito do cliente é mais importante que os direitos dos outros e, portanto, em uma situação de conflito, o do cliente deve prevalecer. Contudo, os problemas com o argumento da prerrogativa são mais sérios e fundamentais do que reconhecem tais respostas.

O argumento da prerrogativa raramente foi exposto de maneira sistemática. É uma dessas doutrinas que, como Karl Llewellyn disse a respeito de um conjunto relacionado de idéias, "a profissão não teve ocasião de estudar de maneira detalhada; o advogado simplesmente a absorveu, em boa parte pelos dedos e poros enquanto seguia adiante"[1]. O papel amplamente tácito do argumento tornou-a substancialmente imune ao exame crítico. Quando as premissas do argumento tornam-se explícitas, é evidente que elas supõem uma teoria do Direito que a maior parte dos advogados, inclusive os que abraçam a visão da prerrogativa, considera desacreditada fora do campo da ética jurídica. Em particular, o argumento depende de premissas centrais do libertarismo e do positivismo, que são ao mesmo tempo implausíveis e mutuamente contraditórias.

A argumentação deste capítulo apenas aplica críticas do libertarismo e do positivismo – e da síntese distinta dessas doutrinas conhecida como pensamento jurídico clássico – que são bastante familiares em muitos contextos a uma área da cultura jurídica na qual foram ignoradas.

O argumento da prerrogativa

O argumento da prerrogativa ao direito baseia-se em duas idéias básicas. Uma é a afirmação libertária de que o objetivo fundamental único do sistema jurídico é salvaguardar a

---

1. Karl Llewllyn, "On Reading and Using the Newer Jurisprudence", 40, *Columbia Law Review* 581, 582 (1940). Os argumentos de prerrogativa são difundidos, embora em boa parte de maneira tácita, em Monroe Freedman, *Lawyers' Ethics in An Adversary System* (1975). Uma rara tentativa de dar expressão refinada ao argumento é Stephen Pepper, "The Lawyer's Amoral Ethical Role: A Defense, a Problem, and Some Possibilities", 1986, *American Bar Foundation Research Journal* 613.

liberdade ou a autonomia do cidadão[2]. As normas jurídicas criam para cada indivíduo uma zona de autonomia na qual ele é livre para fazer o que quer sem prestar contas a outros ou ao Estado. O primeiro dever do advogado é a liberdade do cliente; ele serve ao cliente assegurando que este pode buscar satisfazer suas necessidades em todo o âmbito do seu domínio. Nessa perspectiva, a liberdade é um valor de fundo presumível. Quando os "limites da lei" limitam a liberdade, devem fazer isso sem ambigüidade. A ambigüidade deve ser interpretada a favor da liberdade.

A segunda idéia é a afirmação positivista de que as normas jurídicas são fortemente diferentes das normas não-jurídicas. Podemos distinguir as normas jurídicas processualmente porque elas são decretadas ou adotadas por instituições legisladoras reconhecidas do Estado. Podemos distingui-las substancialmente pelo fato de que assumem a forma de comandos ou proibições respaldados por penalidades[3]. Como conseqüência, as normas jurídicas têm uma objetividade e uma legitimidade de que carecem as normas não-jurídicas. São objetivas porque o processo de decretação e adoção bem como a administração de penalidades são fatos sociais que podem ser verificados por meio de métodos quanto aos quais há concordância substancial. As nor-

---

2. Para um esboço do libertarismo jurídico no auge da sua influência, ver Duncan Kennedy, "Towards an Historical Understanding of Legal Consciousness: The Case of Classical Legal Thought in America: 1830-1940", 3, *Research in Law and Sociology* (1980). Para uma crítica notável, ver Robert Hale, "Coercion and Distribution in a Supposedly Noncoercive State", 38, *Political Science Quarterly* 470 (1923).

3. A descrição no texto ajusta-se mais ou menos ao positivismo mais antigo exemplificado por John Austin, *The Province of Jurisprudence Determined* (H. L. A. Hart, ed., 1954). O positivismo moderno conserva a insistência na diferenciação de Direito e moralidade, mas afrouxa ou abandona a insistência em que as leis devem ser comandos sustentados por sanção ou emanações diretas de um soberano. Para uma amostra da visão moderna, ver Joseph Raz, *The Authority of Law* (1979).

mas jurídicas são distintamente legítimas porque compartilham a legitimidade da instituição decretadora (que deve sua legitimidade a uma ou mais variedades de valores – a democracia representativa, o conhecimento especializado sancionado socialmente, uma necessidade hobbesiana de ordem).

As duas idéias são sintetizadas na máxima da "advocacia zelosa dentro dos limites da lei". A idéia de autonomia nos dá a norma de "advocacia zelosa"; a idéia de diferenciação nos dá a qualificação dos "limites da lei". Da perspectiva da prerrogativa, o advogado eticamente ambicioso – o advogado que reconheceria restrições antes dos limites da lei – encontra objeções morais, políticas e epistemológicas. Moralmente, ele é acusado de trair o valor da liberdade. Na retórica informal, é muitas vezes retratado como "brincando de Deus", o que pode conotar paternalismo e egoísmo – sacrificando os direitos do cliente aos seus desejos ou interesses pessoais.

Em termos políticos, o advogado eticamente ambicioso é visto como um usurpador de poder. Como pode o advogado "arrogar-se" o poder de "ditar" ao cliente como ele deve conduzir-se?, perguntam os críticos. Para eles o advogado se comporta como uma legislatura autonomeada, impondo novos limites à autonomia do cliente, em vez de fazer cumprir os existentes. Se o advogado reprova as conseqüências do exercício da autonomia do cliente, a resposta adequada é uma petição à legislatura para que mude a lei. Mas os valores da liberdade exigem que tais mudanças sejam prospectivas; portanto, a coisa certa a ser feita é ajudar o cliente a exercer o máximo possível da sua autonomia dentro dos limites existentes.

O risco político do advogado eticamente ambicioso é a anarquia ou o totalitarismo. Se os valores aos quais o advogado recorre são vistos como idiossincráticos, o abuso do cliente pelo advogado parece anárquico; se os valores são realmente uma aproximação plausível de algum interesse social reconhecível, o advogado, então, parece sacrificar o direito do cliente à coletividade, à maneira do totalitarismo. Os proponentes da Visão Dominante derivam grande satisfação do fato de que sua doutrina é anátema para ditaduras de todos os tipos.

A objeção epistemológica é que o advogado eticamente ambicioso não pode fundamentar os seus julgamentos da maneira que seria necessária para uma moralidade profissional plausível. Na medida em que trata os seus julgamentos como pouco mais que preferências subjetivas, ele se ilude. Pode recorrer à justiça ou aos interesses públicos, mas esses termos não são autodefinidores e suas aplicações particulares tendem a ser controvertidas e, portanto, a formar uma base insubstancial para a ética profissional. A formulação clássica dessa proposição é o diálogo entre James Boswell e Samuel Johnson:

> BOSWELL: "Mas o que o senhor pensa de apoiar uma causa que sabe ser má?"
> JOHNSON: "Senhor, não se sabe se ela é boa ou má até que o juiz determine."[4]

As idéias de autonomia e diferenciação foram desacreditadas pela moderna teoria do Direito. A primeira é solapada pela crítica do libertarismo; a segunda, pela crítica do positivismo. Além disso, as duas idéias são incompatíveis entre si, de modo que, sob exame, a perspectiva da prerrogativa mostra-se incoerente.

Ao examinar as críticas do libertarismo e do positivismo, será útil fazer referências a mais dois exemplos.

---

4. James Boswell, *The Life of Samuel Johnson*, citado em II *The World of Law* 763 (Ephraim London, ed., 1960).

O caso da lei das prescrições. Um credor moveu uma ação pelo não-pagamento de um dinheiro que o réu lhe pediu emprestado e cujo prazo de pagamento agora venceu. O réu admite o débito e o não-pagamento e pode pagar. Contudo, o credor retardou a abertura da ação até que a lei das prescrições entrasse em vigor. Seu advogado pode postular eticamente a lei?

A ferrovia negligente. Em meados do século XIX, as ferrovias eram ainda novidade e muitos aspectos das suas responsabilidades não estavam estabelecidos. Entre eles, estava a responsabilidade por bens avariados em trânsito. Na ausência de um termo de contrato relevante, a probabilidade era que os tribunais julgassem as ferrovias responsáveis por danos, a menos que pudessem demonstrar que o dano se devia a certas causas fora do seu controle. Se os tribunais fariam cumprir ou não um termo de contrato alegando limitar ou excluir essa responsabilidade era incerto. No que diz respeito à maioria dos expedidores, o contrato da ferrovia era um formulário padronizado, que ela redigia unilateralmente, sem negociação. Os custos de curto prazo da ferrovia para acrescentar um termo ao formulário isentando-se da responsabilidade pareciam pequenos. Em um famoso capítulo do seu clássico *The Legal Process*, Henry Hart e Albert Sacks perguntam que conselho os advogados da ferrovia deveriam ter dado aos seus clientes nessas circunstâncias[5].

A premissa libertária

Na sua forma mais crua, a premissa libertária é simplesmente um *non sequitur*. O valor da autonomia não pode

---

5. Henry M. Hart, Jr., e Albert Sacks, *The Legal Process: Basic Problems in the Making and Application of Law* 232-3 (10.ª ed., 1958).

por si legitimar as prescrições da Visão Dominante porque o valor não prevê nenhuma base para preferir a autonomia do *cliente* à autonomia das pessoas com quem o cliente está em conflito.

Um dos propósitos básicos da lei é resolver o conflito, e as situações em que as pessoas recorrem a advogados tendem a envolver conflito efetivo ou previsto. A solução do conflito geralmente envolve a limitação da autonomia de alguém. Postular a lei das prescrições promove a autonomia do réu, mas apenas à custa da autonomia do queixoso. Limitar a responsabilidade por frete danificado poderia ressaltar a autonomia das ferrovias apenas à custa da autonomia dos remetentes. Mas, por si, a premissa libertária não oferece nenhuma razão para pensar que favorecer qualquer uma dessas partes serviria à autonomia *em geral*. O problema, naturalmente, é que o sistema jurídico não pode prometer a todos autonomia *tout court*; o máximo que pode prometer a cada um é uma *medida justa* de autonomia. Os libertários que reconhecem isso podem ter dois tipos de reação.

Uma reação é substantiva. Vê o conjunto específico de regras correntemente em vigor como o melhor esquema disponível de liberdade distribuída com justiça e a advocacia da Visão Dominante como o meio mais fiel de implementá-lo. Para que o argumento funcione como uma defesa da advocacia da Visão Dominante não é suficiente dizer que as regras correntes e os padrões de execução induzidos por essa visão são compatíveis com *algum* ideal plausível de liberdade. Pois, mesmo que isso fosse verdadeiro, também poderia ser verdadeiro que outros padrões de execução, induzidos por outros estilos de advocacia, seriam compatíveis com ideais plausíveis de liberdade. A defesa substantiva da Visão Dominante está comprometida com a noção de que o presente regime de regras, juntamente com a advocacia da Visão Dominante, serve à liberdade melhor do que qualquer possibilidade disponível.

Pelo que sei, nenhum partidário da Visão Dominante utiliza esse argumento hoje. Ninguém mais acredita que as normas jurídicas substantivas correntemente em vigor nos Estados Unidos constituem o único esquema defensável de liberdade distribuída com justiça. Algo semelhante a essa crença foi popular entre os advogados na virada do século – a era de *Lochner contra New York* – na forma de pensamento jurídico clássico[6]. Os classicistas pensavam que um conjunto expansivo de normas do *common law* constituía o único esquema defensável de liberdade justamente distribuída que a Constituição federal mais ou menos cristalizou. Mas os advogados contemporâneos acham que a liberdade é compatível com muitos conjuntos diferentes de direitos específicos. Ninguém argumentaria, por exemplo, que o ideal de liberdade exige qualquer lei específica de prescrições ou de regra de responsabilidade por fretes.

Outra razão da afirmação libertária que parece insustentável hoje é que as práticas de execução, incluindo os estilos de advocacia, influenciam os resultados jurídicos de maneiras que são arbitrárias do ponto de vista das regras substantivas e dos ideais de liberdade. A Visão Dominante permite – na verdade, exige – que o advogado deixe sem corrigir – na verdade, que exacerbe – a influência de muitas forças práticas independentemente dos méritos substantivos das reivindicações das partes: a informação, o acesso aos indícios, habilidades de negociação e advocacia, firmeza de vontade, astúcia, articulação. Mesmo que as regras substantivas fossem uma expressão perfeita da liberdade, os resultados em um sistema que dá tal liberdade a essas influências no processo de execução não poderia vindicar coerentemente a liberdade.

Reconhecendo essas deficiências, os apologistas modernos da Visão Dominante tendem a ver a sua contribuição

---

6. Ver Kennedy, "Legal Consciousness".

para a liberdade não como a execução de um corpo específico de regras mas como o fortalecimento de alguma qualidade geral do sistema jurídico que ressalta a autonomia. As qualidades sugeridas com mais freqüência são Estado de Direito, a igualdade ou a certeza.

O Estado de Direito

Este argumento começa com a afirmação de que a autonomia é fornecida pelo governo sob um sistema de regras decretado e executado por funcionários que agem dentro da sua autoridade publicamente prescrita[7]. O contraste é com um sistema de subordinação às vontades pessoais ilimitadas de indivíduos poderosos. Nessa concepção do Estado de Direito, a propriedade crítica que fomenta a liberdade nos resultados jurídicos é que eles procedem de regras relativamente gerais e impessoais promulgadas e executadas por instituições públicas, não da vontade dos indivíduos. A Visão Dominante alega contribuir para esse objetivo ao impedir que o advogado imponha sua vontade ao cliente.

Este argumento tem certa força como resposta às críticas da Visão Dominante à moralidade do papel. Essas críticas recorrem a valores não-jurídicos e, embora muitas vezes neguem que tais valores sejam puramente pessoais ou subjetivos, têm dificuldade para explicar por que os compromissos não-jurídicos de um advogado devem suplantar os direitos jurídicos de um cliente. Contudo, o argumento do Estado de Direito não é receptivo a críticas, como a visão do Interesse Público ou a Contextual, que substituiriam a Visão Dominante por uma ética de maior responsabilidade para

---

7. Sobre a concepção libertária do Estado de Direito, ver Friedrich Hayek, II *Law, Legislation, and Liberty* 94-123 (1973).

vindicar os méritos jurídicos. Um advogado que insiste em revelar informações ou que se recusa a interrogar uma testemunha da parte contrária por causa de um compromisso com o mérito jurídico não impõe sua vontade pessoal mais do que um juiz ou um policial que atua com base em uma decisão a respeito das normas jurídicas relevantes.

O argumento do Estado de Direito, portanto, comete o erro de confundir um exercício do julgamento com um exercício da vontade. Apenas o segundo é antagônico ao Estado de Direito. Na verdade, o primeiro é essencial a ele. Como as normas jurídicas não se aplicam sozinhas, um resultado jurídico só pode ser fiel a uma norma vigente se alguns dos que desempenham o papel fizerem julgamentos plausíveis a respeito de como a norma se aplica nas circunstâncias particulares do caso. Ora, não decorre que o advogado deva sempre ser incumbido da responsabilidade de fazer tais julgamentos, já que, às vezes, ele estará em má posição para isso. Mas o caso da lei das prescrições ilustra que, às vezes, ele estará em posição bastante boa para fazê-lo.

Nesse caso, existem duas normas jurídicas relevantes – a lei substantiva, que diz que contratos como esse devem ser executados, e a lei das prescrições, que diz que, se a ação não é protocolada até certo período após o vencimento da dívida e se o réu invoca a lei, o tribunal rejeitará a ação. O respeito pelo Estado de Direito exige certo esforço para reconciliar essas normas no contexto dos fatos.

A lei é uma qualificação para a regra substantiva da execução do contrato. Mas a lei não extingue toda a responsabilidade após o período prescrito. Por exemplo, se o credor tem caução empenhada para assegurar a execução da dívida, ele permanece livre para liquidá-la em conformidade com os termos do contrato de penhor. Presumivelmente, porém, nosso credor não tem tal garantia. No que diz respeito ao litígio pendente, a lei diz apenas que, após o período, o juiz rejeitará um caso *se* o réu invocar a lei. O estatuto é uma "defesa afirmativa", o que significa que se renuncia a ele quando não é invocado no início do processo. E ele não diz nada a respeito da questão de quando os advogados devem invocá-lo.

Se quisermos responder a esta última pergunta em termos que respeitem o estatuto – que é o que a idéia do Estado de Direito sugere que devemos fazer –, então temos de perguntar qual é o propósito ou princípio da lei. Considere duas possibilidades. A lei pode estar baseada na idéia de repouso – de que, transcorrido certo tempo, um devedor não deve preocupar-se com os débitos em que incorreu no passado remoto. Possivelmente, o estatuto pode basear-se na noção de que, como os indícios deixam de ser confiáveis e desaparecem ao longo do tempo, os tribunais não podem determinar com segurança os pleitos após os períodos especificados.

Um advogado que concluiu que o repouso foi o princípio subjacente poderia decidir que invocar a lei é adequado simplesmente porque transcorreu o período prescrito. Por outro lado, um advogado que concluiu que o princípio básico da lei foi poupar à determinação judicial reivindicações baseadas em indícios não-confiáveis poderia inferir que é inadequado invocar o estatuto. Pois, por mais dificuldade que *os tribunais* tenham para determinar esse tipo de reivindicação, não há dificuldade nenhuma para *o advogado* determinar os méritos dessa reivindicação particular, uma vez que o cliente admitiu a validade da dívida[8]. Talvez o estatuto contemple que os réus e o seu aconselhamento so-

---

8. Segundo Arthur Corbin, os primeiros estatutos refletiam primariamente preocupações probatórias, ao passo que o valor de "repouso" é primário nos mais modernos. *Corbin on Contracts*, seção 214 (1963). Se interpretamos o estatuto da maneira moderna, ainda podemos desejar perguntar se a política de repouso é relevante no caso. Se interpretássemos o repouso como conotando um tipo de confiança do devedor, poderíamos perguntar se o retardamento do credor levou-o a supor que ele não teria de reembolsar e assumir outros compromissos em conformidade com isso. Se a resposta é não, então o repouso não devia pesar contra o reembolso neste caso.

mente irão tirar partido da sua defesa quando contestarem de boa-fé os méritos substantivos da defesa. Antes da ascendência da Visão Dominante, no fim do século XIX, essa era a prática adotada por alguns advogados proeminentes, inclusive David Hoffman, um dos mais conhecidos comentaristas de ética jurídica da época[9].

Para nossos propósitos, o importante é que a vindicação do Estado de Direito depende da correspondência entre os resultados das disputas jurídicas e as normas vigentes. Isso exige um exercício de julgamento da parte de pelo menos alguns atores jurídicos. A Visão Dominante não oferece nenhuma razão para pensarmos que tais julgamentos da parte dos advogados são desnecessários, e vimos uma razão importante pela qual eles podem ser: o advogado muitas vezes tem informação material que não está disponível para os outros encarregados de tomar decisões no sistema. Ao impedi-lo de atuar com base nisso em detrimento do cliente, o modelo dominante impede uma contribuição potencial para a vindicação dos méritos jurídicos e, portanto, solapa o Estado de Direito.

Igualdade

O segundo dos argumentos libertários mais modestos afirma que a Visão Dominante contribui para a autonomia ao assegurar a igualdade perante a lei[10]. O compromisso do advogado com a advocacia zelosa, limitada apenas por co-

---

9. "Resolutions in Regard to Professional Deportment", de Hoffman, incluía esta afirmação: "Nunca pleitearei a lei das prescrições, quando baseado no *mero efluxo de tempo*, pois, se o meu cliente sabe que tem uma dúvida e não tem nenhuma outra defesa que não a profissão jurídica, ele não fará de mim sócio nessa malandragem." II David Hoffman, *A Course of Legal Study* 754 (1836).
10. Ver Pepper, "Amoral Ethical Role".

mandos jurídicos não-ambíguos, dá a todos uma oportunidade igual de buscar seus direitos. Esse argumento é suscetível de pelo menos duas interpretações, nenhuma das quais é persuasiva.

O argumento poderia significar que a lei é aplicada a todos unicamente em conformidade com os seus termos e não varia com base em características irrelevantes da pessoa, como raça, classe, religião ou ligações pessoais. Colocado dessa maneira, o argumento simplesmente reafirma o Estado de Direito. A igualdade, no caso, significa apenas que todos estão igualmente sujeitos aos termos das normas vigentes. Para saber se as pessoas foram tratadas com igualdade em uma determinada controvérsia, precisamos saber quais são os termos das normas aplicáveis e quais características da pessoa são irrelevantes. Como acabamos de observar ao discutir o argumento do Estado de Direito, aplicar o significado da norma vigente pode exigir um tipo de julgamento da parte do advogado que a Visão Dominante proíbe.

Retornando ao exemplo do devedor, invocar a lei das prescrições resulta em tratar o réu da mesma maneira que pessoas que não devem nada. Qualquer manobra envolve igualdades e desigualdades. Não podemos dizer quais igualdades são relevantes até perguntarmos qual é o propósito ou princípio da lei. Se o propósito é o repouso, então, a igualdade com os não-devedores parece ser a relevante; se o propósito é evitar pleitos difíceis de determinar, então, em um caso definido como este, a igualdade com os devedores parece ser a relevante.

Outra variação do argumento da igualdade é a afirmação de que a própria Visão Dominante trata todos igualmente. Isto é, embora permita reter informações, ocultar, retardar e explorar "brechas" que contrariam os propósitos, ela permite que todos façam isso, de modo que todos têm a mesma oportunidade de buscar os seus interesses sob essas regras. Colocado dessa maneira, o argumento parece muito semelhante ao que Roscoe Pound desprezou como "a teoria esportiva da justiça"[11].

Para Pound e muitos outros, o argumento pareceu niilista e desonesto. Niilista porque esse tipo de igualdade – uma oportunidade igual de vencer, sem consideração dos méritos substantivos – parecia moralmente vazio, pernicioso, na verdade. Desonesto porque, de fato, o sistema nem sequer provê esse tipo de "igualdade esportiva", já que o acesso ao aconselhamento e a outros recursos de litígio e planejamento geralmente depende da riqueza do cliente.

Para os nossos propósitos, porém, o ponto central é que a maioria das abordagens da ética jurídica, incluindo com certeza a Visão Contextual, também proveria esse tipo de igualdade. Contanto que as regras exijam que os advogados tratem os clientes coerentemente, a igualdade é satisfeita. Uma regra que diz que os advogados devem invocar o estatuto apenas quando existe uma disputa de boa-fé a respeito da dívida, trata os clientes com tanta igualdade quanto uma que diz que eles devem sempre invocá-lo quando transcorreu o tempo prescrito.

Certeza

O terceiro argumento modesto afirma que a advocacia da Visão Dominante contribui para a maior certeza na aplicação das regras jurídicas. Como as normas da Visão Dominante são categóricas, afirma o argumento, e como as decisões do advogado são uma parte importante do processo jurídico, as decisões mais previsíveis dos advogados forne-

---

11. Roscoe Pound, "The Causes of Popular Dissatisfaction with the Administration of Justice", 29 *A.B.A. Rep.* 395, 404 (1906).

cem resultados jurídicos mais previsíveis. A previsibilidade aumenta a liberdade ao capacitar as pessoas a planejar melhor suas vidas.

Esse argumento, naturalmente, não é receptivo à Visão do Interesse Público, que impõe a terceiros e ao público obrigações maiores do que a Visão Dominante mas que é igualmente categórica. Por outro lado, o argumento realmente aponta para uma diferença crucial entre os modelos dominante e contextual – o compromisso deste com o julgamento antes contextual que categórico. Ao avaliar o argumento como contrário à Visão Contextual, podemos conceder que as decisões do advogado são menos previsíveis sob essa visão do que sob a Visão Dominante, embora, mais tarde, eu sugira que a diferença é exagerada. O problema central no argumento, porém, é a suposição de que a previsibilidade maior do julgamento do advogado tende a produzir maior previsibilidade no mundo social em que as pessoas planejam seus negócios.

Essa suposição está errada. As decisões jurídicas são apenas uma entre uma miríade de influências que determinam a incerteza no mundo social. Embora as decisões jurídicas sob normas contextuais possam ser, elas próprias, menos previsíveis, podem, às vezes mais do que as decisões sob normas categóricas, reduzir o grau de incerteza atribuível a outros fatores. Uma regra que diz que os advogados sempre invocarão a lei das prescrições quando ela estiver disponível torna as decisões do advogado bem previsíveis mas pode tornar as transações comerciais *menos* previsíveis do que uma regra que diz que os advogados só invocarão a lei quando a reivindicação não parecer substantivamente meritória. Pela primeira regra, assim que surge a disputa, podemos prever o resultado de maneira razoavelmente confiável, mas, antes dela, o resultado pode ser afetado pelas incertezas da inadvertência, da complacência ou da generosidade do credor. Ao neutralizar esses fatores em algumas situações, a norma contextual reduz as incertezas.

O tema geral dessas respostas às várias versões da premissa libertária foi o de que, mesmo que aceitemos a liberdade como o valor subjacente mais destacado do Direito e da ética jurídica, não há nenhuma razão para pensar que a Visão Dominante é mais compatível com esse valor do que outras abordagens da ética jurídica. Mas a premissa libertária ainda é reprovável porque não há nenhuma razão para que aceitemos a liberdade como valor subjacente mais destacado. Tanto o sistema jurídico como a moralidade popular tratam a liberdade como um dentre muitos valores importantes, proeminente, talvez, em uma esfera restrita mas, em outras circunstâncias, a ser negociado e conciliado com valores rivais[12].

Por exemplo, no caso da ferrovia negligente, o pensamento jurídico contemporâneo trata a liberdade como algo desimportante, de maneira geral. Advogados liberais insistem em que o ideal da liberdade não é coerente ou compulsório no que diz respeito a grandes corporações impessoais e que o interesse público em um sistema de transporte eficiente provavelmente exigirá a intervenção regulamentadora no caso de organizações com poder de monopólio. Trata como firmemente estabelecida a noção de que a autonomia da ferrovia deve ceder ao interesse público na eficiência. Advogados conservadores são mais céticos quanto à necessidade de intervenção regulamentadora, mesmo em situações que envolvam monopólio, mas também eles tratam a

---

[12]. Sobre esse ponto, ver Roscoe Pound, "A Survey of Social Interests", 57, *Harvard Law Review* (1943), que começa observando: "Houve uma notável mudança em todo o mundo, de pensar na tarefa da ordem jurídica como a de ajustar o exercício do livre-arbítrio para a de satisfazer desejos dos quais o exercício livre da vontade é apenas um."

eficiência, não a liberdade, como valor crítico no caso da ferrovia.

Hart e Sacks argumentaram que, no caso da ferrovia, o aconselhamento tinha a responsabilidade de dissuadir seus clientes de buscar estratégias de limitação de responsabilidade que fossem patentemente ineficientes, embora pudessem favorecer os interesses econômicos de curto prazo dos clientes. Raciocinaram que, já que as ferrovias tinham melhor controle e mais informação sobre o manejo de fretes durante o embarque, era patentemente mais eficaz que assumissem o risco de prejuízo, pelo menos presuntivamente (isto é, sujeito à oportunidade de provar que o prejuízo ocorrera por algum motivo fora do seu controle). Dado o poder de monopólio da ferrovia e a ausência de barganha genuína da parte da maioria dos expedidores, o processo de contrato convencional pode não produzir esse resultado. Mas Hart e Sacks afirmaram que as ferrovias deviam sentir-se obrigadas a adotar a abordagem eficiente de maneira voluntária e o seu aconselhamento tinha responsabilidade de instar para que o fizessem.

O pensamento conservador contemporâneo difere dessa análise em boa parte porque é mais otimista quanto à possibilidade de, mesmo na presença de monopólio, o interesse econômico próprio poder motivar as ferrovias a adotar a solução eficiente sem qualquer noção dos deveres públicos ou sem as pressões do aconselhamento[13]. E tanto liberais como conservadores podem questionar a confiança de Hart e Sacks na capacidade do aconselhamento de fazer julgamentos a respeito de questões, como qual é a solução eficiente. Mas há pouco espaço na corrente principal do pensamento jurídico para argumentar que a pro-

---

13. Ver, por exemplo, Frank Easterbrook, "The Limits of Antitrust", 63, *Texas Law Review* 1 (1984).

posta de Hart e Sacks ameaça algum interesse importante da *liberdade*.

A premissa positivista

A premissa positivista é que as normas jurídicas são fortemente diferenciadas das normas não-jurídicas. Seu corolário é que as normas jurídicas são identificadas, processualmente, pela sua linhagem com algum órgão do Estado, e, substantivamente, pelo fato de que são comandos ou proibições sustentadas por sanções. A premissa positivista leva-nos a tratar como profissionalmente não-obrigatórios os interesses de terceiros e públicos nos vários casos que consideramos.

Muitos dos esforços mais conhecidos da moderna teoria do Direito foram dedicados a demonstrar que qualquer distinção forte entre normas jurídicas e não-jurídicas é insustentável. Enquanto alguns filósofos jurídicos ainda defendem a premissa positivista, quase todos os advogados praticantes rejeitam-na implicitamente na maneira como discutem os casos, aconselham os clientes e redigem documentos. A ética jurídica é a única área em que continuam a se ater a ela. Para nossos propósitos, os dois problemas mais importantes no positivismo dizem respeito à interpretação e à execução.

Interpretação

A questão da interpretação origina-se do fato de que as normas jurídicas não podem ser aplicadas a casos específicos sem algum exercício de julgamento. Os textos das normas jurídicas contêm lacunas, ambigüidades e contradições que devem ser preenchidas, clarificadas e reconciliadas para que tenham influência sobre casos específicos.

Na nossa cultura jurídica, a interpretação literal – a interpretação baseada apenas nas palavras do texto decretado – é geralmente rejeitada como impossível ou indesejável. Considere o exemplo clássico do estatuto que proclama "Nenhum sangue será derramado nas ruas" aplicado ao cirurgião no decorrer do tratamento de um pedestre ferido[14]. Todos sabemos que o estatuto não deve ser aplicado. Sabemos disso porque compreendemos as suas palavras no contexto de uma variedade de fatos sociais a respeito de instituições e valores que o estatuto não enuncia especificamente.

Ou considere o caso *Green contra Bock Laundry Machine Company*, que o Supremo Tribunal decidiu em 1989[15]. O caso interpretava um dispositivo das *Federal Rules for Evidence*, que permite a um litigante atacar a credibilidade de uma testemunha apresentando indícios de crimes cometidos por ela, "exceto quando o valor probatório de admitir esses indícios suplante o seu efeito prejudicial *para o réu*".

Green, *queixoso* em uma ação de responsabilidade pelo produto contra a companhia de máquinas de lavar roupa, argumentou que o juiz do julgamento aplicou erroneamente essa regra ao permitir que a companhia apresentasse provas de crimes anteriores de Green sem considerar o efeito prejudicial para ele. Green argumentou que, apesar da referência ao "réu", a proteção da regra devia aplicar-se também a queixosos em casos civis. O Supremo Tribunal concordou com ele *unanimemente*. Entre os que aceitaram essa conclusão estava o juiz Scalia, o principal textualista do tribunal, e o juiz Rehnquist, que o presidente Nixon nomeou como "interpretativista estrito".

---

14. William Blackstone, I "*Commentaries on the Laws of England*" 59-62 (8ª. ed., 1778). Blackstone credita o exemplo a Puffendorf. Alterei um pouco a escolha de palavras em nome da ênfase.

15. 490 U.S. 504 (1989).

O Tribunal sustentou a sua conclusão invocando dois princípios. O primeiro é o de que, em casos criminais, a lei deve dar mais peso ao risco de preconceito para com o réu do que ao risco de preconceito para com a acusação. O segundo é o de que, em casos civis, as vantagens processuais devem ser alocadas igualmente entre as partes. Embora nenhum desses princípios estivesse formulado explicitamente na regra, o Tribunal supôs que se aplicavam ao caso e interpretaram a palavra "réu" como incluindo um queixoso civil para conciliar a linguagem da regra com os princípios.

Todo advogado contemporâneo reconhece que valores (princípios, propósitos) como o que prescreve tratamento igual das partes em casos civis são parte da lei no sentido de que afetam as decisões de casos. Contudo, tais valores não se ajustam aos critérios que o positivista usa para diferenciar lei de não-lei. Não podem ser localizados em nenhum decreto específico de uma agência soberana. Naturalmente, os valores são expressos em precedentes judiciais, mas esses precedentes não decretam os valores; eles os invocam.

Além disso, esses valores são diferentes, quanto à forma, da noção positivista de direito. Não estão ligados explicitamente a sanções e não são comandos nem proibições. Uma norma categórica é binária; ela se aplica ou não se aplica. Mas os valores que estamos considerando são diferentes; eles têm uma dimensão que as normas categóricas não têm, que Ronald Dworkin chama peso[16]. Onde o valor é aplicável, ele é considerado como uma razão a favor de um resultado particular mas não obriga a esse resultado. O resultado final pode depender também de outras normas e circunstâncias. (Por exemplo, o princípio da igualdade de tra-

---

16. Ver Ronald Dworkin, *Taking Rights Seriously* 14-45 (1977). Devo a Dworkin a minha discussão da natureza dos princípios.

tamento para litigantes civis pode ser suplantado por outros interesses, em algumas circunstâncias. Apesar do princípio, o querelante geralmente tem o ônus da prova e, em casos de direitos civis, um queixoso bem-sucedido, mas não um réu bem-sucedido, pode recuperar as custas do litígio.) Os advogados usam exemplos como os de *Green* para demonstrar que mesmo regras que são categóricas na forma e potencialmente suscetíveis de interpretação literal são e devem ser interpretadas à luz de valores de fundo aplicáveis. Contudo, muitas normas jurídicas assumem a forma de termos gerais abertos, não-especificados, que, obviamente, exigem o recurso a compreensões de fundo implícitas. "Processo devido", "padrão de cuidado", "restrição de comércio", "prática de trabalho injusta", "conveniência e necessidade públicas", "liberdade de discurso", "uso de comércio", "despropositado", "razoável" (tal como aplicado a conduta ou preço), "imprudente", "punição cruel e incomum", "compensação justa" e "propósito adequado" são meramente exemplos de uma vasta classe de termos gerais que desempenham papel central em corpos de direito fundamentais que não têm nenhuma interpretação literal e que compelem mais ou menos ao recurso a princípios de fundo. Além disso, muitos desses termos são compreendidos como incorporando os valores da sociedade em geral ("punição cruel e incomum") ou de algum grupo social não-soberano ("uso de comércio", "padrão de cuidado").

Se os valores de fundo, assim como os comandos e as proibições, são parte da lei, então, a concepção da Visão Dominante dos "limites da lei" parece injustificadamente estreita. A interpretação arruína a distinção forte entre lei e não-lei em que a premissa positivista insiste. Em todos os casos de ética que consideramos, as questões surgem porque a conduta do advogado parece estar em conflito com um valor que parece relevante segundo o esquema jurídico – que contratos substantivamente válidos devem ser executados (o caso da lei das prescrições); que as instituições que controlam funções econômicas críticas não devem exercer o poder de monopólio para impor práticas visivelmente ineficientes (o caso da ferrovia negligente); que o Bank Board deve ter acesso a informações sobre a solidez de um S & L (o S & L recalcitrante); que fazendeiros ricos não devem obter grandes subsídios (os benefícios agrícolas); e que pessoas inocentes não devem ser punidas (o condenado inocente). A Visão Dominante não atribui ao advogado nenhum dever de pesar esses princípios. Se o cliente deseja desconsiderá-los, ela manda que o advogado aquiesça. Ao fazê-lo, trata-os como outra coisa que não lei. E isso, como vimos, é um erro.

Execução

O segundo problema amplo da premissa positivista diz respeito à execução. O impacto prático de uma norma jurídica depende não apenas do processo de interpretação mas também de contingências como boa-fé, capacidades, conhecimento e recursos de funcionários e cidadãos. Se as autoridades (juízes, administradores, policiais) são corruptas ou incompetentes, se carecem da informação factual relevante, se têm recursos limitados para investigar e considerar reivindicações, seria de esperar lacunas substanciais entre a prescrição e o resultado. Além disso, o nosso contraditório, ao dar iniciativa no que diz respeito a afirmar e decidir reivindicações para as partes, coloca um ágio sobre o acesso da parte às informações e a outros recursos de litígio. Se esses recursos são distribuídos desigualmente, esperamos mais um efeito adverso sobre a execução. Ninguém nega que essas condições adversas aplicam-se ao sistema jurídico americano, de modo que a lacuna de execução é potencialmente grande.

A lacuna de execução origina-se de uma importante questão para a Visão Dominante. Os "limites da lei", que definem até que ponto o advogado pode ir, significam a lei substantiva geral tal como o advogado crê que se aplica ao cliente? Ou essa expressão significa a lei tal como aplicada especificamente ao cliente por agentes do Estado? A primeira interpretação implica obrigações consideravelmente mais fortes com os interesses de não-clientes do que reconhece a Visão Dominante. Mas a segunda equivale a dizer que o advogado pode ajudar o cliente a fazer qualquer coisa da qual o cliente possa se safar – uma concepção de obrigação jurídica que quase ninguém adota.

O problema pode ser ilustrado com muitos exemplos. Uma famosa passagem da explicação de Holmes do positivismo afirma que uma pessoa que não quer cumprir uma obrigação contratual tem o "direito" de romper o contrato e pagar compensação por danos ao parceiro de contrato[17]. Os economistas chamam tais rompimentos de "eficientes" porque raciocinam que, se a parte obrigada julga mais barato compensar que cumprir, é socialmente desejável que ela o faça.

Holmes estava adotando aqui uma postura caracteristicamente intransigente. Esperava que moralistas de mentalidade idealista se ofendessem com o seu tratamento altivo do que eles considerariam um dever ético de cumprir promessas feitas. Sua proposição principal era que o direito de rompimento decorria da sua compreensão positivista da lei como equivalente aos comandos sustentados por sanção dos funcionários estatais. Contudo, o próprio Holmes parece ter tido uma mente delicada ao supor que as pessoas que rompem deveres jurídicos pagarão naturalmente as conse-

---

17. Oliver Wendell Holmes, Jr., "The Path of the Law", 10, *Harvard Law Review* 457, 462 (1897).

qüências prescritas substantivamente. Holmes ainda diria que uma pessoa tem o "direito" de rompimento se pudesse escapar sem compensar a outra parte, digamos, fugindo da jurisdição?

Os inquilinos desinformados. As leis estaduais tipicamente limitam as concessões que um senhorio pode exigir de seus inquilinos. Por exemplo, um estatuto pode dizer que o senhorio não pode insistir em um depósito de segurança de mais de um mês de aluguel. Muitos inquilinos, porém, não têm conhecimento desses limites. Os senhorios algumas vezes pedem aos seus advogados que incluam termos ilícitos – por exemplo, um depósito de segurança de dois ou três meses de aluguel – nos seus contratos de locação. Dizem que, se o inquilino levá-los ao tribunal ou ameaçá-los de fazer isso, eles cederão, devolverão o excedente e pagarão quaisquer penalidades. Mas acham que um número suficiente de inquilinos deixará de afirmar os seus direitos a ponto de tornar lucrativa a inclusão do termo[18].

Clientes que fazem altos pagamentos em dinheiro. A Lei de Reforma Tributária de 1984 exige que qualquer um que receba pagamento em dinheiro de mais de 10.000 dólares relate-o ao Internal Revenue Service. A premissa do estatuto é que pessoas que fazem grandes pagamentos em dinheiro têm uma

---

18. O comitê de ética da Associação dos Advogados da Cidade de Nova York certa vez condenou tal prática como aética. Opinion 722 (1948). Por outro lado, a American Bar Association House of Delegates rejeitou uma proposta das *Model Rules* que proibia um advogado de preparar um documento que "contenha termos juridicamente proibidos". De modo previsível, mas implausível, a proibição sofreu oposição por ser intoleravelmente vaga. Geoffrey Hazard, Susan Koniak e Roger Cramton, *The Law and Ethics of Lawyering* 1072-3 (2ª. ed., 1994).

Em algumas jurisdições pode ser ilícito o senhorio usar um contrato com um termo que não se possa executar. Ver, por exemplo, *Leardi contra Brown*, 394 Mass. 151, 474 N.E., 2ª. ed, 1094 (1985). Em tais casos, a preparação do contrato pelos advogados poderia constituir assistência a fraude ou ilegalidade do cliente, o que as regras condenam.

probabilidade incomumente alta de estar envolvidas em atividades criminais. A suspeita parece especialmente intensa no que diz respeito a pagamentos para advogados. Muitos advogados de defesa criminal protestaram ruidosamente contra a aplicação do estatuto a eles, alegando que isso interferia no acesso de clientes que pagam em dinheiro ao aconselhamento. Pelo menos um líder da defesa e alguns comitês estaduais de ética da ordem instaram para que o aconselhamento de defesa não aquiescesse à exigência de declaração até que isso lhes fosse ordenado individualmente por um tribunal[19].

Aqui, temos uma interpretação dos "limites da lei" potencialmente mais radical do que a de Holmes. Presumivelmente, os que propõem a resistência têm pleno conhecimento de que muitos advogados que recebem os pagamentos, talvez a maioria, nunca receberão ordem específica de fazer a declaração, se não por outro motivo porque os promotores carecem da informação e dos recursos para identificá-los (a razão para a exigência da declaração, em primeiro lugar) e acioná-los. Não parecem infelizes com a perspectiva de que a maioria das abstenções de declaração permanecerá oculta e não-sancionada.

Embora seus proponentes possam não ter pretendido tal coisa, podemos considerar a proposta de resistência como

---

19. Ver Susan Koniak, "The Law Between the Bar and the State", 70, *North Carolina Law Review* 1389, 1405-7 (1992) (discutindo a reação dos advogados às regras de declaração monetária).

Argumentos similares foram apresentados por advogados que assistiram os funcionários da Southern na resistência a mandados de desagregação dos tribunais federais nas décadas de 1950 e 1960. Eles insistiam que tal decisão não era a "lei da terra" mas, antes, a "*lei do caso*" efetivamente decidido e obrigava as partes do caso, não os outros". Pittman, "The Federal Invasion of Arkansas in the Light of the Constitution", 19, *Alabama Lawyer* 168, 169-70 (1960); citado em Marvin Frankel, "The Alabama Lawyer, 1954-64: Has the Official Organ Atrophied?", 64, *Columbia Law Review* 1243, 1249 (1964).

exemplo de uma afirmação a respeito da obrigação jurídica em geral que poderia ser inferido de uma compreensão positivista forte de "advocacia zelosa dentro dos limites da lei". Como afirmação geral, a proposta efetivamente diz que um advogado pode fazer tudo pelo cliente, exceto aquilo de que ele não tiver como se safar. Generalizada dessa maneira, a afirmação é, com certeza, inaceitável. Por exemplo, ninguém argumentaria que uma pessoa tem direito de cometer assassinato contanto que não deixe atrás de si provas indubitáveis do seu ato. Por outro lado, existem alguns casos de conduta não-sancionada mas substancialmente ilegal que são vistos com mais tolerância. É improvável que um motorista normalmente cuidadoso, que excede em cinco milhas o limite de velocidade, sabendo que a polícia só aplica a multa com excesso de dez milhas, incorra em muito opróbrio social. Entre os extremos representados pelo assassino e pelo motorista que excede moderadamente o limite de velocidade encontra-se um espectro de casos, como o dos clientes que pagam em dinheiro e o dos inquilinos desinformados, onde há considerável ambivalência e disputa quanto a determinar se a conduta em questão rompe uma obrigação importante.

Tais circunstâncias são um desafio importante à premissa positivista. O positivista alega descrever os contornos e operações efetivas do sistema jurídico. Mas, na verdade, as normas às quais as pessoas vinculam a obrigação jurídica são muito mais amplas do que as destacadas pelos critérios dos positivistas. Ao contrário do dr. Johnson, a maioria das pessoas não precisa que o juiz lhes diga que certos tipos de conduta são juridicamente errados. Na verdade, a ordem social parece depender da disposição das pessoas para aquiescer a normas substantivas mesmo quando não estão diante de sanções imediatas ou certas pela violação.

Além disso, esse sentido mais amplo de obrigação não é categórico nem binário. Para o positivista, a obrigação jurídica existe ou não existe. Mas, como o problema da interpretação, o problema da execução demonstra que a obrigação jurídica pode ser uma questão de grau ou peso. As normas jurídicas podem oferecer-nos razões para fazer algo sem obrigar-nos conclusivamente, e essas razões podem ter forças variáveis. Como consideraremos no capítulo 3, a recalcitrância dos advogados no caso dos clientes que pagam com muito dinheiro, se for justificável, só pode ser justificada com base no fato de que a legitimidade do estatuto de declaração é relativamente não-obrigatória.

Assim, no caso da lei das prescrições, o positivista está errado ao sugerir que a questão é concluída pelo fato de que o juiz a rejeitará se o estatuto for invocado. Uma avaliação plausível da obrigação jurídica deve considerar que o princípio substantivo de manter promessas, mesmo que elas não venham a ser executadas por meio de sanções, pode oferecer uma razão jurídica para pagar a dívida.

A Visão Dominante reconhece de mau grado que os clientes muitas vezes estão interessados em mais do que na "lei", como o positivista a define. Ninguém negaria que um cliente pode desejar pagar voluntariamente uma dívida prescrita pelo tempo por causa de razões de ética ou de reputação. Portanto, as *Model Rules*, um tanto gratuitamente, dizem que o advogado, ao aconselhar o cliente, "pode recorrer não apenas à lei mas a outras considerações, como fatores morais, econômicos, sociais e políticos, que podem ser relevantes para a situação do cliente"[20]. Mas a regra cria apenas uma licença, não um dever (e a opção aqui é simplesmente a discussão, não a proteção ativa). Essa postura permissiva parece uma função da visão equivocada de legalidade do positivista, que converte muitas preocupações jurídicas importantes em (meros) "fatores morais, econômicos, sociais e políticos".

---

20. *Model Rules* 2.1.

Libertarismo contra positivismo

Se as premissas libertária e positivista são independentemente implausíveis, também são mutuamente incompatíveis. No nível mais geral, o problema é este: a Visão Dominante depende do positivismo para definir a visão excepcionalmente estreita de legalidade que sustenta o seu estreito senso de obrigação. Mas o positivismo alega ser apenas descritivo; não tem nenhuma teoria de dever ou direito. Não oferece nenhuma razão para que os advogados respeitem sequer os encolhidos "limites da lei" que ele reconhece ou que respeitem a autonomia do cliente. Por si, o positivismo é inútil para uma visão da ética profissional.

Portanto, o modelo dominante também precisa da premissa libertária para fornecer certa sustentação normativa, tanto para o seu estreito senso de obrigação como para o seu amplo senso de direitos do cliente. Apesar, porém, de a noção libertária de autonomia prover tal base normativa, ela também implica um conjunto de princípios que não se ajustam ao critério de legalidade do positivista.

Por exemplo, o princípio de que os encargos contratuais devem ser cumpridos é importante para a maioria dos libertários. Os princípios de "repouso" e de prova "caduca", subjacentes à lei das prescrições, não são, comparativamente, mais importantes na maioria das visões libertárias. O libertarismo por si, portanto, está em tensão com a abordagem da Visão Dominante do caso do Estatuto das Prescrições. Embora os princípios libertários forneçam uma base normativa, ela não é a base de que precisa a Visão Dominante, já que o libertarismo envolve um senso mais amplo de obrigação e um senso mais estreito de direitos do cliente do que sustenta a Visão Dominante.

O problema da retroatividade

Outro aspecto da dificuldade de combinar as duas premissas é ilustrado pelo problema da retroatividade. Se a lei fosse mesmo fortemente diferenciada da moralidade comum, como afirma o positivista, seria impossível justificar em termos libertários a sua aplicação ao público. O ideal libertário exige que as pessoas tenham conhecimento dos seus direitos e obrigações antes de agir, para que possam planejar os seus negócios. Contudo, a maioria das pessoas não tem conhecimento jurídico especializado nem acesso à assistência jurídica profissional. Por mais que a profissão deseje que não seja assim, a maioria das pessoas somente consulta advogados em raras situações de extraordinário desespero ou por causa de um pequeno número de transações rotineiras, burocráticas. Além disso, mesmo com assistência profissional, não se pode saber com certeza como os funcionários interpretarão e aplicarão a lei. Leis especificamente retroativas são às vezes inconstitucionais e geralmente suspeitas. Mas, para a maioria das pessoas, a maior parte da lei é implicitamente retroativa. Como escreveu John Chipman Gray,

> Praticamente, na sua aplicação a negócios práticos, para a maioria dos leigos, a lei [...] é toda *ex post facto*. Quando um homem se casa, entra em uma sociedade, compra um pedaço de terra ou participa de qualquer outra transação, ele tem apenas uma idéia muito vaga da lei que rege a situação e, com o nosso complicado sistema jurídico, é impossível que seja de outra maneira. Se ele retardasse um contrato ou um ato até compreender exatamente todas as conseqüências jurídicas envolvidas, o contrato nunca seria feito e o ato nunca seria executado[21].

---

21. John Chipman Gray, *The Nature and Sources of the Law* 225 (1909).

Contudo, sustentamos que as pessoas são responsáveis pela aquiescência a uma vasta rede de leis que se aplicam às suas vidas de modo constante e difundido. A ignorância da lei não é uma desculpa. Quando reconhecido, esse tipo de retroatividade geralmente é aceito como uma característica legítima do sistema.

Esse tipo de retroatividade cotidiana é justificada com base em três fundamentos. Primeiro, em grande medida, a lei coincide com a moralidade comum, com a qual a maioria das pessoas está familiarizada. (Quando a lei abandona a moralidade comum, às vezes abrimos exceções ao princípio de que a ignorância não é desculpa, especialmente na esfera criminal.) Segundo, em algumas situações em que a moralidade comum não está sintonizada com o que os juízes e legisladores consideram ser um importante princípio público, os interesses da liberdade protegidos pela acessibilidade da lei têm seu peso superado pelo princípio. Terceiro, a moralidade comum pode não se dirigir claramente à questão, de modo que não existe nenhuma maneira de resolver a controvérsia que não envolva a aplicação de uma norma com a qual é provável que as partes não estejam familiarizadas.

A primeira e a segunda proposições confirmam que, ao contrário do positivismo, as decisões jurídicas fundamentam-se em princípios que não são decretados explicitamente pelo Estado. A segunda e a terceira proposições confirmam que, ao contrário do libertarismo, muitas vezes considera-se legítimo que os interesses da liberdade cedam lugar a outras preocupações. Para a Visão Dominante, surge a questão de por que essas mesmas proposições não ofereceriam justificativas para a recusa do advogado em promover os interesses do cliente até os limites discutíveis da lei. Se existem princípios subjacentes à lei promulgada que são obrigatórios para o cliente, então, o julgamento de um advogado, plausivelmente baseado nesses princípios, pareceria uma base legítima para declinar de continuar a promovê-los. Se os interesses da liberdade podem ser sobrepujados por outros interesses, pareceria adequado que o advogado se preocupasse com esses outros interesses assim como com a autonomia do cliente.

O problema da legislação privada

Embora o positivismo e o libertarismo divirjam na sua receptividade à idéia de que as normas sociais informais possam ser obrigatórias, eles se unem na insistência em que o poder de criar normas obrigatórias por meio da codificação ou do decreto formal limita-se a um soberano claramente diferenciado. Ambas as doutrinas são hostis à idéia da legislação privada.

Para o positivismo, a legislação privada é uma contradição de termos. A lei é definida pela sua fonte em uma ação soberana. Para o libertarismo, a legislação privada é uma ameaça à liberdade. A legislação envolve antes o exercício do poder que do direito. Esse poder é tolerável apenas porque é limitado por várias salvaguardas substantivas (por exemplo, normas de igual proteção) e processuais (por exemplo, controles eleitorais). Os atores privados, porém, não estão sujeitos a essas salvaguardas, de modo que o exercício do poder por eles constituiria opressão.

Considere como a imagem do advogado na Visão Dominante ressoa com essa imagem libertária/positivista. O advogado é retratado como um tipo de agrimensor/guia cujo trabalho é promover a vontade do cliente até o limite das "fronteiras", que são constituídas independentemente dos seus esforços. A localização dessas fronteiras não pode ser afetada pelos esforços do advogado. Isso constituiria legislação e violaria a premissa definidora do positivismo e a premissa política libertária.

Uma objeção evidente mas, não obstante, muitas vezes negligenciada a essa imagem é a de que os advogados, em vez de considerar o produto das legislaturas e dos tribunais como dados, muitas vezes o influenciam. Fazem pressão e conduzem o litígio de maneiras calculadas para induzir regras favoráveis aos seus clientes. Quando os clientes são ricos e bem organizados, os advogados muitas vezes os ajudam a traduzir sua riqueza e poder em uma influência desproporcional sobre o processo legislativo. Por exemplo, uma tática familiar dos advogados de organizações com um interesse de longo prazo em uma questão particular é construir um *test case** levantando a questão em um contexto factual mais solidário com o cliente e perante o fórum mais promissor. Em uma discussão clássica da emergência de tais práticas, no fim do século XIX, James Willard Hurst observou que a advocacia, no caso, tornou-se "um instrumento de fixar política", não, como a Visão Dominante a retratou, um meio "para fazer cumprir direitos e deveres segundo um corpo de 'lei' existente"[22].

Uma forma mais direta de legislação privada ocorre quando o estado incorpora ou se compromete a fazer cumprir normas adotadas por cidadãos privados. Holmes apontou um aspecto importante do fenômeno quando rejeitou a versão de John Austin do positivismo como "a teoria de um criminalista"[23]. As normas de Direito penal realmente têm certa semelhança com a imagem positivista de comandos sustentados por sanções. Muitas normas do Direito civil, po-

---

* Ou *test action*. Ação judicial com pedido e fundamentação idêntica a grande número de outras ações, apoiadas pelas mesmas provas, escolhida para ser decidida e cuja decisão, pela concordância das partes, se estende às demais (Maria Chaves de Mello, *Dicionário jurídico português-inglês – inglês-português*. Rio de Janeiro, Elfos, 1984).
22. *The Growth of American Law: The Law Makers* 349 (1950).
23. Oliver Wendell Holmews, Jr., *The Common Law* 66 (Mark Howe, ed., 1963).

rém, são bem diferentes. Elas têm um caráter às vezes chamado facilitador ou capacitador. Isso não significa simplesmente que permitem certa conduta mas que oferecem a sanção dos poderes de execução do Estado para acordos privados. A maior parte da lei de contratos e boa parte de todo o campo do Direito civil têm essa qualidade. As normas facilitadoras são um convite à legislação privada. Uma vez identificadas, elas parecem uma delegação de poder legislativo a partes privadas. Para ver as normas facilitadoras na sua forma mais problemática, considere o seguinte caso.

Os proprietários racistas. Em 1917, o Supremo Tribunal declarou que esforços governamentais explícitos para segregar áreas residenciais por raça eram inconstitucionais[24]. Tentando conseguir a segregação, advogados de clientes privados reagiram empregando a cláusula de escritura racialmente restritiva. Tal cláusula era um termo, em uma escritura de imóvel, que tencionava impedir o adquirente e seus sucessores de retransferir a propriedade para não-brancos. As cláusulas visavam apenas as propriedades particulares transferidas pela escritura mas, muitas vezes, eram incorporadas simultaneamente a grandes números de lotes adjacentes por agentes imobiliários e associações de bairro, de modo que bairros inteiros eram abrangidos por elas.

No caso *Shelly contra Kramer*[25], de 1948, o Supremo Tribunal examinou uma alegação de que a execução judicial dessas cláusulas violava as cláusulas do devido processo e de igual proteção da décima quarta emenda da Constituição. A décima quarta emenda aplica-se apenas ao Estado, e os indivíduos que tentaram executar as cláusulas argumentaram que elas eram acordos privados, não ação estatal. O

---

24. *Buchanan contra Warley* 245 U.S. 60.
25. 334 U.S. 1.

Supremo Tribunal respondeu que, embora as cláusulas talvez não envolvessem o Estado, sua execução pelos tribunais seria ação estatal e, portanto, violaria a Cláusula de Igual Proteção. Foi amplamente reconhecido que a lógica dessa decisão poderia transformar a maior parte do Direito privado em ação estatal. Isso porque todas as regras facilitadoras contemplam iniciativas privadas que se tornam lei executável. (Como disse Mark Tushnet, o socialismo decorre de *Shelly contra Kramer*[26].)

O Supremo Tribunal não seguiu essa lógica ao aplicar a décima quarta emenda. Mas as legislaturas e os tribunais aplicaram-na em outros contextos para justificar a imposição de várias restrições reguladoras ao exercício do poder por meio de regras facilitadoras. Em particular, onde os negócios ditam unilateralmente termos de contrato a fregueses que não têm nenhuma oportunidade de barganhar, os tribunais e legislaturas muitas vezes intervêm para impedir termos considerados injustos ou ineficientes. Os teóricos jurídicos liberais da geração de Hart e Sacks inventaram o termo "legislação privada" para caracterizar o produto jurídico desse tipo de poder comercial e justificaram a regulamentação com base no fundamento de que o Poder Legislativo deve ser publicamente responsável.

Para Hart e Sacks, essa visão teve fortes implicações para a advocacia. Já que o aconselhamento em situações como a do caso da ferrovia desempenhava um papel quase legislativo, os advogados deviam assumir responsabilidades quase públicas. No caso da ferrovia, devem ter achado que eram "a equipe profissional de um legislador privado, atuando dentro de uma estrutura com ampla margem de arbítrio mas com o poder limitado a arranjos que não fos-

---

26. Mark Tushnet, "Dia-Tribe", 78, *Michigan Law Review* 694, 697 (1980).

sem obviamente insensatos ou contrários à política pública"[27]. Embora os tribunais tenham acabado por corrigir os excessos dos advogados, isso exigiu tempo e esforço. O resultado justo e eficiente teria sido alcançado mais rapidamente se o aconselhamento houvesse assumido mais responsabilidade.

A idéia básica aqui – de que a promoção de interesses privados por meio de regras facilitadoras muitas vezes parece envolver um tipo de coerção que pede controle público e justificação – não se limita a situações de poder de monopólio ou às partes de relações contratuais. O caso da cláusula restritiva demonstra isso. A exclusão coerciva de não-brancos dos bairros restritos é o efeito agregado de uma série de contratos feitos por outros, cada um dos quais pode carecer de poder de mercado. Contudo, essa conseqüência equivale à segregação explícita por uma legislatura.

A perspectiva da "legislação privada" desafia a premissa positivista, ao enfatizar o papel de atores não-estatais na legislatura, e a premissa libertária, ao insistir na natureza potencialmente coerciva do exercício dos direitos jurídicos. Ela subverte a distinção entre fazer cumprir os direitos do cliente e ajudar o cliente a exercer poder sobre outros.

Pode ser útil considerar duas etapas distintas no desenvolvimento de uma prática jurídica como a cláusula restritiva ou a renúncia de responsabilidade. A primeira é o período de emergência. Inicialmente, a prática não é parte do repertório prático da advocacia da área relevante. Não existem formas-padrão. Os advogados comuns não pensam nisso ou, se pensam, parece muito arriscado ou difícil redigir a lei. Então, um pequeno número de advogados tem a idéia de

---

[27]. Hart e Sacks, *Legal Process* 263. Sobre o tema geral da legislação privada, ver também Stewart Macaulay, "Private Government", em *Law and the Social Sciences* (Leon Lipson e Stanton Wheeler, eds., 1986).

fazê-lo. (Podem ser os primeiros a pensar na possibilidade de usar a prática geral ou, simplesmente, os primeiros a pensar em uma forma eficaz de implementá-la.) Fazem o esforço e assumem os riscos de recomendá-la aos clientes e de concertar a estratégia por escrito. Na segunda etapa, a prática é amplamente percebida como eficaz. Uma ou mais formas-padrão tornam-se disponíveis para fazê-la. O aconselhamento a oferece ou recomenda rotineiramente aos clientes, e a adoção torna-se amplamente difundida. No extremo, não oferecê-la nem recomendá-la torna-se imperícia.

Destacar a primeira etapa permite que enfatizemos a criatividade encorajada pelas regras facilitadoras, um aspecto da advocacia que tanto o positivismo como o libertarismo encorajam-nos a ignorar. Também oferece uma imagem especialmente instigante de advogados exercendo o poder em nome dos seus clientes. Assim que os advogados aperfeiçoam a prática, a capacidade dos clientes para impor suas vontades aos outros aumenta. Os advogados fizeram recuar os "limites da lei".

Depois que a prática se torna padrão, é mais fácil pensar nos advogados implementando-a rotineiramente como execução de algum corpo estabelecido de direitos, mas isso é enganoso se compreendemos os direitos no sentido positivista/libertário dos argumentos de prerrogativa da Visão Dominante. As fronteiras que o advogado mantém não são os limites de uma zona de autonomia concedida legislativamente. Foram conquistadas por meio de um ato de agressão criativa. A reivindicação de prerrogativa do cliente à prática simplesmente porque ela está estabelecida não parece melhor que a reivindicação de um exército em guerra ao território disputado que ocupou por um período limitado.

Naturalmente, em termos práticos, para o advogado que acredita que a prática é irresponsável, é muito mais fácil renunciar a ela na primeira etapa do que na segunda. Ao avaliar a conduta do advogado na segunda etapa, devemos levar em conta as pressões que o levam a aquiescer, mas estas entram mais como desculpa do que como justificativa. São razões para que o advogado seja perdoado, não para que sua conduta seja aprovada.

Conclusão

Deve estar claro agora por que estão erradas as objeções morais, políticas e epistemológicas a que o advogado não ultrapasse os "limites da lei".

A base moral para as decisões do advogado são os mesmos princípios subjacentes que legitimam os julgamentos jurídicos em geral. Um advogado que se baseia nas normas do mérito jurídico ou da justiça para limitar até que ponto pode chegar para defender os interesses do cliente, não priva o cliente de nada a que ele tenha direito; pelo contrário, simplesmente insiste em respeitar os direitos de outros.

A sugestão de que o advogado que reprova um plano juridicamente sustentável do cliente deve concentrar suas energias reformistas na mudança legislativa futura em vez de frustrar o cliente nas suas presentes atividades, é infundada quando a base da reprovação do advogado é o mérito jurídico. Naturalmente, quando a legislatura ou tribunal pertinente atuou deliberadamente para permitir atividades como as que o cliente propõe, ele tem um forte direito de prerrogativa ao ato. Mas em situações como as dos casos da lei das prescrições e da ferrovia o Estado não se pronunciou claramente sobre a questão, e, embora a ação em questão seja juridicamente sustentável, pode ter sido contrária à avaliação mais plausível do seu mérito jurídico.

Se fosse possível induzir um tribunal ou legislatura a fazer um julgamento sobre a questão antes que muitas pessoas fossem afetadas pela conduta, poderia ser uma boa idéia o advogado encorajar o cliente a esperar e requerer tal julgamento. Mas, com muita freqüência, isso não é prático. Pode estar além da capacidade do advogado ou do cliente induzir a legislatura a atuar. Certamente levará tempo. (John Maynard Keynes reconheceu que as depressões econômicas podem ser autocorretoras a longo prazo, mas argumentou a favor das intervenções que propunha com base no fundamento de que "a longo prazo estaremos todos mortos".) E a ação legislativa e judicial é invariavelmente custosa em termos privados e sociais. Hart e Sacks relatam que, no caso da ferrovia, os tribunais e, por fim, o congresso intervieram com eficácia para coibir as limitações de responsabilidade desarrazoadas da ferrovia, mas enfatizam o dano causado no decorrer dessa solução e os seus custos processuais[28].

Além disso, mesmo que um tribunal ou legislatura estivesse disposto e fosse capaz de enfrentar a questão sem custo, poderia não estar numa posição tão boa para fazê-lo quanto a consultoria jurídica privada. No caso da ferrovia, Hart e Sacks sugerem que o contrato privado, se usado com responsabilidade, teria oferecido um elenco mais flexível de soluções do que ofereceu a legislação subseqüente, que, necessariamente, envolveu mais uniformidade e rigidez. Sugerem também que a experiente consultoria jurídica da ferrovia talvez estivesse mais bem informada a respeito da indústria do que os legisladores e seus funcionários[29]. No caso da lei das prescrições, o papel do advogado origina-se do fato de que ele tem o melhor acesso à informação relevante no caso particular.

Longe de ser politicamente totalitário, um compromisso com as normas de mérito jurídico e justiça ressoa com valo-

---

28. Hart e Sacks, *Legal Process* 259-63.
29. *Ibid.* 226.

res democráticos. Em uma sociedade democrática, as normas de justiça e mérito jurídico expressarão aspirações democráticas, e a fidelidade a elas, portanto, reforçará a democracia. Afinal, o compromisso é com os princípios aceitos no sistema jurídico, não com os representantes estatais que gerem o sistema. Na verdade, o compromisso com esses princípios às vezes oferecerá uma base forte para a oposição aos representantes públicos. Observe também que um sistema em que se confere responsabilidade a advogados individuais pela vindicação do mérito jurídico descentraliza a execução da lei de uma maneira que, se bem-sucedida, reduz a necessidade de mais métodos burocráticos de execução.

A resposta para a objeção epistemológica é que o advogado tem acesso a princípios de mérito jurídico e justiça por meio da sua condição de membro da sociedade e da sua instrução como advogado. Suas decisões éticas fundamentam-se nos mesmos princípios que os juízes – cuja instrução é a mesma dos advogados praticantes – aplicam ao decidir casos. Sem algum acesso a tais princípios, ele não seria capaz de realizar seu trabalho de aconselhar clientes sobre a lei e de advogar pelos clientes diante dos juízes.

Um advogado que condiciona o serviço aos clientes ao respeito por esses princípios não impõe os seus próprios valores, a não ser na medida em que os seus valores coincidem com esses princípios. (O mesmo seria verdadeiro para um juiz decidindo casos.) Naturalmente, nem todos os advogados concordariam, em qualquer situação dada, quanto a como se aplicam os princípios aplicáveis. Advogados individuais cometerão erros. Mas, como reconhecemos prontamente no caso dos juízes, o fato de que uma prática de julgamento às vezes produza algumas decisões controvertidas ou mesmo erradas não torna a prática ilegítima.

Pode ser que o advogado muitas vezes não esteja em posição de certas decisões. Se houvesse outros mais capazes, o advogado deveria submeter-se a eles. Isso é compatível com a fidelidade ao mérito jurídico se compreendêssemos, como deveríamos, que o mérito jurídico inclui considerações processuais assim como substantivas. Mas, com certeza, existe uma classe substancial de situações nas quais os advogados estão numa posição relativamente boa para tomar decisões que contribuam para a vindicação do mérito. Os casos da lei das prescrições e da ferrovia negligente parecem exemplos adequados. Nessas situações, os argumentos desencorajadores da Visão Dominante não são persuasivos.

Capítulo 2
Justiça a longo prazo

Um segundo conjunto de argumentos a favor da Visão Dominante reconhece que os clientes muitas vezes não têm direito ao estilo de advocacia que ela recomenda e que essa advocacia ocasionalmente leva à injustiça. Os defensores do estilo dominante de advocacia afirmam que ele produz um nível maior de justiça no agregado e a longo prazo. Retratam as injustiças da advocacia agressiva como sacrifícios que têm de ser feitos para evitar injustiças maiores. Vêem os beneficiários da injustiça como procuradores-gerais privados que, ao tirar partido das regras que lhes dão coisas a que não têm direito, melhoram o desempenho geral do sistema jurídico.

A mudança do *Code* para as *Model Rules* como paradigma normativo oficial dos advogados organizados requer que se desloque a ênfase da habilitação para esses argumentos instrumentais. As *Model Rules* abandonam a "advocacia zelosa dentro dos limites da lei" e a retórica libertária associada a ela. Em vez disso, enfatizam a função instrumental de vários elementos da advocacia agressiva na promoção da justiça a longo prazo. Essas fundamentações instrumentais a favor da Visão Dominante incluem, como veremos, argumentos a favor de versões fortes de confidencialidade, argumentos referentes à preparação do litígio (que, muitas vezes, sugerem que o "contraditório" acarreta aspectos da Visão Dominante), um argumento que recorre ao fenômeno psicológico da "dissonância cognitiva" para sustentar uma ética forte de lealdade ao cliente e, finalmente, um argumento de que as normas categóricas tendem a ser mais eficientes do que as normas contextuais. Em cada caso, o argumento revela-se dependente de pressupostos comportamentais sem substância e, talvez, indetermináveis. A incerteza a respeito dessas questões é um problema para qualquer visão da ética jurídica. Mas, como a visão do Interesse Público e a Contextual são mais compatíveis com a moralidade comum e com os princípios jurídicos aplicados em contextos análogos, parece adequado atribuir à Visão Dominante o ônus da prova. Além disso, como veremos no capítulo 4, os argumentos mais importantes a favor da Visão Dominante não dependem absolutamente de pressupostos comportamentais.

Confidencialidade

A Visão Dominante prescreve normas de confidencialidade quase absoluta para com as informações do cliente. Sob as *Model Rules*, preocupações com a injustiça ou com o interesse público autorizam o advogado a revelar informações sem o consentimento do cliente apenas quando o cliente está prestes a cometer um "ato criminoso que tenha probabilidade de resultar em morte iminente ou em dano físico grave"[1].

---

1. *Model Rules* 1.6. Essa regra foi adotada literalmente em apenas seis estados. Na maioria dos outros estados, as regras são similares, mas tipicamente um pouco menos protetoras, permitindo muitas vezes a revelação de atos criminais futuros além daqueles que representam ameaça de dano corporal grave. Ver Fred C. Zacharias, "Fact and Fiction in the Restatement of the Law Governing Lawyers: Should the Confidentiality Provisions Restate the Law?", 6, *Georgetown Journal of Legal Ethics* 903, 913-4 (1993).

Por essa regra, o advogado não pode revelar a intenção do cliente de cometer um ato criminoso que violará os direitos de propriedade de alguém, não importa quão grande seja o dano. Tampouco pode revelar a intenção do cliente de cometer alguma ilegalidade não-criminosa, qualquer que seja a dimensão do dano provável. Não pode revelar informações sobre atos criminosos passados do cliente, mesmo se eles tiverem conseqüências correntes de grande magnitude. (Por exemplo, o cliente cometeu um crime pelo qual alguém foi erroneamente sentenciado – o caso do condenado inocente – ou matou alguém e escondeu o corpo e a família está procurando desesperadamente pela pessoa perdida.) O advogado não pode revelar informações do cliente sobre a atividade criminosa de *alguma outra pessoa*, não importa quão nefanda. (O cliente sabe, por exemplo, que outra pessoa cometeu um crime pelo qual ocorreu uma condenação errada, ou matou ou raptou e ocultou alguém.)

O propósito das salvaguardas da confidencialidade é, naturalmente, induzir os clientes a fazer revelações aos advogados. Se os clientes pensassem que os advogados poderiam repetir suas declarações de maneira desvantajosa, fariam menos revelações, e isso seria ruim porque os advogados lhes dariam aconselhamento menos eficaz. Para os proponentes mais fortes da confidencialidade, esta é mais do que um dever de silêncio. É um dever de oferecer garantias ao cliente de que ele não será prejudicado ao fazer revelações ao advogado. Essa concepção acarreta uma disposição para levar a cabo práticas enganosas quando o advogado sabe que as práticas são enganosas apenas por causa de alguma coisa que o cliente lhe contou. No ponto em que essa linha de pensamento envolve o advogado ativamente em fraude ou perjúrio, ela é inaceitável mesmo na Visão Dominante. Geralmente não é permissível para o advogado apresentar perjúrio mesmo se souber que é perjúrio por causa da revelação de um cliente². Mas formas menos diretas de fraude – por exemplo, impedir uma testemunha que o cliente admitiu ser fidedigna – são usadas muitas vezes como decorrências da confidencialidade.

A questão central a respeito da confidencialidade é: reconhecendo que a revelação plena da verdade pelo cliente favorece o bom aconselhamento jurídico, por que valorizamos o aperfeiçoamento do aconselhamento jurídico, facilitado pela confidencialidade, mais do que a prevenção da injustiça contra outras pessoas que a confidencialidade inibe? A resposta da profissão jurídica é que a garantia do sigilo profissional promove a justiça a longo prazo.

Um argumento é que a confidencialidade ajuda a coibir *futuros atos* errados do cliente. Ao renunciar à revelação para os de fora, o advogado renuncia a certo efeito dissuasório mas permanece livre para tentar dissuadir o cliente de conduta ilegal. Sem a ameaça de revelação, ele terá sucesso com menos freqüência, mas a certeza de confidencialidade irá dar-lhe mais oportunidades, já que induzirá os clientes a revelar planos anti-sociais que não revelariam se temessem a revelação. Os advogados aparentemente concluíram que a menor taxa de sucesso será mais do que compensada pela base mais elevada³. No agregado, a sua posição implica que se evitará mais injustiça com a regra quase absoluta.

A segunda maneira em que a confidencialidade promove a justiça a longo prazo diz respeito à conduta passada. Nesse caso, a preocupação é que, sem a confidencialidade,

---

2. Alguns proponentes da Visão Dominante acreditam que o perjúrio de um réu criminal é um caso especial, em que a participação do advogado é justificável. Ver, por exemplo, Monroe Freedman, *Understanding Legal Ethics* 132-41 (1990).

3. Ver *Model Rules*, Comentários, parágrafos 3, 9. Os redatores expressam uma fé espantosa nos poderes de persuasão do advogado: "Baseados na experiência, os advogados sabem que quase todos os clientes seguem o aconselhamento dado, e o direito é sustentado" (parágrafo 3).

o cliente pode deixar de revelar informações relevantes para *reivindicações válidas* que possa ter[4]. É do seu interesse contar ao advogado tais informações mas, como ele não é juridicamente refinado, pode compreender erroneamente o seu interesse, reter informações úteis e sofrer injustiça por deixar de afirmar suas reivindicações. Sempre existe uma tentação inicial de responder a esse argumento, como fez Jeremy Bentham, de que tal injustiça é um preço adequado para a desonestidade do cliente[5]. Mas não há nenhuma garantia de que tal injustiça será proporcional à infração. E, para alguns clientes – réus criminais, por exemplo –, o valor da aposta pode ser muito alto.

Ao avaliar esses argumentos, devemos estar seguros sobre as possibilidades em relação às quais se avalia a regra da confidencialidade quase absoluta. Os defensores de tal regra às vezes falam como se a possibilidade relevante fosse um regime sem absolutamente nenhuma salvaguarda de confidencialidade. Mas isso está longe da possibilidade mais plausível. Uma candidata melhor seria o preceito da *Reafirmação da representação*, que diz que os representantes não devem revelar informação confidencial obtida de seus representados *"exceto no interesse superior de outro"*[6]. Essa regra é proposta pelos idealizadores como a norma presuntiva das relações profissionais e comerciais. Uma possibilidade similar que em-

---

4. Ver Ronald J. Allen, Mark F. Grady, Daniel D. Polsby e Michael Yashko, "A Positive Theory of the Attorney-Client Privilege and the Work Product Doctrine", 19, *Journal of Legal Studies* 359, 363-83 (1990). Esses autores sugerem que o risco de que os clientes cometam erros quanto a qual informação revelar é especialmente grande no que diz respeito a "reivindicações contingentes" – reivindicações que condicionam alguma vantagem ou mitigação a concessões de conduta da parte do autor da ação que, de outra maneira, seriam erradas. Por exemplo, a alegação de defesa própria presume que o réu usou força física de forma presumivelmente ilegal; a alegação de negligência contributiva reconhece que o reivindicante foi negligente.
5. Jeremy Bentham, *Rationale of Juridical Evidence* (1827).
6. *Restatement of Agency* 2º., seção 395, Comentário, parágrafo f.

prega a retórica da Visão Contextual seria "o advogado deve manter a informação do cliente em confiança, exceto quando a revelação é necessária para evitar injustiça substancial"[7]. Minha visão é que a norma de representação e a norma de "injustiça substancial" são melhores do que a presente norma dos advogados. O argumento mais importante a favor das primeiras regras é a afirmação geral que faço nos capítulos 4 e 5 a favor da abordagem contextual da ética jurídica – que ela minimiza a participação do advogado na injustiça. No momento, proponho considerar algumas razões para sermos céticos quanto às afirmações principais feitas a favor da regra da profissão – as proposições a respeito da conduta futura e de reivindicações válidas.

Embora argumentos *ad hominem* sejam reprovados hoje, as indicações de má-fé nas reivindicações de confidencialidade da ordem são salientes demais para serem ignoradas. A profissão sempre defendeu a confidencialidade de maneira piegas, arrogante e dogmática. Os argumentos raramente são articulados de maneira sistemática (e, então, geralmente pelos seus críticos). Esses argumentos dependem de suposições a respeito de tendências comportamentais, mas a ordem nunca aduziu nenhuma prova a favor delas e nunca demonstrou nenhum interesse em investigá-las. Embora a Ordem dos Advogados Americana patrocine uma excelente instituição de pesquisa – a Fundação Americana dos Advogados – com muitos milhões de dólares por ano, essa instituição nunca fez nenhum trabalho a respeito das premissas factuais do pronunciamento normativo mais importante da ordem.

Nas *Model Rules* a fundamentação oferecida a favor da regra de confidencialidade é idiossincraticamente incompa-

---

7. Harry Subin propõe uma exceção para a informação necessária "para impedir dano sério". "The Lawyer as Superego: Disclosure of Client Confidences to Prevent Serious Harm", 70, *Iowa Law Review* 1091, 1172-81 (1985).

tível com a sua substância. Os comentários do redator defendem o argumento dos "atos futuros" como base para a regra. Ao mesmo tempo, a única exceção da regra que considera o público é para uma categoria que inclui a maioria dos atos danosos futuros – aqueles que têm probabilidade de causar morte e lesão corporal séria. Se os redatores realmente acreditavam que a confidencialidade impedia crimes, teriam-na retirado para os crimes mais prejudiciais e deixado que permanecesse inviolável para crimes relativamente menores? A Ordem está menos interessada em impedir o assassinato e a agressão física do que, digamos, em impedir a emissão de cheques sem fundo e que se jogue lixo na rua?

A fundamentação baseada nos crimes futuros também é incompatível com o tratamento que as *Model Rules* dão a clientes organizacionais e que se aplica ao grosso da prática comercial[8]. Por essa regra, quando um agente do cliente organizacional – digamos, um gerente corporativo – revela ao advogado da organização uma atividade criminal continuada ou contemplada que pode vir a prejudicar a organização, o advogado pode informar os gerentes superiores ou o conselho de diretores. Se a lógica dos atos futuros fosse correta, isso não seria do interesse da organização, já que significaria que menos crimes danosos seriam revelados e impedidos. A razão mais provável para eximir o dano físico e os crimes de organizações é que os advogados consideram os atos que infligem dano físico e os atos que infligem qualquer tipo de dano aos seus clientes como especialmente nefandos. Mas suprimir a confidencialidade para os piores atos implica uma convicção de que a confidencialidade antes impede que promove a coibição[9].

---

8. *Model Rules* 1.13.
9. Aqui estão mais três ilustrações da ansiedade e hipocrisia da profissão a respeito das suas normas de confidencialidade:

Uma segunda objeção à fundamentação baseada nos atos futuros surge quando consideramos que, em outras circunstâncias notáveis em que as instituições públicas pesa-

---

(1) Como originalmente promulgado, o *Model Code* continha uma regra exigindo que, quando o advogado descobrisse que o cliente cometera fraude em uma questão na qual o advogado o estivesse representando, o advogado fizesse as revelações necessárias para retificar a fraude. *Model Code* DR7-102(B)(1969). Muitos protestaram no sentido de que essa regra infringia a confidencialidade, e a Associação dos Advogados Americana aquiesceu. Contudo, em vez de rejeitar explicitamente o dever ou simplesmente eliminá-lo, os redatores conservaram a linguagem original mas a qualificaram com a expressão "exceto quando a informação for protegida como comunicação privilegiada". O Comitê de Ética e Responsabilidade Profissional da Associação dos Advogados Americana, então, interpretou "comunicação privilegiada" de forma que incluísse não apenas informação privilegiada pelas regras sobre provas judiciais, mas "qualquer informação obtida na relação profissional [...] cuja revelação seria [...] prejudicial ao cliente". ABA Formal Opinion 341 (30 de setembro, 1975). Assim interpretada, a informação relevante é quase sempre privilegiada, e o dever de retificar é sem sentido. Embora essa retórica seja muitas vezes criticada como embaraçosamente tortuosa, praticamente a mesma abordagem – um dever afirmado em um pronunciamento, seguido pela sua anulação em outro – foi adotada nas *Model Rules*; ver 4.1(b).

(2) Durante a redação do *Restatement of the Law Governing Lawyers*, do American Law Institute, os membros do ALI debateram e aprovaram uma regra de confidencialidade que lembra a dos códigos de ética. Em conformidade com o formato costumeiro do *Restatement*, os redatores haviam acrescentado à regra uma série de ilustrações, inclusive uma similar à do caso do condenado inocente. A discussão desse caso terminava com a conclusão, claramente sustentada pelos termos da regra, de que a regra excluía a revelação, apesar da injustiça para com o condenado. Após acalorado debate, os membros votaram a favor da supressão da ilustração por ser "ofensiva" *sem fazer nenhuma mudança na regra!* 5 *Lawyer's Manual on Professional Conduct* (*ABA/BNA*) 1581-59 (1989).

(3) Embora a exceção à confidencialidade nas *Model Rules* 1.6 para a proteção de interesses de terceiros seja estritamente limitada às situações mais extremas, a exceção à proteção dos interesses do advogado é estendida indiscrimidamente para permitir ao advogado responder a quaisquer "alegações em qualquer processo que diga respeito à representação do cliente pelo advogado". Embora mesmo alguns interesses de vida ou morte de terceiros não justifiquem a revelação, os interesses egoístas do advogado sempre justificam a revelação, não importa quão menores os interesses nem quão grande o dano para o cliente. Quando são feitas alegações contra o advogado pelo próprio cliente, a exceção pode ser racionalizada com o fundamento de que a confidencialidade muitas vezes deixaria o advogado sem defesa e tentaria o cliente a fazer alegações injustas. Mas a exceção aplica-se a alegações contra advogados também por não-clientes – por exemplo, quando um terceiro acusa o advogado de assistir conduta errada do cliente. O ad-

ram o valor de coibição das salvaguardas de confidencialidade profissional em comparação com o dos deveres de revelação, elas concluíram que os deveres de revelação oferecem mais coibição. Já mencionei a norma de *Reafirmação da representação* que retira a confidencialidade diante de interesses "superiores" de terceiros. Outro exemplo importante é a recente panóplia de leis que exige que profissionais como professores, assistentes sociais e terapeutas relatem indícios de maus-tratos de crianças às autoridades públicas[10]. Se a fundamentação baseada na conduta futura adotada pelos advogados tivesse algum mérito, seria fortemente aplicável nesse contexto. Sem confidencialidade, as pessoas relutarão mais em confiar as suas intenções prejudiciais a esses profissionais, e os profissionais terão menos oportunidade de persuadi-las a desistir. Contudo, ao adotar a regra de maus-tratos de crianças, as legislaturas parecem ter concluído que o peso dessa perda é superado pelo efeito de coibição aumentado da revelação profissional.

Existem alguns casos em que as instituições resolveram a questão a favor da confidencialidade, como fez a Ordem. A maioria, porém, são associações profissionais que propõem ou promulgam normas para os seus próprios membros. Portanto, estão sujeitas à suspeita de que são hipersensíveis aos interesses locais dos seus membros, que têm em jogo valores materiais e psicológicos nas relações com os clientes e que muitas vezes consideram as responsabilidades para com não-clientes como fardos não-compensados.

---

vogado é livre para revelar informação do cliente mesmo se o cliente não se conduziu erroneamente, e as revelações são prejudiciais a ele. Contudo, não há nenhuma razão para pensar que, sem exceção, a confidencialidade deixaria os advogados mais vulneráveis à injustiça de alegações de não-clientes do que deixa presentemente terceiros.

10. Ver Robert Weisberg e Michael Wald, "Confidentiality Laws and State Efforts to Protect Abused or Neglected Children: The Need for Statutory Reform", 18, *Family Law Quarterly* 143 (1984).

Por outro lado, quaisquer que sejam os seus defeitos, as legislaturas não sofrem de nenhum viés comparável contra a confidencialidade ou os interesses dos profissionais. Talvez, então, suas determinações sobre a questão da coibição tenham mais credibilidade.

Uma terceira objeção é que a proteção eficaz da regra de confidencialidade é muito mais estreita e idiossincrática do que sugere o seu texto. Dado o âmbito limitado e a imprevisibilidade da sua incidência, é implausível que pudesse ter grande efeito tranqüilizador sobre a revelação do cliente. Embora a regra de confidencialidade dos advogados esteja sujeita apenas a duas exceções explícitas e estreitas (para crimes futuros envolvendo dano físico grave e a proteção do próprio interesse do advogado), está sujeita a uma extensão cavernosa de exceções implícitas para situações em que algum dever jurídico independente exige a revelação. Essas exceções foram impostas aos advogados por outras instituições e, tipicamente, não são mencionadas nas regras, embora desempenhem um papel importante na prática. Por exemplo, se o advogado fosse intimado judicialmente a revelar informações do cliente, ele teria o dever de fazê-lo, a menos que a informação fosse protegida pela proteção jurídica da prova na relação advogado-cliente. A proteção jurídica às provas é muito mais limitada que a norma de sigilo profissional dos advogados. Entre outras coisas, a proteção jurídica às provas não abrange comunicações em que o cliente procura ajuda para a execução de um crime[11]. Eis aqui mais um exemplo em que os legisladores rejeitaram o dogma de que a confidencialidade é melhor para a coibição que a revelação.

De longe, a fonte mais importante de quebra de sigilo é o sistema de informação compulsória no direito civil. Houve uma tendência estável, desde meados do século XIX, de pro-

---

11. VII *Wigmore on Evidence*, seção 2298 (John McNaughton, ed., 1961).

porcionar a litigantes civis acesso facilitado, anterior ao julgamento, a fatos conhecidos pelos seus adversários. Um passo crítico foi a adoção, em 1938, das *Federal Rules for Civil Procedure* [Regras Federais para o processo civil], que, desde então, foram reproduzidas na maioria dos estados. Sob esse sistema, "cada parte [de um um processo judicial] pode obrigar a outra a revelar quaisquer fatos de que tenha conhecimento"[12]. Emendas de 1993 ampliaram a tendência ao determinar que uma variedade de informações fosse oferecida voluntariamente, mesmo quando não exigidas[13].

Advogados representando clientes no processo de informação compulsória têm responsabilidade substancial pela exatidão das respostas do cliente. Eles podem, sem consciência disso, fazer declarações falsas ou transmitir declarações falsas de seus clientes. Essa responsabilidade se aplica apesar da norma de sigilo profissional e da norma jurídica referente à proteção das provas na relação advogado-cliente. A lei faz distinção entre a comunicação do cliente e o conteúdo factual da comunicação. As regras de confidencialidade excluem a revelação da comunicação, mas não afetam deveres jurídicos de relatar fatos que o advogado conhece por causa dessas comunicações. Assim, se o cliente diz ao advogado que atropelou o marido da queixosa diante de certas testemunhas, o advogado não deve repetir que o cliente lhe disse isso mas, se perguntarem ao cliente se ele atropelou a vítima, ele ou o advogado, se este responde pelo cliente, deve responder sinceramente e, pelas recentes emendas federais, eles devem fornecer voluntariamente os nomes das testemunhas, mesmo se não lhes for pedido[14].

---

12. *Hickman contra Taylor*, 329 U.S. 495, 507 (1947).
13. *Federal Rules of Civil Procedure* 26(a).
14. Se o cliente se recusasse a permitir a quebra de sigilo ou exigisse quebra de sigilo de uma informação por força do requerimento da apresentação compulsória de um documento de informação, o advogado seria impedido de revelá-lo unilateralmente, mas teria de renunciar. Como geralmente é custoso para o cliente mudar de advogado, essa ameaça muitas vezes induziria o cliente a aquiescer.

A norma de sigilo profissional da ordem está sujeita, portanto, à exceção implícita de que, se a informação que o advogado recebe da vítima torna-se relevante para o litígio civil, ela terá de ser revelada por exigência e, talvez, mesmo sem exigência. A questão não é que as normas de confidencialidade são inconseqüentes. Há muitas situações fora da esfera do litígio em que elas têm efeitos significativos. E, mesmo no litígio, o lado antagônico às vezes não exige adequadamente a informação relevante que não tem de ser oferecida voluntariamente, e em tais situações a confidencialidade é importante.

Da perspectiva da entrevista típica de advogado e cliente, porém, esses efeitos são imprevisíveis. A maior parte do trabalho transacional é feito tendo em vista o litígio civil potencial, e a maior parte das condutas criminosas é passível de ação civil. Assim, um cliente plenamente informado a respeito das normas de confidencialidade relevantes – e esse é o tipo de cliente que as normas da Ordem supõem – reconheceria, tipicamente, um risco vago mas substancial de que a informação que revela ao advogado possa vir a ter efeitos posteriores adversos. (Podem-se evitar alguns desses efeitos mudando-se de advogado e omitindo a informação adversa ao novo advogado, mas mudar de advogado muitas vezes é caro e às vezes impraticável[15].) Como nem a magnitude nem a incidência desse risco podem ser conhecidas, a garantia de confidencialidade residual dos advogados é vaga e incompleta e, portanto, é improvável que seja tranqüilizadora.

Também vale observar que os advogados não afirmaram, muito menos demonstraram, que a ampliação crescente da apresentação compulsória de documentos ao longo do

---

15. Além disso, sugeriu-se recentemente no contexto de títulos que, quando um cliente muda de advogado para ocultar informações do segundo advogado, este pode ter o dever de inquirir o primeiro. *FDIC contra O'Melveny & Meyers*, 969 F.2d 744 (9th. Cir. 1992), invertido com base em outros fundamentos, U.S. 979 (1994).

século inibiu substancialmente a franqueza do cliente com o advogado, embora assim tenham previsto as fundamentações da Ordem sobre a confidencialidade. O aumento na quebra de sigilo que seria exigido ao se deslocar a ética jurídica para a Visão Contextual é, provavelmente, muito menor que o aumento ocorrido com a mudança para os modernos sistemas de apresentação compulsória de documentos. Contudo, esta relativamente não gerou polêmicas[16]. Como a exceção de privilégio para a assistência criminal parece particularmente prejudicial ao argumento dos atos futuros a favor da confidencialidade, os deveres de apresentação compulsória de documentos parecem particularmente prejudiciais ao argumento das reivindicações válidas. A maior parte da informação em que se concentra esse argumento seria relevante para reivindicações de litígio e, no contexto do litígio, as proteções de confidencialidade são inteiramente truncadas pelo sistema de apresentação de provas.

Uma quarta objeção às reivindicações da Ordem a favor da confidencialidade é que elas não são sustentadas pela intuição psicológica. Considere primeiro o cliente pressuposto pelo argumento dos "atos futuros". Por que não revelará seus planos ao advogado sem a garantia da confidencialidade? Presumivelmente porque pensa que pode querer prosseguir, mesmo que seus planos se revelem ilegais. Assim, aparentemente, ele não é uma pessoa com forte disposição de obedecer a lei. (O juiz Frank Easterbrook poderia objetar que "mesmo um [cliente] honesto pode temer que [o advogado] compreenda erroneamente a situação e faça soar o alarme sem necessidade, com grande prejuízo"[17]. Esse pon-

---

16. Talvez tais asserções venham a ser feitas no que diz respeito às emendas de 1993, ordenando a apresentação "automática" de algumas informações. Essas emendas são controvertidas mas representam apenas uma ampliação marginal do âmbito anterior da apresentação compulsória de documentos, que – deixando de lado questões de custo e execução – não era controvertido.

17. *DiLeo contra Ernst & Young*, 901 F.2d 624, 629 (7th Cir. 1990). A passagem refere-se, na verdade, a contadores.

to não parece forte no que diz respeito à conduta corrente ou futura. O advogado fará soar o alarme apenas se o cliente persistir após ser aconselhado no sentido de que a conduta é ilícita. E, se o cliente duvida do conselho em boa-fé, seria de esperar que o advogado esperasse enquanto o cliente obtém outra opinião. É questionável se é plausível chamar de "honesto" (no sentido de respeitador da lei) um cliente que, indeciso o bastante para procurar aconselhamento, resolve prosseguir com sua conduta depois de informado pelo advogado de que ela é ilegal. Ao mesmo tempo, o argumento supõe que ele é suscetível de dissuasão. O que o advogado pode dizer para convencê-lo? O advogado pode falar sobre a penalidade. A informação tenderá a desencorajar o cliente se a penalidade for mais alta do que ele esperava, mas terá a tendência oposta se a penalidade for menor do que ele esperava, e não há nenhuma razão para esperar que o primeiro caso seja mais freqüente que o segundo. Assim, o efeito líquido do aconselhamento com base na penalidade é indeterminado. O advogado pode falar sobre possíveis custos não-oficiais, como perda de reputação ou de boa vontade. Contudo, o efeito dessa informação é, de maneira similar, indeterminado. Além disso, não há nenhuma razão para pensar que o advogado tem mais conhecimento de custos não-oficiais que o cliente. Se for inútil falar sobre a penalidade e outros custos, restará ao advogado recorrer a considerações de dever. Dada a suposta predisposição do cliente para a ilegalidade, porém, não há nenhuma razão para pensar que o cliente será suscetível a tais argumentos.

E o argumento das "reivindicações válidas"? Para que esse argumento funcione, o cliente tem de estar tão mal informado que não consiga identificar a informação que lhe seria útil mas bem informado o suficiente para compreender as regras de confidencialidade que definem o que pode dizer ao advogado com segurança. Essa situação não é inconcebível. Talvez a utilidade da informação crucial dependesse de regras muito mais complicadas do que as de confidencialidade. Contudo, isso está longe de ser obviamente verdadeiro, e duas proposições sustentadas pelo empirismo informal sugerem que está errado.

A primeira é que um estilo comum, e talvez predominante, de entrevista entre advogados de defesa de crimes de colarinho-branco é sondar o cliente quanto a informações que o advogado pensa que podem ser úteis, sem pedir ao cliente um relato completo dos fatos[18]. Aparentemente, os advogados fazem isso para evitar saber de fatos que limitariam sua capacidade de fazer reivindicações ou defesas úteis. Pelo menos para esses advogados e os seus clientes, mesmo os presentes níveis de proteções de confidencialidade são insuficientes para a revelação plena do cliente. (Porque, por exemplo, proíbem que o advogado faça declarações que sabe serem falsas e que representem perjúrio consciente.) A prática não é atraente do ponto de vista ético, mas os relatos dela não sugerem que os advogados deixam passar informações relevantes. Pelo contrário, os advogados muitas vezes parecem capazes de extrair a informação relevante indicando ao cliente o que seria útil, e não exercendo pressão em áreas sem probabilidade de ser úteis. Isso desafia a noção de que a confidencialidade é necessária ou eficaz para induzir a revelação de fatos relevantes para "reivindicações válidas".

O segundo fato é que muitos clientes não compreendem as regras de confidencialidade e não confiam em que seus advogados aquiesçam às regras[19]. A incompreensão é freqüen-

---

18. Kenneth Mann, *Defending White Collar Crime* 104-11 (1985).
19. Fred C. Zacharias, "Rethinking Confidentiality", 74, *Iowa Law Review* 351, 377-96 (1989); Jonathan Casper, *American Criminal Justice: The Defendant's Perspective* 105 (1972).

te. Uma grande fração da população superestima e subestima significativamente o âmbito de proteção das regras de confidencialidade. Além disso, muitos clientes, especialmente os pobres, não confiam nos seus advogados. Desinformados e desconfiados, os clientes podem inclinar-se a reter informações *independentemente de quais são as regras de confidencialidade*.

Embora ambos os fatos possam não ser geralmente verdadeiros na população de clientes, é provável que um ou outro seja verdadeiro a respeito da maioria dos clientes. Se um cliente é refinado e tem relações de longa data ou empatia intuitiva com o seu advogado, o advogado geralmente conseguirá fazer com que compreenda que tipo de informação seria útil sem exigir que revele informações prejudiciais. Por outro lado, se o cliente não é refinado, é provável que compreenda erroneamente as proteções de confidencialidade ou que não confie no advogado. Nesse caso, ele pode reter informação útil mas não por causa do âmbito da proteção nas regras de confidencialidade.

Recorde que pelo padrão de confidencialidade alternativo sugerido pela Visão Contextual o advogado somente revelaria informações do cliente quando fosse necessário evitar "injustiça substancial". Isso está longe de ser ab-rogação da confidencialidade. Contudo, algumas pessoas temem que a indeterminação do termo "injustiça substancial" deixe os clientes tão confusos e inseguros quanto ao que podem revelar com segurança que inibirá seriamente a sua franqueza.

Como afirmação a favor do mérito comparativo do *status quo*, a objeção ignora até que ponto o presente padrão está eivado de exceções que dependem de questões técnicas – por exemplo, a distinção entre dever ético e a proteção jurídica às provas, o âmbito e o efeito dos deveres de apresentação compulsória de documentos no processo civil, as exceções de crime e fraude – que não são prontamente compreensíveis para leigos. A maioria das pessoas tem alguma noção do significado de justiça, e a maioria dos clientes terá alguma intuição do que os advogados querem dizer com isso. Não é evidente que teriam uma compreensão melhor dos parâmetros mais técnicos do presente padrão se os seus advogados tentassem explicar-lhes essas questões[20].

Observe também que o problema do desnorteamento e da insegurança do cliente no padrão contextual parece mais palpável em circunstâncias em que os clientes não confiam ou não partilham dos valores de seus advogados. Mas em tais situações a perspectiva de que os advogados serão capazes de dissuadir os clientes de conduta errada recorrendo aos valores do cliente – a principal fundamentação da confidencialidade estrita no que diz respeito a "atos futuros" – parece praticamente nula. Embora a adoção do padrão contextual provavelmente traria alguma inibição à revelação, não há nenhuma razão para pensar que seria extensa ou que qualquer inibição que realmente ocorresse acarretaria o tipo de custos que a Ordem alega temer.

O contraditório e a preparação do julgamento

Propostas que aumentam as responsabilidades dos advogados para com não-clientes são muitas vezes atacadas como incompatíveis com o contraditório. Às vezes, esse argumento é tradicionalista: justifica o contraditório como um compromisso social historicamente arraigado ou como um elemento definidor da identidade jurídica americana. Às vezes, o argumento é instrumental, no sentido que estivemos con-

---

20. Fred Zacharias descobriu que poucos dos 63 advogados do seu levantamento mencionaram aos clientes que havia exceções à confidencialidade, e apenas um lembrou-se de mencionar uma exceção específica. Zacharias, "Rethinking Confidentiality", 386.

siderando neste capítulo: justifica o contraditório como produtor, no agregado, de resultados socialmente desejáveis.

De qualquer modo, o argumento muitas vezes falha por não especificar o que significa "contraditório". Às vezes, o termo se mistura com a Visão Dominante da ética jurídica mas, por essa visão, a afirmação de que o contraditório está profundamente arraigado na cultura americana seria contestável. O contraditório nos Estados Unidos sempre foi considerado compatível com alguns deveres para com não-clientes. O advogado, na tradição jurídica americana, sempre foi um partidário do cliente e um "funcionário do tribunal". Nunca houve nenhum consenso sobre onde traçar a linha entre esses dois aspectos do papel do advogado, e os dois sempre estiveram em tensão com a cultura profissional.

A Visão Dominante nunca deixou de ser desafiada na profissão e parece não ter se tornado dominante até fins do século XIX. A visão mais proeminente no fim do século XVIII e início do século XIX enfatizava a responsabilidade pública e o julgamento normativo complexo, de uma maneira que lembra a visão a favor da qual eu argumento no capítulo 5. As compilações de preceitos éticos de David Hoffman em 1817 e de George Sharswood em 1854, que, muitas vezes, são consideradas as bases do discurso jurídico profissional americano, prescrevem julgamentos contextuais sob normas gerais de justiça. Por exemplo, Hoffman escreveu: "Em casos civis, se as provas me mostram, de maneira satisfatória, que o fato é contra o meu cliente, ele deve me desculpar se não vejo como ele vê e não dou seguimento ao caso: e, se o princípio também estiver inteiramente em desacordo com a lei judiciosa, seria insensatez desonrosa de minha parte esforçar-me para incorporá-lo à jurisprudência do país, quando, se bem-sucedido, seria uma gangrena que poderia levar à morte minha causa do dia seguinte." Sharswood insistia em que "o aconselhamento tem um direito indubitável e é obrigado por dever a recusar-se a envolver-se com um queixoso cuja demanda ofenda seu senso do que é justo e correto"[21].

Comparações dos sistemas de ajuizamento dos Estados Unidos e da Grã-Bretanha por um lado – os casos paradigmáticos do contraditório – com os sistemas "inquisitoriais" da Europa continental, por outro, tendem a ver como característica distintiva dos primeiros o princípio de autonomia das partes. O contraditório atribui a responsabilidade principal de preparar e apresentar o caso às partes e aos seus advogados, à custa de boa parte do controle dado aos juízes sobre essas questões no continente[22].

O controle da parte é necessariamente controle partidário. Pode-se esperar que cada parte seja influenciada pelos seus próprios interesses. Mas, como Hoffman e Sharswood sabiam, não decorre da idéia de controle partidário que os advogados farão qualquer coisa argumentavelmente legal para promover os interesses dos seus clientes. Sempre há limites ao partidarismo, e nada na idéia de partidarismo exige que os limites sejam os argumentavelmente legais. Uma exigência de que os advogados busquem as reivindicações dos seus clientes de uma maneira que possa contribuir para a resolução justa, comum a Sharswood e Hoffman e à abordagem a favor da qual argumento no capítulo 5, é compatível com um amplo âmbito de partidarismo.

Se a Visão Dominante não é logicamente acarretada pelo princípio do controle da parte, talvez seja funcionalmente necessária a ele. Essa, de qualquer modo, é outra importante reivindicação dos seus proponentes. Como os argumentos de confidencialidade considerados acima, este se concentra na informação e nos efeitos de incentivo aos de-

---

21. David Hoffman, *A Course of Legal Study* 755 (2.ª ed., 1836); George Sharswood, *An Essay on Professional Ethics* 39 (2.ª ed., 1860).

22. Ver Mirjan Damaska, *The Faces of Justice and State Authority* (1986).

veres de fornecer voluntariamente informação a terceiros. Enquanto os argumentos anteriores se referiam a incentivos para que o cliente fizesse revelações ao aconselhamento, estes referem-se a incentivos para a preparação do advogado. O ponto principal é que a informação é menos valiosa para uma parte se ela deve torná-la disponível para a outra parte, de modo que ela a desenvolverá menos se estiver sujeita a tal obrigação. Naturalmente, uma parte sempre estará disposta a tornar pública a informação útil ao seu caso, mas preferiria fazê-lo na ocasião e da maneira que fosse de sua escolha. As exigências de revelação reduzem sua capacidade de maximizar o efeito estratégico de tal informação, dando, por exemplo, à outra parte uma oportunidade de planejar a contestação à credibilidade ou de desenvolver informação contraditória antes do julgamento. Uma pessoa não tem nenhum incentivo para revelar informação prejudicial às suas reivindicações. Contudo, muitas vezes, ela não pode saber se a investigação irá revelar informação útil ou prejudicial. Portanto, se tem de passar informação relevante, o perigo de que a sua preparação torne mais fácil para a outra parte obter informação prejudicial a ela irá desencorajá-la a investigar.

Às vezes, o argumento contra os deveres de revelação é colocado de maneira moralista: "forçar o advogado a fazer o trabalho do outro advogado para ele" ou "oferecer argumentação para o outro lado". Isso, porém, é conclusivo; o assunto em questão é precisamente como o trabalho do advogado deve ser definido[23]. A real preocupação é de que haverá menos

---

23. Embora a parte que deve revelar a prova contrária incorra nos custos de descobrir a prova sem obter benefício dela, essa circunstância não sustenta uma objeção de eqüidade. Afinal, a parte que descobre fez seus esforços por interesse próprio e, *ex ante*, também podia ter se beneficiado dos esforços do outro lado. Além disso, se a compensação fosse um interesse, poderíamos complementar os deveres de revelação com um dever da parte receptora de compartilhar os custos de descobrir a informação, como, na verdade, fazem os dispositivos sobre meios probatórios das *Federal Rules of Civil Procedure*.

investigação. Isso é ruim, afirma o argumento, porque mais investigação contribui para melhores resultados. Além disso, a qualidade mais elevada do resultado beneficia a sociedade além das partes. A função de ordenamento social das normas jurídicas depende da crença das pessoas de que as normas serão aplicadas em conformidade com os seus termos. A não-aplicação ou a aplicação errônea podem levar à insegurança e à ausência de lei.

Embora o argumento seja apresentado amplamente, ele tem problemas óbvios. Em primeiro lugar, a informação retida será muitas vezes descoberta independentemente pela outra parte, e a duplicação de despesas impõe custos que seriam evitados em um regime de revelação obrigatória. Em segundo lugar, na medida em que a informação adicional que resulta de incentivos aumentados é suprimida (por ser desfavorável), ela não contribui com nada para a qualidade do processo.

Assim, o defensor da Visão Dominante há de argumentar que o fato de que uma parte não possa beneficiar-se da investigação da outra parte fará com que a primeira parte investigue mais do que investigaria, e que o peso do valor da informação adicional resultante irá superar os custos dos esforços duplicados, dos esforços adicionais que levam apenas à informação suprimida, e da perda de informação suprimida que teria sido descoberta e divulgada sob um regime de revelação obrigatória. Naturalmente, essa posição depende de suposições factuais que os advogados mal articularam, muito menos pesquisaram, e, de qualquer forma, provavelmente não é suscetível de confirmação ou refutação.

Mais uma vez, o argumento está em tensão com o sistema de apresentação compulsória de documentos. Esse sistema, na verdade, ordena a revelação de boa parte da informação que o argumento sugere que devia ser confidencial. Os efeitos de incentivo das garantias de confidencialidade restantes são muito fortuitos e especulativos para desempenhar um papel importante no encorajamento à investigação. Mais uma vez, temos uma regra decretada por outros que não as associações profissionais que parecem fracamente rejeitar as premissas do argumento dos advogados.

Como observamos, o modelo proeminente – as *Federal Rules of Civil Procedure* – ordena a revelação de um amplo leque de informações por iniciativa da própria parte ou por exigência da parte oponente. Algumas dessas informações, tais como fatos a respeito da condição de seguros do cliente, estariam disponíveis sem investigação e, portanto, a revelação não afetaria incentivos sob a teoria da ordem; mas algumas delas, tais como a identidade de testemunhas dos eventos relevantes, poderiam depender de investigação. As *Rules* realmente reconhecem um privilégio de "produto de trabalho" que isenta de apresentação compulsória de documentos alguns materiais preparados pelo aconselhamento. Mas a isenção é estreita: aplica-se apenas a documentos. Fatos relevantes descobertos por meio de investigação têm de ser revelados estejam ou não contidos em documentos sujeitos à exceção. Além disso, mesmo a isenção para documentos pode ser superada por uma demonstração de que a parte que busca a apresentação compulsória de documentos "é incapaz, sem excessiva dificuldade, de obter o equivalente substancial dos materiais por outros meios".

Se o argumento dos incentivos fosse correto, essa regra não faria nenhum sentido. É justamente o temor de uma parte, de que *não* será capaz de obter informação disponível para a outra parte, que supostamente a motiva a esforçar-se na investigação. Se uma parte sempre pode obter do outro lado a informação que não pode conseguir prontamente alhures, então segue-se a frouxidão que o argumento dos incentivos antecipa. (Se a informação *nunca* tivesse estado acessível à parte requisitante, então os incentivos não poderiam desempenhar nenhum papel, e seria compatível com o argumento dos advogados permitir a descoberta. Mas o dispositivo da indisponibilidade aplica-se onde a informação está *correntemente* indisponível, fosse ou não fosse previamente acessível[24]. Assim, não se conforma ao argumento do incentivo.) Muitas pessoas, inclusive a maioria dos leigos, acharão risível, naturalmente, a idéia de que uma redução substancial na quantidade de preparação do litígio seria ineficiente. O sistema judicial dos Estados Unidos é o mais caro sistema de resolução de disputas em larga escala de que se tem notícia. Como poucos casos são efetivamente julgados, a maioria dessas despesas assume a forma de preparação, e um bocado dela envolve o tipo de preparação que, na interpretação dos advogados, as normas do contraditório supostamente aumentam. Ninguém que tenha examinado o assunto acredita que a qualidade da justiça (pelo menos em casos do Direito privado) em países como a Alemanha, onde os advogados fazem, na média, muito menos preparativos, é mais baixa do que aqui[25].

Saindo do empirismo informal para a teoria social, encontramos apoio adicional para a noção de que os incentivos privados tendem a encorajar a preparação excessiva socialmente ineficiente. Esse é o caso *mesmo* que façamos a suposição heróica de que os advogados estão certos ao afirmar que as normas do contraditório produzem ganho líquido na informação relevante.

Uma razão para essa tendência é que o litígio envolve problemas de coordenação semelhantes ao de uma corrida armamentista ou um "Dilema do Prisioneiro", nos quais cada parte sente-se compelida a ser agressiva unicamente para adiantar-se à agressividade da outra. As partes, portan-

---

24. Ver os casos citados em Charles Alan Wright e Arthur Miller, VI *Federal Practice and Procedure*, seção 2025, notas 27 e 28.
25. Ver John Langbein, "The German Advantage in Civil Procedure", 52, *University of Chicago Law Review* 823 (1985).

to, fazem certas coisas simplesmente para opor-se às manobras similares que esperam dos seus oponentes – sem nenhuma expectativa de que essas coisas favoreçam a apresentação de suas reivindicações. Contratar um especialista para testemunhar sobre uma questão que apenas marginalmente exige testemunho especializado poderia parecer um desperdício de dinheiro se visto isoladamente, mas se cada parte espera que a outra o faça se ela não o fizer, ganhando com isso uma vantagem comparativa, cada uma delas sentir-se-á compelida a fazê-lo. Um interrogatório agressivo de uma testemunha da parte contrária capaz e fidedigna pode ser neutralizado pela preparação adicional da testemunha. Seria mais vantajoso para todos se não houvesse o agressivo interrogatório ou a preparação defensiva, mas, se a parte que oferece a testemunha antecipa que esta será interrogada pela parte contrária, ela tem de fazer preparação extra, e, se cada parte antecipa que suas testemunhas serão agressivamente interrogadas pelo oponente, irão sentir-se compelidas a fazer o mesmo com as testemunhas da outra. O litígio, portanto, é o tipo de situação paradigmática em que a teoria econômica enfatiza a eficiência potencial das regras que limitam a agressão. Regras que ordenam a revelação e excluem o ocultamento parecem compatíveis com as implicações dessa análise.

Uma segunda razão para a discrepância entre o valor privado e o valor social da preparação é que esses valores dependem de fatores diferentes[26]. A partir de uma perspectiva instrumental, o valor social de um resultado depende da sua contribuição para a aquiescência crescente ou para a incerteza decrescente da lei. Por outro lado, o valor privado depende, na maior parte, da indenização potencial no caso.

---

26. Ver Gordon Tullock, *Trials on Trial: The Pure Theory of Legal Procedure* 154-8 (1980).

A indenização potencial não se correlaciona fortemente com a contribuição para a aquiescência ou para a clarificação. A contribuição para a aquiescência provém da credibilidade que a imposição de sanções, em um determinado caso, confere à ameaça do Estado de impor sanções em casos futuros que envolvam conduta similar. A contribuição para a clarificação provém do fato de que a declaração do tribunal de que a conduta em um determinado caso é lícita ou ilícita provê orientação para os que contemplam conduta similar no futuro. Contudo, muitos casos com grandes indenizações envolvem conduta incomum. Como não haverá muitos casos futuros similares (efetivos ou contemplados) de tal conduta, o efeito de aquiescência ou clarificação em tais casos é necessariamente limitado. Pode até haver uma tendência para que os gastos de preparação sejam especialmente elevados justamente em tais casos, já que casos com fatos incomuns têm mais probabilidade de "difícil compreensão" com respeito aos méritos, e casos "difíceis" induzirão gastos de preparação especialmente elevados. Além disso, por definição, os fatos ou a lei, ou ambos, terão dúvidas em um caso difícil, e, se não há nenhuma resolução quanto aos méritos, o caso não pode contribuir para a aquiescência ou para a clarificação. Contudo, a maioria dos casos, mesmo a maioria daqueles que envolvem preparação elaborada, não são resolvidos quanto aos méritos; são solucionados de maneiras que, em geral, não afetam a sua ambigüidade factual e jurídica.

Qualquer benefício social que possa advir da preparação elaborada em casos difíceis com elevados interesses em jogo, é, portanto, limitado. Por outro lado, os incentivos privados para que os litigantes incorram em despesas são poderosos. Os litigantes medem o valor da preparação adicional multiplicando a probabilidade aumentada de vitória que ela promete pela indenização potencial. Quanto maior a reivindicação, menor a probabilidade necessária para induzir o gasto. Em casos com elevados interesses em jogo, o cálculo terá uma tendência poderosa de induzir um nível socialmente ineficiente de gasto. Regras que obrigam a revelação e limitam a agressividade têm o potencial de aumentar a eficiência restringindo essa tendência.

A identificação com os clientes e a dissonância cognitiva

Outra base racional proeminente a favor da Visão Dominante concentra-se no efeito que as responsabilidades para com não-clientes têm sobre as capacidades do advogado para a análise e advocacia eficazes a favor do cliente. O argumento baseia-se no que os psicólogos chamam de dissonância cognitiva – a tendência de se validarem as preconcepções com o obscurecimento de dados incoerentes. Começa com a afirmação de que a decisão judicial é mais confiável quando o juiz decide o caso após um processo em que cada lado desenvolva tão eficazmente quanto possível os argumentos favoráveis às suas reivindicações – a idéia central do contraditório.

O argumento da dissonância cognitiva afirma, então, que o advogado contribui melhor para tal processo desenvolvendo a sua apresentação com um forte compromisso psicológico com as afirmações do seu cliente. As responsabilidades para com os não-clientes ou os ideais públicos interferiria com tal compromisso. Exigiriam que ele considerasse hipóteses a respeito dos méritos finais das reivindicações do cliente no início do processo, o que poderia cegá-lo para considerações favoráveis ao cliente que, do contrário, ele poderia ter percebido[27].

---

27. Lon L. Fuller, "The Adversary System", em *Talks on American Law* 35, 43-5 (Harold Berman, ed., 1972). Fuller foi dos um redatores do *ABA Code*; uma formulação resumida do seu argumento aparece em EC 7-19.

Esse argumento, mesmo nos seus próprios termos, oferece sustentação apenas limitada para a Visão Dominante. Defende que o advogado adote um forte viés cognitivo a favor das reivindicações do cliente, mas não justifica que o advogado insista nas reivindicações juridicamente sustentáveis do cliente quando ele conclui, apesar do seu viés, que elas não devem prevalecer. Além disso, o argumento parece equivocado em dois aspectos.

Primeiro, os proponentes da teoria foram incapazes de explicar por que um processo substancialmente controlado por partidários voluntariosamente parciais é o mais adequado para produzir boas decisões. Evidentemente, acreditam que os vieses opostos neutralizam-se em vez de simplesmente criar confusão, mas isso é duvidoso. Em outras áreas em que é importante decidir com precisão entre várias posições controvertidas, tais como negócios e ciência, quem decide raramente adota o método da apresentação contraditória dos advogados parciais. O processo mais comum é pedir aos participantes que abordem a questão com uma mente aberta e de boa-fé, não dizer-lhes que se comprometam arbitrariamente com uma posição e tirem o máximo dela[28].

---

28. John Thibaut e Laurens Walker caracterizam os resultados de um estudo experimental como sustentando a teoria da dissonância cognitiva; ver *Procedural Justice* 49-52 (1975). Seus resultados sugerem que, quando a *pessoa que decide* tem um viés cognitivo, a sua decisão tem menos probabilidade de ser enviesada quando os conjuntos de provas rivais são apresentados por "advogados" (adversários) diferentes do que quando todas as provas são apresentadas pela mesma pessoa.

As descobertas do estudo sobre o efeito da ordem de apresentação das provas contradizem a versão mais famosa da teoria da dissonância cognitiva – a de Lon Fuller – que afirma que a primeira prova será a mais influente. O estudo pretende demonstrar que a última prova é a mais influente e explica isso afirmando que os que tomam decisões tratam a prova inicial como provisória e evitam pular para conclusões, que é o que Fuller insistiu que eles não poderiam fazer (ver 61-5).

De qualquer modo, a conclusão a respeito dos efeitos da advocacia competitiva sobre o viés de quem toma a decisão, mesmo que aceita, não tem nenhuma

Segundo, a teoria sequer representa com exatidão a metodologia dos advogados partidários. Ela ignora que a advocacia eficaz depende da compreensão solidária, não apenas da posição do cliente mas também das pessoas que o advogado está tentando persuadir. Sem compreender a perspectiva de quem toma a decisão, o advogado não teria nenhuma maneira de determinar quais fatos ou argumentos têm probabilidade de ser eficazes.

O conselho de advogados bem-sucedidos muitas vezes vira de cabeça para baixo a teoria da dissonância cognitiva. Assim, em um artigo clássico, John W. Davis declara que a "regra cardeal" da advocacia é "Troque de lugar (na imaginação, é claro) com o Tribunal"[29]. O texto de Robert Keeton sobre a prática no tribunal previne que a identificação com o cliente pode cegar o advogado para considerações conflitantes que serão importantes para o juiz, deixando-o despreparado para enfrentar essas questões no julgamento[30]. Advogados novos muitas vezes adotam a teoria da dissonância cognitiva instintivamente, às vezes com conseqüências desastrosas, quando descobrem que se concentraram tanto em desenvolver seus próprios casos que deixaram de considerar por completo os argumentos do aconselhamento oposto e, portanto, não têm nada a dizer em resposta a eles.

---

influência sobre os méritos relativos das várias visões da ética jurídica, já que todas essas visões contemplam um papel para advogados em disputa na apresentação das provas (como, na verdade, faz a maioria das variações do sistema "inquisitorial"). A partir da perspectiva de uma ética jurídica, a questão crítica é saber se a apresentação das provas por *advogados* com viés cognitivo leva a melhores decisões que a apresentação das provas por advogados com maior responsabilidade para vindicar o mérito jurídico. O estudo não tem nada a dizer sobre isso.

29. John W. Davis, "The Argument of an Appeal", 26, *ABA Journal* 895, 896 (1940).
30. Robert Keeton, *Trial Tactics and Methods* 6-8 (1973).

A eficiência das normas categóricas

As normas categóricas – como a garantia de confidencialidade quase absoluta e a norma geral "juridicamente sustentável" da Visão Dominante – exigem julgamentos mais simples baseados em um âmbito mais estreito de considerações factuais do que as normas factuais. Alguns acreditam que essas características tornam as normas categóricas mais eficientes.

Considere três acusações de ineficiência que Stephen Bundy e Einer Elhauge fazem contra as normas contextuais de ética jurídica:

- As normas contextuais são mais custosas porque "tornam potencialmente relevante [...] um âmbito mais amplo de informações" e, portanto, exigem "investigação mais extensa"[31].

Mesmo que as normas contextuais de fato acarretassem mais investigação, isso não significaria necessariamente ineficiência. Mais investigação poderia muito bem promover a qualidade da decisão, o que compensaria os custos adicionais[32].

---

31. Stephen McG. Bundy e Einer Elhauge, "Knowledge about Legal Sanctions", 92, *Michigan Law Review* 261, 313 (1993).
32. Note que a informação adicional que se torna relevante na abordagem contextual tem menos probabilidade de envolver as deficiências observadas acima no que diz respeito à preparação de julgamento na abordagem dominante. Essas deficiências dizem respeito ao que pode ser chamado de informação "adversária" – informação que sustenta a apresentação das próprias reivindicações. Como vimos, a busca competitiva por informação tende a ser ineficiente porque boa parte dela tem apenas valor "estratégico" – isto é, valor para contra-atacar manobras da parte antagônica que fazem pouco para elevar o ajuizamento dos méritos – e porque o resultado privado que se espera dessas reivindicações pode exceder o valor social do seu ajuizamento – isto é, a sua contribuição para a aquiescência e a clarificação. Por contraste, a informação adicional que se torna relevante na Visão Contextual sustenta interesses públicos e de terceiros. Essa informação não sofre da dinâmica de "corrida armamentista" competitiva porque a Visão Contextual não

Na verdade, porém, as normas contextuais não acarretam mais investigação. É verdade que, sob uma norma contextual, mais fatos são "potencialmente" relevantes, mas não há nenhuma exigência de que todos os fatos relevantes sejam investigados se for ineficiente fazê-lo. Uma norma contextual tende a exigir que quem toma decisão faça uso mais amplo da informação que *tem*; ela não diz nada necessariamente sobre que nível de investigação ele deve fazer. Se o nível de investigação sob o regime da Visão Dominante fosse considerado ótimo, poderíamos elaborar uma norma contextual que exigisse apenas que o advogado levasse em conta a informação que obteve ao promover os interesses do seu cliente.

Supor que a responsabilidade aumentada para com os interesses dos não-clientes exige mais desenvolvimento factual é negligenciar um fato central a respeito das circunstâncias éticas da advocacia. Todos os casos que consideramos até agora, do condenado inocente à ferrovia negligente, ressoam precisamente porque os advogados envolvidos – que operam sob normas categóricas dominantes – tinham adquirido informação sobre a qual a Visão Dominante os impediu de atuar para promover uma resolução justa.

- As normas contextuais tendem a ser "nebulosas" e "incertas"; sob tal regime, advogados e clientes teriam de "adivinhar" como elas se aplicavam em casos específicos[33]. É muito mais fácil determinar se um curso de ação no interesse do cliente é "juridicamente sustentável" do que determinar se ele "promoveria a justiça".

---

impõe nenhum dever de considerar ou desenvolver informação de importância puramente estratégica. E o seu valor social tem muito mais probabilidade de coincidir com o seu valor privado. Além disso, como apresentar tal informação não é do interesse egoísta de uma parte, não haveria nenhum incentivo para apresentá-la acima do padrão ditado pelo interesse público.

33. Bundy e Elhauge, *Legal Sanctions* 313.

Embora haja alguma verdade na afirmação de que decisões sob normas contextuais tendem a ser mais difíceis de prever, a afirmação é muitas vezes exagerada. A lei está cheia de padrões gerais, como razoabilidade, boa-fé, uso de comércio, prática costumeira e conveniência e necessidade públicas. Muitas vezes, eles são bastante determinados quando correspondem a compreensões sociais bem desenvolvidas, embora tácitas. Em vários negócios, pode-se encontrar consenso em um amplo leque de opções, como determinar se a devolução de um bem por um comprador foi "comercialmente razoável" no significado do *Uniform Commercial Code*. Esse padrão contextual é sustentado por uma glosa social tácita da compreensão e da prática comuns.

Além disso, como observamos ao considerar a variação libertária do argumento da certeza no capítulo 1, o argumento concentra-se arbitrariamente em um único tipo de incerteza – a incerteza que circunda as decisões que nosso próprio advogado tomará (ou que alguém revendo a decisão desse advogado tomará). Mesmo quando uma norma contextual realmente aumenta esse tipo de incerteza, ela pode reduzir outros tipos – por exemplo, o tipo que surge da oportunidade de devedores de dar um calote nos seus credores invocando a lei das prescrições. Uma norma que diz que os advogados nunca revelarão voluntariamente informação prejudicial ao cliente aumenta a certeza do cliente a respeito da lealdade do advogado; pode-se argumentar, porém, que diminui a certeza da parte oponente de que os seus direitos substantivos serão aplicados.

- Quem toma decisões sob normas contextuais tende a "chegar a conclusões nitidamente diferentes" e a tomar decisões que são "freqüentemente imprecisas"[34].

---

34. *Ibid.* 314, 321.

Se colocamos de lado a questão da incerteza, que acaba de ser discutida, é difícil perceber por que incoerência deve significar ineficiência. Sem saber coisa nenhuma sobre a qualidade substantiva das decisões, não podemos dizer se um grupo de decisões coerentes é melhor que um grupo de decisões incoerentes. (Decisões incoerentes são melhores que decisões coerentemente más.)[35] Se tem alguma plausibilidade a afirmação de que as decisões contextuais são "imprecisas" com mais freqüência, ela meramente significa que se percebe com menos freqüência que as decisões categóricas aplicam erroneamente as suas normas aplicáveis que as decisões contextuais. Mas a eficiência de uma decisão não depende da sua sujeição à norma aplicável, mas do seu ajuste ao objetivo subjacente da norma. Se o objetivo subjacente da regra no Artigo II da Constituição, de que o presidente tenha, pelo menos, 35 anos, é assegurar a maturidade no Executivo, então muitas decisões "corretas" sob essa regra serão incompatíveis com o objetivo, já que muitas pessoas com menos de 35 anos são, na verdade, suficientemente maduras. Como a maior "precisão" (facilidade) da tomada de decisões sob normas categóricas tende a custar um ajuste mais frouxo ao objetivo subjacente, a "precisão" maior não significa necessariamente eficiência.

---

35. David Wilkins, "Legal Realism for Lawyers", 104, *Harvard Law Review* 468, 511-3 (1990), fazendo uma crítica similar à de Bundy e Elhauge a respeito da indeterminação relativa das normas contextuais, argumenta que o ponto é fortalecido pelo fato de que muitas decisões de advogados ocorrem privadamente e, portanto, não podem ser monitoradas com eficácia. Ele pensa que, nessas circunstâncias, as normas categóricas contribuem mais para a "responsabilidade". Wilkins aparentemente não está se referindo aqui a advogados de má-fé, já que um advogado não-monitorado atuando de má-fé pode violar normas categóricas tão prontamente quanto regras contextuais. Contudo, na medida em que estamos falando de advogados de boa-fé, as normas categóricas promovem "certeza" e "coerência": a discordância quanto ao que a norma exige é menos freqüente. Mas, como argumento no texto, esse não é o critério importante.

Todos os três argumentos anticontextualistas poderiam ser apresentados com igual facilidade contra boa parte do *common law*. O *common law* relativo a acidentes, por exemplo, faz boa parte do seu trabalho por meio da elaboração de uma única norma contextual de razoabilidade. Não faz proliferar uma série de normas categóricas especificando as dimensões permissíveis de toda atividade perigosa. Essa abordagem é mais característica da Lei de Saúde e Segurança no trabalho (OSHA – Occupational Health and Safety Act). A coexistência de ambas as abordagens reflete a premissa de que cada uma é potencialmente eficiente sob algumas circunstâncias. Não se pode dizer *a priori* ou geralmente que uma é mais eficiente que a outra.

Em geral, a escolha entre normas categóricas e contextuais depende sobretudo, primeiro, dos custos de discrepância entre a prescrição de uma norma e os seus objetivos (custo altos favorecem as normas contextuais) e, segundo, da confiança na capacidade de julgamento das pessoas que aplicam as normas (a confiança elevada favorece as normas contextuais). Em assuntos que envolvem questões de imparcialidade substancial, a cultura jurídica tende a tratar os custos de discrepância da regulamentação categórica como inaceitáveis. Assuntos de ética jurídica do tipo que estamos considerando sempre envolvem riscos de imparcialidade substanciais. Quanto à capacidade de julgamento, Bundy e Elhauge não depreciam a capacidade dos advogados de fazer julgamentos contextuais e, como elaboraremos em breve, seria difícil fazê-lo no contexto de uma discussão sobre ética profissional.

Bundy e Elhauge ornamentam os seus argumentos sobre eficiência com a afirmação de que os custos de um padrão contextualista cairão desproporcionalmente sobre clientes de classe pobre e média. Assinalam que as exigências maiores de investigação factual e a necessidade de garantia contra a responsabilidade incerta elevarão o custo dos serviços jurídicos, o que afetará clientes não-ricos. Além disso, um regime contextualista, ao aumentar os deveres de sinceridade e imparcialidade dos advogados para com os não-clientes, torna os advogados mais dependentes da credibilidade dos seus clientes. Isso, por sua vez, significará que clientes que não são bem conhecidos pelo advogado parecerão representar mais risco de responsabilidade do que clientes com os quais o advogado tenha relações de longa duração, e estes tenderão a ser os mais ricos. Portanto, Bundy e Elhauge argumentam, os advogados reagirão recusando casos de pessoas economicamente marginais e dando aconselhamento excessivamente cauteloso a clientes não-ricos[36].

Esse argumento é útil ao sugerir que, se as normas contextualistas impõem ao advogado um fardo muito pesado de verificação das declarações do cliente, então os clientes de uma única ocasião ou por breve período, que tendem a ser não-ricos, poderiam ser prejudicados desproporcionalmente. Isso seria especialmente provável se as normas ignorassem o âmbito e a duração da relação do advogado com o cliente. Também é verdade que, se as normas contextualistas definem ou impõem deveres a terceiros com mais vigor do que o fazem com os clientes, os advogados oferecerão aconselhamento excessivamente cauteloso.

Nenhuma dessas possibilidades, porém, depende de qualquer tendência inerente das normas contextuais. Ambas dependem da suposição de que o regime contextual será implementado erroneamente. É estranho que Bundy e Elhauge façam essa suposição porque o seu argumento, que mede a eficiência pelo grau de conformidade à lei substantiva, tem como premissa explícita a idéia de que as normas jurídicas substantivas são "ótimas"[37]. Parece estranho que uma socie-

---
36. Bundy e Elhauge, *Legal Sanctions* 316.
37. *Ibid.* 265-6.

dade capaz de planejar o seu Direito substantivo para atender a esse padrão exigente deva manchar assim o seu regime de ética jurídica.

Bundy e Elhauge também cometem o erro comum de medir os custos de um regime ético contextual unicamente em termos dos seus custos *para os clientes*. Sua solicitude para com os não-ricos limita-se às pessoas pobres e de classe média como consumidoras de serviços jurídicos. Mas, como a maioria dos serviços jurídicos privados não-rotineiros são prestados a organizações comerciais, parece provável que o impacto mais importante que os advogados têm sobre as pessoas comuns não se origina dos serviços jurídicos *para elas* mas, antes, de serviços para organizações comerciais cuja conduta os afeta na sua condição de fregueses, empregados, vizinhos e observadores. Se um padrão contextual aumenta os esforços dos advogados comerciais para que os seus clientes se abstenham de fraude, poluição, comercialização de produtos perigosos e quebra de sindicatos, esses efeitos poderiam oferecer benefícios importantes para pessoas pobres e de classe média. Tais benefícios têm de ser incluídos na avaliação do padrão.

A aptidão para o julgamento complexo

Como as normas categóricas exigem esforços interpretativos menos exigentes que as contextuais, a desconfiança no julgamento das pessoas sujeitas às regras ou incumbidas de aplicá-las muitas vezes pesa a favor da sua especificação categórica.

Se se pensasse que os advogados tendem a ser ineptos no julgamento complexo, seria possível argumentar instrumentalmente a favor de abordagens categóricas da ética jurídica com base no fundamento de que elas estão mais bem ajustadas às capacidades dos advogados. Os advogados como classe não são estúpidos e são altamente educados. Talvez tenham, porém, uma disposição para a interpretação literal ou mecânica de regras ou uma tendência para a identificação vigorosa com os clientes que inibe o julgamento complexo. Tais noções podem estar implícitas nas exigências, que às vezes se ouvem dos advogados, no sentido de que as suas obrigações éticas sejam explicitadas detalhadamente para prevenir o julgamento complexo. Na verdade, porém, os advogados raramente insistem nesse ponto de maneira explícita porque ele tem implicações que não são bem-vindas fora do domínio da ética jurídica.

Como observamos, uma forte disposição para a interpretação literal das regras ou a identificação excessiva com o cliente prejudicariam a capacidade do advogado de proteger os interesses dos clientes quase tanto quanto a sua capacidade de respeitar os interesses de não-clientes. Se os juízes, os funcionários administrativos e as partes privadas com poder sobre o cliente interpretassem as normas jurídicas premeditadamente, os advogados não poderiam ajudar o cliente a antecipar os julgamentos de tais pessoas ou persuadi-las se fossem eles próprios ineptos em tais interpretações.

Além disso, a dúvida quanto à capacidade dos advogados para o julgamento complexo suscitaria questões a respeito do projeto profissional de auto-regulamentação. A Visão Dominante contempla a regulamentação advocatícia individual sob normas categóricas *legisladas pelos advogados coletivamente*. Independentemente da forma que as normas assumem, o processo de legislação sempre envolve o julgamento complexo. Não é inconcebível que os advogados sejam melhores no julgamento coletivo que no individual, mas parece duvidoso que um grupo de indivíduos que proclama a sua inépcia no segundo deva merecer confiança no primeiro.

Conclusão

E as várias circunstâncias que influenciam esses interesses recíprocos são tão intermináveis que todo o esforço para deduzir regras de ação a partir da balança de utilidade é vão... Nenhum homem jamais soube, ou pode saber, qual será o resultado para si ou para os outros de uma dada linha de conduta. Mas todo homem pode saber, e a maioria de nós sabe, o que é um ato justo e um ato injusto[38].

– John Ruskin, UNTO THIS LAST

Os argumentos instrumentais tendem a ser frustrantes e cansativos. Muitas vezes começam com erros conceituais – identificando erroneamente ou ignorando os custos e benefícios relevantes, do ponto de vista da teoria do Direito, ou atribuindo algumas propriedades de eficiência *a priori* à confidencialidade ou ao julgamento categórico. Em algum ponto, porém, eles reconhecem, pelo menos tacitamente, que as suas conclusões dependem de suposições socialmente contingentes a respeito de como as pessoas se comportam. Tendem então a retornar a um tipo de empirismo especulativo, produzindo hipóteses que poderiam, se verdadeiras, racionalizar as normas existentes, mas que não são sustentadas pelas provas nem suscetíveis de confirmação empírica.

Seria inútil tentar refutar essas hipóteses sistematicamente, mesmo que tivéssemos os recursos. É muito fácil produzir tais justificativas. Tão logo eu demonstrasse a falsidade de uma delas, uma horda de outras novas surgiria, como formigas em um piquenique. Neste capítulo, tentei responder na mesma moeda, opondo a cada uma das principais pepitas da especulação empírica aduzidas pelos proponentes da Visão Dominante uma pepita oposta que, no nível

---

38. Pp. 117-8 (Ed. Everyman, 1968) [1862].

fantasioso de gabinete em que tendem a se confinar, parece ser, pelo menos, plausível. Contudo, não posso ter certeza de que o leitor achará minhas pepitas mais plausíveis que as dos proponentes e, mesmo que achasse, amanhã os proponentes já terão mais uma penca pronta.

É tentador responder, juntamente com John Ruskin, que as pessoas – para os nossos propósitos, os advogados (tanto na condição de legisladores como na de praticantes individuais) – tendem a ter um julgamento melhor a respeito da justiça do que a respeito dos efeitos comportamentais agregados de diferentes regras. Mas essa afirmação seria amplamente controvertida hoje. Um contingente substancial dos advogados contemporâneos mais articulados duvida das suas próprias capacidades e das capacidades dos outros de fazer julgamentos plausíveis a respeito da justiça, ao mesmo tempo em que afirma (pelo menos de sua parte) um discernimento vigoroso da dinâmica empírica e da valoração utilitária do comportamento agregado.

Penso que é um trabalho importante tentar convencer essas pessoas de que elas subestimam as possibilidades de julgamentos descentralizados sobre a justiça e superestimam as possibilidades da engenharia social tecnocrática, mas esse é um longo esforço. No momento, o ponto fundamental é que a perspectiva instrumental é insuficientemente receptiva ao interesse mais básico que motiva debates sobre a ética jurídica: a crença de que as práticas prescritas pela Visão Dominante freqüentemente implicam o advogado em injustiça.

Essa degradação, como é de esperar, não aparece no cálculo de custo/benefício do instrumentalista. Se fosse incluída, seu peso dependeria menos da especulação comportamental a que tendem os instrumentalistas e mais da intuição normativa. No capítulo 4, darei algumas razões para que se considere o peso muito grande.

Há outro sentido em que os argumentos instrumentais não são receptivos. Se esses argumentos estivessem corretos, poderiam fornecer uma justificativa para a concepção da Visão Dominante do papel do advogado, mas não aliviariam a sensação amplamente difundida de desapontamento e angústia quanto a esse papel. Se os argumentos fossem corretos, o papel do advogado seria um pouco como o do carrasco, necessário mas degradado. Se a pena capital fosse realmente necessária para a ordem pública, o trabalho do carrasco seria justificado. Mesmo pessoas reflexivas, porém, ainda poderiam sentir que há algo de vergonhoso no trabalho e não iriam querer que seus praticantes se sentissem bem com ele. (Uma prática comum da execução militar por pelotão de fuzilamento é interessante nesse aspecto. Uma das armas é carregada com tiro de festim e não se informa aos membros do pelotão qual delas é, para que cada um possa considerar a possibilidade de que a sua arma pode não ter feito nenhum mal. Ao pressupor que a tarefa torna-se mais fácil de executar quando se imagina que o que fizemos não teve efeito, a prática reconhece que é degradante, mesmo que seja socialmente valiosa.)

Se não podemos refutar os argumentos dos instrumentalistas, podemos, pelo menos, acusá-los de frivolidade moral pela sua disposição arrogante de sacrificar as aspirações mais profundas do profissionalismo às fantasias tecnocráticas do empirista de gabinete.

Capítulo 3
Os advogados devem obedecer à lei?

Ao mesmo tempo em que nega autoridade às normas não-jurídicas, a Visão Dominante insiste na deferência para com as normas jurídicas. A "advocacia zelosa" detém-se nos "limites da lei". Em geral, os críticos da Visão Dominante não desafiam esse dever categórico de obediência à lei. Tipicamente, querem acrescentar deveres adicionais de respeito ao público, mas insistem nisso tanto quanto a Visão Dominante.

Ora, a idéia de que os advogados devem obedecer à lei parece tão óbvia que é raramente examinada dentro da profissão. Na verdade, porém, assim que se começa a pensar a respeito, o argumento a favor de um dever categórico de obediência jurídica encontra dificuldades, e essas dificuldades têm implicações reveladoras para a ética jurídica de maneira geral.

A dificuldade básica é esta: a plausibilidade de um dever de obediência à lei depende de como definimos a lei[1]. Se definimos a lei em termos positivistas estreitos, então não podemos fornecer razões plausíveis para que alguém obedeça a uma norma apenas porque é "lei". Para dar substância

---

1. Philip Soper, *A Theory of Law* (1984), insiste na ligação integral de definição e obrigação.

à idéia de que a lei impõe respeito e obrigação, temos de recorrer a noções mais amplas, mais substantivas de lei. Contudo, essas noções mais amplas de lei são hostis tanto à estreiteza como à qualidade categórica da idéia de obrigação jurídica da Visão Dominante. Vimos no capítulo 1 que essas noções mais amplas muitas vezes exigem que a advocacia se detenha perto dos limites prescritos pela Visão Dominante. Agora consideramos que elas às vezes podem autorizar o advogado a ultrapassá-las.

A obrigação do advogado na Visão Dominante

O caso de perjúrio de divórcio. Suponha que estamos em uma jurisdição com uma lei de divórcio que condiciona o divórcio à prova de um pequeno número de fundamentos especificados, tais como adultério e agressão. Um casal sem filhos concordou quanto ao divórcio e a acordos razoáveis para separar seus negócios financeiros. O advogado acredita que o divórcio proposto e os acordos financeiros são do interesse tanto do marido como da esposa. Contudo, eles não podem provar honestamente nenhum dos fundamentos que a lei exige.

Suponha ainda, como era verdadeiro em algumas das jurisdições que tinham leis desse tipo, que seja possível, sem praticamente nenhum risco para o advogado ou para os clientes, que o advogado ajude o casal a conseguir o divórcio ensaiando e apresentando testemunho falso sobre, digamos, adultério[2]. O risco é pequeno porque os juízes, embora conhecedores da prática, aceitam todo testemunho desse tipo passivamente, e os promotores e a polícia não dedicam nenhum recurso para desmascarar essas práticas. (Talvez as

---

2. Ver Walter Gellhorn, *Children and Families in the Courts of New York City* 288-90 (1954).

autoridades dessem início a algum tipo de acusação se deparassem com um caso de flagrante, embora nem isso seja claro. De qualquer modo, apenas o advogado mais descuidado ou azarado criaria um caso de flagrante.) A Visão Dominante proíbe que o advogado ajude os clientes dessa maneira, não importa quão fortemente ele acredite que o casal tem direito ao divórcio. Se o advogado acredita que a lei de divórcio é injusta, ela diz que ele deve trabalhar para induzir a legislatura a mudá-lo. Mas condena o ensaio e a apresentação de perjúrio como uma transgressão dos "limites da lei"[3]. A Visão Dominante é menos clara, porém, sobre as atividades do advogado que encorajam ou facilitam a ilegalidade de maneira menos direta. Certo aconselhamento jurídico – por exemplo, informação a respeito dos termos expressos de uma lei – é claramente um direito do cliente e uma função central da advocacia. Outras formas de aconselhamento – digamos, sobre como esconder-se da polícia ou como construir uma bomba – representam claramente participação imprópria em conduta ilegal.

Contudo, pelo menos uma forma de aconselhamento que os clientes muitas vezes buscam é mais difícil de classificar, a saber, aconselhamento a respeito das práticas de execução dos agentes públicos. Suponha que, aconselhando um cliente sobre tributação, eu lhe diga que, embora a posição agressiva que ele deseja tomar tenha pouca probabilidade de sobreviver a uma auditoria, menos de um por cento das declarações de imposto de renda de sua categoria realmente sofre auditoria. Ou suponha que, sabendo que os gas-

---

3. Ver ABA *Model Code* EC 5-1 ("Um advogado [...] deve abster-se de toda conduta ilegal.") ABA *Model Rules*, Preâmbulo ("A conduta de um advogado deve conformar-se às exigências da lei..."). Argumentarei mais tarde que, como os termos "lei" e "ilegal" são ambíguos, esses preceitos não precisam ser lidos para condenar a conduta proposta no caso de perjúrio de divórcio. Contudo, são invariavelmente lidos assim.

tos do meu cliente estão bem abaixo de setenta por cento dos rendimentos, eu lhe diga que a prática do IRS é não questionar declarações de negócios como o dele a menos que exibam despesas acima de setenta por cento. Tal aconselhamento provavelmente não é ilícito[4] mas, como o seu principal efeito é impedir o processo de execução, ele é uma obstrução. A Visão Dominante ainda tem de apresentar uma resposta clara à questão de se tal aconselhamento é inadequado. Ela hesita entre, por um lado, defini-lo como aconselhamento legal e, portanto, categoricamente adequado e, por outro lado, defini-lo como assistência a conduta ilegal e, portanto, categoricamente inadequado. Na verdade, nenhuma resposta é plausível. A única resposta satisfatória para o problema pede julgamento contextual. A maioria dos advogados reconhecerá isso no caso do aconselhamento sobre execução, pois essa é uma área em que o compromisso da Visão Dominante com o julgamento categórico não está em sintonia com as visões e práticas correntes. A conclusão pode ser mais difícil de aceitar no caso de participação direta, tal como a história do perjúrio de divórcio, mas as mesmas considerações que sustentam o julgamento contextual nos casos indiretos também se aplicam neste caso.

A concepção positivista contra a concepção substantiva de lei

Recorde que o positivismo está comprometido com diferenciar normas jurídicas de normas não-jurídicas mais em

---

4. Se houvesse uma investigação contínua centrada sobre o cliente, o aconselhamento a respeito de práticas de execução que poderiam aumentar a dificuldade de descobrir provas de atos passados poderia constituir obstrução criminal da justiça. Para uma excelente discussão da questão do aconselhamento sobre execução, ver Stephen Pepper, "Counseling at the Limits of the Law: An Exercise in the Jurisprudence and Ethics of Lawyering", 104, *Yale Law Journal* 1545 (1995).

virtude da "linhagem" de uma norma que do seu conteúdo intrínseco. Uma linhagem liga uma norma jurídica a uma instituição soberana por meio de critérios jurisdicionais que especificam formalidades institucionais. Um exemplo de tal critério jurisdicional é a seção 7 do artigo I da Constituição dos Estados Unidos, que diz que, quando cada casa do congresso rejeita um veto do presidente a um projeto de lei por uma votação de dois terços, o projeto "tornar-se-á uma lei".

Quando as normas jurídicas são conflitantes, o positivista as resolve com base em critérios jurisdicionais que especificam qual das instituições de que se originam as normas deve prevalecer. Se as normas conflitantes emanam da mesma instituição, o positivista aplica critérios jurisdicionais adicionais – por exemplo, posteriores acima das anteriores ou específicas acima das gerais – para decidir qual deve ter prioridade.

O positivismo tem uma forte afinidade com o compromisso da Visão Dominante com o julgamento categórico. A perspectiva positivista facilita o julgamento categórico ao banir um amplo leque de fatores potencialmente relevantes (os putativamente morais) e provendo a prioridade rígida das normas jurisdicionais diante das normas substantivas. A Visão Dominante da ética jurídica conjuga a noção positivista de Direito com um compromisso de obediência à lei (e apenas à lei)[5]. Mas a maneira estreita em que o Direito é definido torna difícil explicar por que ele deve ser considerado obrigatório. Os filósofos jurídicos posivistas não são de muita aju-

---

5. Os leitores talvez se perguntem o que aconteceu com o tema libertário que o capítulo 1 dizia ter uma coexistência intranqüila com o positivismo. Para a maioria, a Visão Dominante recorre às noções libertárias para justificar a lealdade ao cliente dentro dos "limites" do Direito positivo. Quando o advogado chega a esses limites, a Visão Dominante considera que o tema literário foi vencido pelo positivista. Por exemplo, alguns advogados e ordens de advogados recentemente insistiam na não-aquiescência, com base em argumentos libertários, a leis que exi-

da no caso. Suas preocupações são mais analíticas e descritivas que normativas. Eles tendem simplesmente a admitir que as pessoas devem obedecer à lei ou partem da observação de que, quaisquer que sejam as razões, as pessoas apenas consideram o Direito como obrigatório. O positivismo da Visão Dominante, portanto, difere dos seus análogos na teoria do Direito por ser um *positivismo moralista*. O positivismo moralista apresenta três argumentos a favor do dever categórico de obediência jurídica. Primeiro, a obediência à lei promove a ordem social; sem ela, teríamos anarquia. Segundo, a obediência promove a imparcialidade; obtemos os benefícios da obediência de outras pessoas, de modo que, em troca, devemos dar-lhes os benefícios da nossa obediência. Terceiro, a obediência promove a democracia; as leis são feitas de acordo com os procedimentos de representação e responsabilidade populares que lhes dão o direito ao respeito.

Esses argumentos poderiam ser persuasivos em confronto com uma posição que afirma que se deve desobedecer categoricamente a lei, mas ninguém jamais sustentou tal posição. Contra as várias posições de desobediência seletiva, tais como as que consideraremos em breve, elas não são persuasivas. O problema com os argumentos é que cada um se baseia em um recurso a um valor que não se alinha coerentemente com os critérios jurisdicionais de legalidade do positivista. Seja como for que o positivista especifique os seus critérios, sempre haverá situações particulares em que a ordem social, a imparcialidade ou a democracia não serão servidas pela obediência ao que os critérios do positivista identificam como lei.

---

gem o relato de pagamento em dinheiro. Este e outros exemplos relacionados são discutidos em Susan Koniak, "The Law Between the Bar and the State", 70, *North Carolina Law Review* 1389 (1992).

Com que freqüência tais situações surgem dependerá de como o positivista define os seus critérios jurisdicionais. Por exemplo, alguns positivistas são literalistas que insistem em interpretar estreitamente as normas que identificam como lei. Outros, porém, prescrevem que as normas sejam interpretadas à luz de seus propósitos ou princípios subjacentes (talvez baseados na teoria de que o soberano pretende isso ou que simplesmente decretou tais valores como lei). Naturalmente, quanto mais os critérios do positivista permitem recorrer a tais normas de base, menos provável será que as suas interpretações estejam em tensão com a norma. Mas insistir em alguma distinção entre lei e outros tipos de normas é o que significa ser um positivista. Portanto, todos os positivistas irão encontrar-se, às vezes, em situações de tensão entre as normas que identificam como legais e outras normas.

Considere um exemplo. Muitos anos atrás, Raoul Berger decidiu, com base em extensa pesquisa histórica, que o Congresso da Reconstrução não esperava que a décima quarta emenda banisse a segregação racial[6]. Pelo seu critério, as expectativas do Congresso determinavam a interpretação correta da emenda, de modo que não proibia a segregação, e *Brown contra Conselho de Educação*, portanto, foi decidido incorretamente. Berger tornou-se bastante experiente nos casos da décima quarta emenda do Tribunal Warren e condenou-os como traições ao Estado de Direito.

O argumento de Berger era controvertido. Algumas pessoas insistiam em que ele estava errado quanto às expectativas do Congresso. Outras achavam que as expectativas congressistas não eram o critério crítico; argumentavam que

---

6. Raoul Berger, *Government by Judiciary: The Transformation of the Fourteenth Amendment* (1977).

algum outro conjunto de expectativas – digamos, o significado convencional corrente da linguagem da emenda – era o critério crítico. Mas a parte mais vulnerável do argumento de Berger era a suposição de que, se ele estivesse certo quanto ao que a décima quarta emenda provia como direito, esse direito mereceria alguma admiração. Por que não deveríamos simplesmente admirar o Tribunal Warren por zombar desse direito sem atrativo e emprestar os seus esforços à luta contra a segregação? Os argumentos da ordem social, da eqüidade e da democracia não parecem fortes nesse caso. As decisões do Tribunal Warren podem ter contribuído para a desordem social, mas a ela não se seguiu a anarquia, e pode-se argumentar que as decisões que Berger considerava juridicamente corretas teriam causado mais desordem. Hoje, poucas pessoas considerariam uma decisão contra os queixosos de *Brown* como uma contribuição à eqüidade. O equilíbrio de ônus e benefício na ordem jurídica do dia não era alcançado de maneira justa para os afro-americanos; a decisão possivelmente ilegal do Tribunal Warren indiscutivelmente fez pender a balança para o lado da maior eqüidade. E, embora os Estados Unidos fossem, em certo sentido relativo, uma democracia, eram uma democracia altamente deficiente, e o resultado do Tribunal Warren foi plausivelmente calculado para mitigar essas deficiências.

Os argumentos dominantes a favor da obediência exigem que olhemos para o sistema jurídico como um todo e perguntemos se, no balanço final, ele serve a algum bem, e, se a resposta for sim, que obedeçamos aos seus comandos categoricamente. Mas, a menos que tenhamos alguma razão para pensar que nossa desobediência seletiva dará início a uma ilegalidade independente e injustificada, não devemos considerá-la uma ameaça aos aspectos desejáveis da ordem jurídica. O fato de que outras pessoas obedeçam à lei muitas vezes é uma razão de eqüidade para que a obedeçamos, mas, se a própria lei é parcial, as preocupações de eqüidade que sustentam a desobediência geralmente terão mais peso que as que sustentam a obediência. E o fato de que a lei tenha surgido de um processo político geralmente democrático é uma razão para a obediência, mas não uma razão que deva prevalecer se o processo não foi democrático nesse caso particular.

Agora, volte-se para uma concepção de lei radicalmente oposta ao positivismo. Ainda podemos chamar essa concepção de substantiva, embora existam muitas variações e nomes para ela. Algumas pessoas preferem o termo "lei natural", embora esse termo tenha conotações muito exóticas e metafísicas para o que, espero demonstrar, é uma noção familiar, corriqueira. O libertarismo, que discutimos no capítulo 1, é um exemplo de doutrina substantiva, embora existam outras mais plausíveis como o utilitarismo, a maximização da riqueza, teorias de direitos sociais como as de John Rawls, teorias neo-aristotélicas de virtude pessoal ou teorias de coerência como as de Ronald Dworkin. Os advogados não são, por natureza, filósofos morais sistemáticos, mas as suas teorias de trabalho incluem intuições de todas essas doutrinas.

A concepção substantiva rejeita as premissas centrais do positivismo – de que a lei está fortemente separada da não-lei e de que a lei é distinguida por critérios jurisdicionais. Ela interpreta as normas jurídicas como expressões de princípios mais gerais que são indissoluvelmente jurídicas e morais. Reconhece as regras jurisdicionais que o positivismo considera como proeminentes mas considera-as de maneira diferente. Primeiro, não as considera como independentes ou como fatos sociais finais, mas como expressões de valores subjacentes, como ordem, eqüidade e democracia, e insiste em interpretar as regras à luz desses valores. Segundo, nega que os princípios jurisdicionais que prescrevem a alocação de autoridade para a resolução de disputas sejam mais fundamentais que os princípios substantivos que prescrevem o ordenamento justo do mundo social[7].

Considere o caso de *Walker contra Birmingham*[8]. No auge do ativismo pelos direitos sociais no Sul, Martin Luther King e a Southern Christian Leadership Conference planejaram uma passeata em Birmingham para protestar contra práticas raciais que acreditavam ser inconstitucionais. Por ordem da liderança branca da cidade, um tribunal estadual emitiu uma injunção proibindo a passeata. Acreditando que a injunção era inconstitucional, os manifestantes a desafiaram e fizeram a passeata. O tribunal considerou os organizadores da passeata culpados de desacato e prendeu-os.

Quando o Supremo Tribunal reviu o julgamento de desacato do tribunal inferior, sustentou que não fazia nenhuma diferença se os manifestantes estavam corretos na sua crença de que a injunção era inconstitucional. O Tribunal decidiu que, como o tribunal inferior tinha jurisdição e os manifestantes tinham ignorado os procedimentos disponíveis para recorrer da injunção junto a tribunais superiores, o respeito pela lei exigia a afirmação da punição. A conclusão *Walker*

---

7. Argumenta-se ocasionalmente que uma teoria que reconhece qualquer distinção entre normas jurídicas e normas morais tem de dar certa prioridade a normas jurisdicionais simplesmente para distinguir legalidade de moralidade. Isso está errado, porém. Um substantivista poderia demarcar os dois tipos de normas com base nas idéias a respeito das diferenças substantivas entre os dois tipos de normas. Por exemplo, David Luban escreve: "Há normas jurídicas, mas não normas morais contra a hipocrisia, a ingratidão, a autopiedade e a bravata." "Legal Ideals and Moral Obligations: A Comment on Simon", 38, *William and Mary Law Review* 255, 261 (1996). Um positivista defenderia essa afirmação com base no fundamento de que tais proibições foram decretadas por instituições com autoridade legisladora. Um substantivista poderia defendê-la dizendo que é melhor deixar tais questões à regulamentação social informal.

8. 388 U.S. 307 (1967).

é plausível apenas em uma concepção positivista de legalidade. Em uma concepção substantiva, "a obrigação de um cidadão é com a lei, não com a visão particular de alguma pessoa do que é a lei"[9]. A partir dessa perspectiva, uma norma oficialmente promulgada merece respeito apenas em virtude da sua validade substantiva, e a injunção *Walker*, como o Supremo Tribunal por fim reconheceu[10], não tinha nenhuma. O respeito pela lei exigia a vindicação da conduta do manifestante.

Se a exacerbação do positivismo leva à aquiescência a leis jurisdicionalmente adequadas mas moralmente más, como os decretos nazistas exigindo a delação de judeus ou as leis sobre escravos fugitivos anteriores à guerra, a exacerbação do substantivismo leva à anarquia. Devemos ser claros, porém, quanto ao que a anarquia pode significar. Para o positivista, a anarquia equivale à ausência de direito, mas para o substantivista (e para a maioria dos anarquistas) a anarquia é simplesmente o sistema jurídico mais descentralizado que se pode imaginar. Em tal sistema todo cidadão é um juiz de *common law* do que a lei exige. Isso não significa dizer que o cidadão não tem quaisquer direitos ou obrigações; pelo contrário, ele pode estar sujeito a um elaborado conjunto de direitos e obrigações. Significa apenas dizer que a execução ocorre por meio da ação espontânea do cidadão – pelas "pessoas fora de casa", para usar a expressão corrente na época do Boston Tea Party*, um exemplo notável de apli-

---

9. Ronald Dworkin, *Taking Rights Seriously* 214 (1978).
10. *Shuttlesworth contra Birmingham*, 394 U.S. 147, 150-1 (1978) (considerando inconstitucional a lei sob o qual foi emitida a injunção *Walker*).
* Violenta manifestação dos colonos americanos, em 1773, contra a imposição do Parlamento britânico de um imposto sobre o chá. Vestidos como índios, os colonos invadiram as embarcações atracadas no porto de Boston e lançaram na água os carregamentos de chá. (N. do R.)

cação do direito pelo povo[11] – em vez de pela autoridade formalmente constituída. A tendência a ver toda conduta que desafia a autoridade constituída como desprovida de normas ou princípios é um preconceito positivista. Os exemplos do Boston Tea Party e da passeata de Birmingham lembram-nos de que a conduta desobediente pode ser intensamente normativa e intensamente estruturada. Também nos lembram de que algumas das manifestações mais radicais do substantivismo obtiveram legitimidade na nossa cultura.

Na cultura jurídica contemporânea, o reconhecimento mais amplo das manifestações mais radicais de substantivismo ocorre em discussões sobre a anulação. A anulação é um termo muito prontamente associado com o poder do júri de desconsiderar as instruções do juiz e absolver, mesmo diante de prova conclusiva, o que o juiz definiu como uma infração. Esse poder foi assegurado e legitimado em muitas constituições estaduais do século XIX. Esses dispositivos desapareceram ao longo dos anos em todos os estados, menos em dois – Indiana e Maryland –, e a prática foi explicitamente reprovada em muitos outros[12].

Não obstante, tem defensores vigorosos e continua a levar a uma "vida subterrânea" na prática do júri[13]. Hoje, como antes, a anulação ocorre com freqüência significativa quando o júri considera as punições prescritas excessivamente duras, especialmente em casos de crimes sem vítimas. A história da anulação no Norte, nos casos da lei sobre escra-

---

11. Ver Gordon Wood, *The Creation of the American Republic 1776-1783* 319-28 (1969). A execução popular informal é muitas vezes fundamentada em normas costumeiras. Para estudos do fenômeno na Inglaterra dos séculos XVII e XVIII, ver E. P. Thompson, *Customs in Common* (1993); Christopher Hill, *Liberty Against the Law* (1997).
12. Constituição de Indiana, Artigo 1, seção 19; Declaração de Direitos de Maryland, Artigo 23. Ver Jeffrey Abramson, *We, The Jury* 56-95 (1994).
13. *Ibid.* 65.

vos fugitivos, e no Sul, nos julgamentos de brancos que assassinaram negros e ativistas de direitos civis, serve como lembrete dos aspectos nobres e ignóbeis da história dramática da prática.

A anulação também descreve outras duas práticas importantes e menos controvertidas – o poder do juiz de declarar inválida a legislação inconstitucional e o poder do promotor de recusar-se a aplicar a legislação quando a aplicação não servir ao interesse público. A anulação do promotor é amplamente considerada como legítima em circunstâncias em que a execução de uma lei produz um resultado especialmente duro ou anômalo ou quando uma lei inteira, geralmente antiga, parece fora de sintonia com o sentimento contemporâneo – por exemplo, as leis contra a fornicação. Essas práticas de anulação nunca são defendidas como formas de ausência de lei mas como descentralizações da execução da lei. O poder de anular não é uma licença para impor as próprias visões, mas um dever de interpretar o que a lei exige[14]. Quando foi concedido explicitamente, o poder de anulação do júri foi expresso em linguagem que tornava os jurados "juízes da lei assim como dos fatos"[15]. O julgamento de anulação é um julgamento judicial – isto é, que interpreta a lei. A noção de lei pressuposta é substantiva, isto é, uma noção ampla que se recusa a privilegiar normas jurisdicionais e não faz nenhuma distinção rígida entre normas jurídicas e não-jurídicas.

Portanto, o júri pode interpretar as leis e precedentes aplicáveis por si mesmo. Também pode decidir que essas

---

14. Ver, por exemplo, Leonard White, *Federalists* 204 (1948): "O âmbito do poder de superintendência da Secretaria do Tesouro foi desafiado por alguns coletores da alfândega, que alegaram que o juramento de cargo exigia que seguissem a lei tal como a compreendiam, não como lhes fosse explicada por Alexander Hamilton."
15. Ver Mark Howe, "Juries as Judges of the Criminal Law", 52, *Harvard Law Review* 586 (1939).

leis são inconstitucionais. E pode considerar que as leis e os precedentes estão em desarmonia com as normas sociais de base; por exemplo, que, tal como aplicadas, são indevidamente duras ou refletem valores que se tornaram antiquados. Embora um positivista possa considerar essas normas de base como não-jurídicas, um substantivista discordaria. Em uma visão substantiva, essas normas são implicitamente incorporadas no Direito penal de maneira análoga àquela pela qual as normas de negligência incorporam os padrões de base da prática social associados com várias atividades. Na medida em que temos o júri revendo a lei, esse poder é análogo ao poder de um juiz do *common law* de rever normas vigentes à luz de novas circunstâncias.

Para um substantivista radical não há nenhuma distinção entre normas jurídicas e não-jurídicas. Para ele, é sempre "a vida, em toda a sua plenitude, [que] deve fornecer uma resposta"[16], como disse o juiz Cardozo no decorrer da interpretação de uma lei tributária.

Ao contrário do positivista, o substantivista, assim que definiu a lei, não precisa se empenhar num argumento adicional para justificar por que ela deve ser obedecida. O dever de obedecer decorre, de maneira mais ou menos direta, da definição. Qualquer argumento a favor da desobediência de um comando particular seria também um argumento de que o comando foi uma interpretação incorreta da lei. O substantivista pode muito bem experimentar conflito entre valores diferentes – digamos, entre os valores da democracia majoritária, que sustentam a deferência à legislatura, e os valores de eqüidade que vão contra a execução de leis que prejudicam injustamente grupos minoritários. Mas compreende tais conflitos como ocorrendo entre valores jurídicos rivais, não entre lei e não-lei.

---

16. *Welch v. Helvering*, 290 U.S. 111, 115 (1933).

Na melhor das hipóteses, a anulação legítima explícita ocupa um lugar marginal e, geralmente, desconfortável na cultura jurídica. O substantivismo forte ameaça com a anarquia, e os advogados, por inclinação, repudiam a perspectiva de anarquia. Sem dúvida, trata-se em parte de uma questão do próprio interesse da profissão; não há muito trabalho para os advogados na anarquia. Mas isso também reflete uma crença plausível de que qualquer coisa que se aproxime da anarquia plena tem pouca probabilidade de acomodar um nível elevado de justiça ou bem-estar.

Portanto, nem o positivismo nem o substantivismo, nas suas versões intransigentes e integrais, são plausíveis. O positivismo parece incompatível com qualquer sentido de obrigação jurídica. Ele repudia as intenções normativas ou defende-as de maneira desajeitada e excessivamente abrangente. O substantivismo, ao incorporar as razões para a obediência diretamente na sua descrição de lei, faz uma argumentação clara e convincente a favor da obediência mas tende a corroer os compromissos com uma estrutura institucional estável e convida a ameaça da anarquia.

A difusão da anulação implícita

A corrente principal da cultura jurídica americana incorpora perspectivas positivistas e substantivas, dando ênfase a uma ou outra em algumas áreas, tentando desajeitadamente sintetizá-las em outras. As filosofias de trabalho de advogados individuais variam na ênfase relativa que dão às duas perspectivas mas, fora do domínio da ética jurídica, raramente abraçam qualquer uma delas plenamente. Não proponho reconciliar as duas perspectivas aqui. A abordagem contextual da ética do advogado a favor da qual argumento é compatível com a maioria das variações das duas perspectivas, exceto com as versões fortes do positivismo. Contudo, como vimos, a Visão Dominante pressupõe uma versão forte de positivismo. Uma noção positivista forte de legalidade é subjacente à injunção categórica da Visão Dominante de obediência jurídica (assim como a sua negação de autoridade a normas não-jurídicas).

Oferecerei uma série de exemplos que ilustram a difusão até mesmo dos temas substantivos mais radicais – os associados com a anulação – na corrente principal da cultura jurídica. Esses temas, muitas vezes, são implícitos e insuficientemente reconhecidos mas reaparecem nas práticas e compreensões convencionais. Meu propósito não é negar a presença ou a validade parcial de temas positivistas, mas apenas sugerir quão inadequada é a noção positivista forte de legalidade como base para uma ética geral do advogado. Mais especificamente, a discussão demonstra como a idéia de um dever categórico de obediência é incompatível com a cultura geral mais ampla.

A revolução constitucional

Bruce Ackerman recentemente enfatizou que as alterações principais dos arranjos constitucionais nos Estados Unidos foram realizadas de maneiras que parecem ter violado as leis que governavam tais alterações[17].

A Constituição original foi decretada em desafio às prescrições dos Artigos da Confederação de que as emendas fossem iniciadas pelo congresso (em vez de por uma convenção constitucional), de que fossem aceitas unanimemente pelos estados (em vez de por nove dos treze estados)

---

17. Bruce Ackerman, "Constitutional Politics/Constitutional Law", 99, *Yale Law Journal* 453 (1989); Bruce Ackerman e Neal Katyal, "Our Unconventional Founding", 62, *University of Chicago Law Review* 475 (1995).

e de que esses estados atuassem por meio das suas legislaturas (em vez de por meio de convenções). Ao adotar a Constituição na convenção, os delegados de vários estados excederam a autoridade conferida nas suas comissões. Embora a ratificação da Constituição federal acarretasse a emenda das constituições estaduais, a maioria das convenções estaduais procedeu em desafio aos dispositivos que regiam as emendas às suas constituições.

A décima quarta emenda foi inicialmente rejeitada por dez legislaturas dos estados sulistas derrotados, o suficiente para derrotá-la pelo artigo V. Esses estados aceitaram a emenda apenas depois que o congresso e o exército reconstruíram pela força os seus processos políticos e, então, condicionaram a sua representação posterior no congresso à ratificação.

Durante o New Deal, o presidente, o congresso e o Supremo Tribunal reestruturaram dramaticamente a Constituição ao adotar um novo conjunto de compreensões sobre questões estruturais básicas sem recorrer ao processo de emenda.

Ackerman não acredita que as muitas abstenções de "jogar pelas regras antigas" que ele documenta desafiam a legitimidade dessas revisões constitucionais. Pelo contrário, ele argumenta que as velhas regras eram expressões "profundamente defeituosas" de valores democráticos, e que as práticas efetivas usadas nas revisões vindicavam esses valores subjacentes melhor do que teria feito a aquiescência à regra[18]. Em cada caso de revisão, o processo envolveu deliberação e mobilização em massa, nas quais grandes maiorias do eleitorado expressaram o seu apoio aos novos arranjos. Na tradição clássica do substantivismo radical, Ackerman demonstra como a conduta que se desvia de todas as leituras do Direito positivo, exceto as menos obrigatórias, pode, não obstante, ser intensamente normativa e estruturada.

---

18. *Ibid.* 478.

A interpretação como anulação

Anteriormente, observamos a tensão básica na cultura jurídica entre a interpretação estrita, literalista, por um lado, e a interpretação ampla, com propósito, por outro. Para sustentar o seu compromisso de segregar a lei das normas não-jurídicas, o positivismo tem de apoiar modos relativamente literais de interpretação. Mas há ampla garantia para a interpretação ampla na cultura. À medida que a interpretação se torna mais ampla, ela se torna mais difícil de distinguir da anulação.

Considere este exemplo. O artigo I, seção 6 da Constituição – a "cláusula dos emolumentos" – provê que nenhum senador ou deputado será nomeado para qualquer cargo "cujos emolumentos tenham sido aumentados" durante sua permanência no congresso. Em 1992, o presidente Clinton nomeou o senador Lloyd Bentsen secretário do Tesouro. O salário do secretário do Tesouro havia sido aumentado muitas vezes durante o mandato de Bentsen como senador. O congresso respondeu a essa preocupação diminuindo o salário do secretário para o nível que tinha no início do mandato de Bentsen no senado e, então, confirmou a sua nomeação.

Poderíamos caracterizar a ação do congresso como uma interpretação ampla e com propósito da cláusula dos emolumentos. Foi o que o então procurador-geral Robert Bork fez a respeito de uma nomeação anterior e similar, sobre a qual escreveu: "O propósito do dispositivo constitucional é claramente cumprido se o salário de um cargo é baixado depois de ter sido aumentado durante o mandato do senador ou deputado no cargo..."[19] (O propósito é assegurar que os legisla-

---

19. *Hearings on S.26733 Before the Senate Committee on Post Office and Civil Service*, 93º. Congresso, 1ª. seção (1973), em 11 (referente à nomeação do senador William Saxbe como secretário de Justiça pelo presidente Nixon).

dores não estabelecerão salários executivos tendo em vista o seu benefício próprio no caso de virem a ser apontados para cargo executivo.) A objeção ao argumento de Bork é que a proibição da cláusula dos emolumentos é específica e categórica. Assim, o professor Michael Paulsen escreveu um artigo deplorando a confirmação de Bentsen como uma violação flagrante da Constituição. Além disso, ele oferece vários outros exemplos de violações de dispositivos constitucionais referentes à estrutura governamental. Em cada um desses exemplos, Paulsen reconhece, o dispositivo aplicável é um "aborrecimento" cuja execução não serviria a nenhum propósito. Não obstante, Paulsen demonstra grande aflição quanto ao que considera uma traição ao Estado de Direito.

Paulsen não dá razões específicas para a sua reprovação. Não sugere que a tolerância da sociedade para com esse tipo de anulação tenha, de alguma maneira, enfraquecido a sua capacidade de fazer cumprir dispositivos constitucionais em situações em que há interesses substanciais. Ele simplesmente considera um erro, por si só evidente, deixar de aquiescer a uma norma jurídica. Ao mesmo tempo, porém, nota um fato interessante que parece confundi-lo e enfurecê-lo: "Ninguém parece se importar."[20] Para os presentes propósitos, podemos considerar a observação frustrada de Paulsen como testemunho de que há ampla tolerância (e mesmo apoio ativo) com o tipo de interpretação constitucional ampla e com propósito que se mescla com a anulação.

Não é difícil encontrar exemplos análogos referentes à interpretação de leis. Em 1982, Guido Calabresi publicou um livro argumentando que os juízes deviam anular leis que, embora constitucionais, haviam se tornado obsoletas por

---

20. Michael Paulsen, "Is Lloyd Bentsen Unconstitutional?", 46, *Stanford Law Review* 907, 907 (1994).

causa de mudanças sociais após a sua decretação[21]. Calabresi dizia estar simplesmente propondo que os juízes fizessem abertamente o que advogados refinados sabiam que eles faziam rotineiramente como questão de "subterfúgio", sob o disfarce do ajuizamento constitucional ou da interpretação ampla da linguagem da lei. Os juízes não deviam ser tão tímidos quanto à anulação das leis, dizia ele, porque ela não é muito diferente da revisão judicial das regras do *common law*. Como no caso de uma regra do *common law*, uma decisão que anula uma lei obsoleta pode ser revertida pela decretação legislativa de uma nova lei. E o fato de, ao contrário de uma regra do *common law*, uma lei ter sido uma vez sustentada por uma maioria legislativa deveria ter pouco peso contra a prática. Uma maioria legislativa de *muito tempo atrás* é testemunho insuficiente de sustentação atual.

Ian Ayres reinterpretou uma série de casos corporativos difíceis à luz da proposta de Calabresi[22]. Esses casos consideram se acordos de controle empresarial que alocam a representação da diretoria e a responsabilidade do gerenciamento estão em conflito com os dispositivos de leis que conferem poder e dever de gerenciamento a um corpo de diretores escolhido por eleição. Casos anteriores às vezes derrubaram os acordos como incompatíveis com as leis. A tendência clara dos casos modernos é fazer cumprir os acordos. Os advogados modernos consideram desejável que os participantes de pequenas empresas possam contratar os arranjos de controle que desejam. A doutrina mais velha que inibe a sua capacidade de fazê-lo é simplesmente um "aborrecimento". Assim, casos que erodem a doutrina foram aplaudidos.

---

21. Guido Calabresi, *A Common Law for the Age of Statutes* (1982).

22. Ian Ayres, "Judging Close Corporations in the Age of Statutes, 70, *Washington University Law Quarterly* 365 (1992).

Pelo que sei, Ayres foi o primeiro a discutir esses casos como uma forma de anulação. Sugeriu que a doutrina mais antiga era fortemente sustentada pela linguagem das leis. Por outro lado, como as leis assim interpretadas estavam fora de sintonia com as políticas contemporâneas, eram boas candidatas à anulação calabresiana. Além disso, Ayres apontou defeitos específicos no processo legislativo estadual que o tornam uma salvaguarda não-confiável dos interesses das pequenas empresas. Enquanto os estados competem entre si para atrair corporações públicas e os impostos que vêm com a incorporação, eles têm um mercado cativo entre as pequenas empresas para as quais a incorporação fora do Estado raramente é praticável. Ele argumentou que a deferência reduzida para com a legislatura é, portanto, adequada no que diz respeito aos interesses das pequenas empresas.

Agora, para os nossos propósitos, a característica interessante desses argumentos é que nenhum comentarista jamais tratou esses casos como exemplo de anulação até que um dos mais prestigiados estudiosos jurídicos da corrente principal argumentasse a favor da legitimidade da anulação inconstitucional das leis. Antes, ter tratado os casos em termos de anulação os teria tornado difíceis de defender. Ainda assim, as pessoas os aprovaram com base em fundamentos de política. Portanto, trataram-nos como casos de interpretação ampla, com propósito.

É um tropo familiar da retórica jurídica – muitas vezes encontrado em opiniões divergentes – acusar alguém de cuja decisão discordamos de mudar – anular – em vez de interpretar a lei. A acusação geralmente é considerada apenas como uma asserção conclusiva de desacordo. A idéia de que uma decisão estatutária inconstitucional poderia ser simultaneamente anulação *e correta* foi geralmente banida das conversas educadas antes de Calabresi (e ainda é uma visão minoritária). Mas, na verdade, assim que reconhecemos os aspectos criativos da interpretação e os aspectos com princípios da anulação, muitas vezes é difícil distingui-los. Embora a acusação de anulação ainda faça erguer uma bandeira vermelha, as práticas a ela associadas estão seguras na corrente principal da cultura.

A anulação informal

Muitas leis não são aplicadas ou são aplicadas insuficientemente porque as pessoas as desobedecem e os representantes públicos são incapazes ou não estão dispostos a sancioná-las. No caso de algumas leis, esse fato é uma tragédia que reflete a socialização inadequada dos atores e as dificuldades práticas da execução. No caso de outras, porém, parece, em boa parte, um modo desejável de acomodar a lei formal às circunstâncias práticas. Nessas situações, os cidadãos muitas vezes violam as leis sem qualquer noção de transgressão, e as suas ações são ratificadas por representantes públicos que declinam de sancioná-las mesmo quando têm a capacidade de fazê-lo. Essa espécie de anulação às vezes assume uma forma quase calabresiana, que envolve a desconsideração de leis que deixaram de estar em contato com os valores sociais da corrente principal. A subaplicação das leis contra a fornicação e o adultério ou contra a posse de maconha é exemplo.

Outra variação é motivada por um desejo de evitar as deficiências da formalidade sem propósito. Em algumas áreas, a aquiescência escrupulosa à lei é tão onerosa e mesmo dilaceradora que ocorre apenas como forma de protesto. Um exemplo familiar é a prática de "trabalhar de acordo com a regra" – ou, como dizem os franceses, a "greve de zelo" –, na qual os trabalhadores param uma empresa recusando-se a aparar as arestas para que as coisas funcionem tranqüilamente. Controladores de tráfego aéreo e pilotos de aviação, por exemplo, conseguem perturbar o tráfego aéreo até o ponto de colapso ao insistir na aquiescência literal às regras.

Ainda outro tipo de anulação informal ocorre por causa do custo de verificar a lei. Lembro-me, na minha infância, na década de 1950, de um episódio de um jogo de televisão chamado "As pessoas são engraçadas", no qual um competidor foi desafiado a passar a semana entre aquele programa e o seguinte sem transgredir nenhuma lei. Um detetive tinha de acompanhá-lo ao longo de toda a semana, e havia um grande prêmio para uma semana de aquiescência à lei. Mesmo com esses incentivos como que de laboratório, o competidor não conseguiu. O detetive observou-o violar uma lei federal da qual ele não tinha conhecimento: ela proibia que se abrisse um maço de cigarros sem antes romper o selo de imposto.

Um domínio especialmente interessante de anulação informal são os limites de velocidade nas estradas. Na época em que o limite era 55 milhas por hora, quase todo mundo violava um bocado o limite. Muitas pessoas acreditam que têm direito a mais dez milhas acima do limite fixado pelas práticas de execução costumeiras. Alguns especialistas acreditam que, dentro de um amplo leque, o limite fixado não tem nenhum efeito sobre a conduta da maioria dos motoristas. "Repetidamente, estudos de tráfego confirmam que oitenta e cinco por cento [dos motoristas] correm numa 'velocidade confortável' independentemente do limite fixado."[23]

Eis uma situação de anarquia no sentido da aplicação descentralizada das normas mas não no sentido de caos. Não há indicação nenhuma de que a amplamente difundida

---

23. Brock Yates, "Speed doesn't Kill, Bad Drivers Do", *New York Times*, 24 de julho, 1995, p. A13.

anulação do limite de 55 milhas por hora colocou em risco a segurança. Muitos especialistas pensam que as práticas dominantes são ótimas, e muitas jurisdições ajustaram as suas regras para harmonizá-las mais à prática. Ronald Dworkin, em outros aspectos um dos teóricos jurídicos mais substantivistas, repetidamente invoca a proposição de que "o limite de velocidade na Califórnia é de 55" como exemplo de um caso fácil de julgamento jurídico não-controvertido[24]. Na verdade, é um caso fácil apenas se o nosso objetivo é descrever os termos explícitos do decreto da legislatura. É um caso difícil do ponto de vista da obrigação. (Ou, se é um caso fácil, a resposta é o oposto da que Dworkin supõe. Como informante nativo, posso relatar que praticamente nenhum californiano sente-se obrigado a ir a 55 – em vez de 56 ou 57 – milhas por hora. O caso torna-se difícil quando tentamos traçar a linha entre o excesso de velocidade aceitável e o inaceitável.)

A anulação conscienciosa

Já observamos exemplos da gloriosa tradição americana de desobediência baseada em princípios à lei na área dos direitos civis. Alguns desses exemplos são discutidos sob a rubrica de desobediência civil. A diferença entre a anulação e a desobediência civil diz respeito apenas ao grau de sucesso da atividade em questão. A anulação refere-se a um esforço grandemente bem-sucedido de alterar ou anular a lei decretada; a desobediência civil refere-se apenas a um esforço de sucesso limitado ou sem nenhum sucesso. Se *Walker*

---

24. Por exemplo, Ronald Dworkin, *Law's Empire* 266 (1986). Meu comentário ignora o fato, sem interesse do ponto de vista da teoria do Direito, de que, depois de Dworkin ter escrito, o limite foi elevado para 65.

contra Birmingham tivesse sido decidido a favor dos manifestantes, a passeata teria sido um exemplo de anulação; dada a maneira como o Supremo Tribunal decidiu, foi um ato de desobediência civil.

Um fato notável a respeito da tradição americana de direitos civis é quanto dela foi animado por ideais substantivistas de legalidade. Os manifestantes em Birmingham e outros lugares que ignoram as injunções e regulamentos das demonstrações, os adeptos do boicote em Montgomery e outros lugares, cuja conduta foi muitas vezes proibida pela lei estadual contra conspirações comerciais, e os manifestantes que fizeram o *sit-in*, cuja conduta foi uma forma de transgressão, não achavam que estavam desafiando a ordem jurídica estabelecida. Eram inspirados em parte pela sua compreensão dos valores de igualdade e solidariedade codificados na Constituição e em outras leis federais. Na sua visão, não estavam desobedecendo à lei, mas apenas os comandos ilegais dos representantes públicos e proprietários locais. Além disso, suas reivindicações substanciais foram amplamente vindicadas dentro da ordem jurídica. A história do ativismo dos direitos civis no Sul, nas décadas de 1950 e 1960, é testemunho vívido das possibilidades benignas do tipo de anarquia associado ao substantivismo radical, exatamente como a história mais longa do linchamento racista e do terrorismo vigilante testemunha as possibilidades malignas.

Há uma tradição polêmica mas forte de tolerância para com a desobediência civil na cultura jurídica. Os exemplos mais vigorosamente sustentados são os casos semelhantes aos da passeata de Birmingham, nos quais o tribunal final vem a compartilhar as visões substantivas do réu. Mas também há apoio para a visão de que a desobediência civil de boa-fé, mas baseada na interpretação errada da lei, deve ser tolerada se a interpretação não é desarrazoada e a conduta não impõe grandes custos tangíveis. O argumento é que tal conduta é uma forma potencialmente valiosa de participação do cidadão no processo da elaboração jurídica. Mesmo quando finalmente considerada uma transgressão, a conduta pode ter sido útil por colocar questões na agenda pública e estruturá-las como um caso específico de um modo que facilita a deliberação produtiva. Uma visão mais radical protegeria certo leque de equivocada desobediência de boa-fé *privada*. Tal conduta não faz nenhuma contribuição intencional para a deliberação pública, mas envolve um tipo de deliberação moral individual que a sociedade poderia desejar encorajar[25].

O vigilantismo do advogado na cultura popular

Embora estejamos primariamente interessados na cultura profissional interna dos advogados, essa cultura é influenciada pela cultura popular circundante. Portanto, vale a pena notar que o tratamento dos advogados na cultura popular tem sido esmagadoramente substantivista. A cultura popular não acha atraentes os advogados quando eles se comportam como prescreve a Visão Dominante, quando sacrificam noções mais amplas de justiça a noções de legalidade positivistas estritas.

O substantivismo radical é especialmente saliente no tema do vigilantismo do advogado, que aparece repetidamen-

---

25. Ver Dworkin, *Taking Rights* 206-22; Martha Minow, "Breaking the Law: Lawyers and Clients in Struggles for Social Change", 52, *University of Pittsburgh Law Review* 723 (1991). Para um argumento mais próximo do meu, que trata a legitimidade da desobediência civil menos como uma função das virtudes distintivas da ação consciente e mais como uma função da debilidade geral das afirmações morais da lei, tal como definida pelos positivistas, ver David Luban, "Conscientious Lawyers for Conscientious Lawbreakers", 52, *University of Pittsburgh Law Review* 793 (1991).

te nos retratos favoráveis de advogados de Hollywood. Robert Post resume esse tema nos termos da máxima "para defender a lei, o advogado não deve ter lei"[26]. Por exemplo, em *The Talk of the Town* (1942), Ronald Coleman retrata um professor de Direito de Harvard, que foi nomeado para o Supremo Tribunal. Para salvar um homem inocente, desonestamente incriminado como incendiário e que está prestes a ser linchado, ele rapta a pessoa que ele crê ser a verdadeira culpada e enfrenta a turba de linchadores com uma pistola (não nos dizem se ela é licenciada) e faz um discurso sobre a importância do respeito pela legalidade.

Em *The Man Who Shot Liberty Valance* (1962), James Stewart retrata um advogado inexperiente que vai abrir o seu escritório em uma cidade durona do Oeste. Quando a cidade é aterrorizada por uma quadrilha de valentões, ele desafia o seu líder para um duelo (o que, naturalmente, é um crime). Quando deixa todos impressionados ao aparecer para matar o oponente, a cidade o elege, e ele, de modo ambivalente, vale-se da sua reputação como "o homem que matou Liberty Valance" para fazer carreira no senado dos Estados Unidos. Revela-se que ele não matou Liberty Valance. John Wayne, escondido por perto, matou Liberty Valance. Quando conta a verdade a Stewart, Wayne conclui: "Foi assassinato a sangue-frio mas posso viver com isso." Presume-se que, pela regra de homicídio doloso, Stewart compartilha a culpa com Wayne, mas Stewart também decide que pode viver com isso.

Em *The Verdict* (1982), Paul Newman retrata um advogado solitário e combativo em litígio contra a fina-flor da profissão médica de Boston e um exército de advogados de

---

26. Robert Post, "On the Popular Image of the Lawyer: Reflections in a Dark Glass", 75, *California Law Review* 379, 382 (1987). Os exemplos de *The Talk of the Town* e *The Man Who Shot Liberty Valance* foram sugeridos pelo artigo de Post.

uma grande firma, em um caso de homicídio culposo. Os réus expulsaram da cidade a principal testemunha de sua negligência e ameaçam destruir a sua carreira se ela cooperar com o queixoso. Newman não consegue localizar a testemunha porque os réus negam saber onde ela está (provavelmente com perjúrio) e ameaçam arruinar qualquer um que coopere com o queixoso. Com o julgamento prestes a começar e sem testemunha, Newman arromba a caixa de correspondência da melhor amiga da testemunha um dia depois de serem entregues as contas telefônicas e rouba a conta dela. Examina o número interurbano mais freqüente na conta, encontra a testemunha e dá uma reviravolta no caso.

Em todos esses casos, a conduta criminosa do advogado é retratada como admirável, e as objeções a ela são consideradas puritanas e ingênuas. *The Verdict* é uma obra cínica que vê a corrupção como onipresente e inevitável; faz o ideal de obrigação jurídica parecer hipócrita e irreal. Mas *The Talk of the Town* e *Liberty Valance* são obras idealistas que mostram grande respeito pela lei quando insistem na sua complexidade.

Os temas desses dois filmes são notavelmente similares. No início, os personagens de Coleman e Stewart exemplificam a rigidez associada com a experiência limitada do mundo. Cada um foi formado no ambiente protegido da cidade do Leste e da universidade. Sua rigidez assume duas formas que os filmes tratam como análogas. Uma é sexual: eles são desajeitados com mulheres. A outra é intelectual: os dois estão dispostos ao tipo de julgamento normativo categórico acarretado pelo positivismo moral. Sua reverência pela lei é carola e ingênua. Cada um é transformado, primeiro, pelo amor de uma mulher extraordinária (Jean Arthur, Vera Miles) e, segundo, pela participação em uma crise em que o seu compromisso com ideais mais amplos de justiça e legalidade exige que se viole o Direito positivo. No fim de cada filme, o herói adquiriu o conhecimento mundano das capacidades para o amor e para o julgamento normativo complexo.

Esses filmes contradizem notavelmente um dogma tradicional da profissão no sentido de que o respeito popular pela lei exige advogados que aquiesçam rigidamente à letra da lei. Como o *Código de responsabilidade profissional* coloca, "por causa da sua posição na sociedade, mesmo violações menores da lei por um advogado podem tender a diminuir a confiança pública na profissão jurídica"[27]. A implicação parece ser que, embora os advogados possam ser capazes de compreensões mais refinadas de legalidade, o positivismo jurídico é tudo o que se pode esperar do público leigo. Naturalmente, essa é ainda outra das asserções empíricas que a profissão nunca investigou e muito menos sustentou com provas. O testemunho de Hollywood sugere que a profissão entende as coisas de trás para diante. O respeito popular pela lei pode *exigir* que os advogados violem o Direito positivo.

Além disso, a compreensão da lei refletida nesses filmes é séria. Na verdade, os filmes oferecem uma crítica do positivismo moralista, o que personificam nos personagens iniciais de Coleman e Stewart. É uma crítica psicológica, similar à crítica de Jerome Frank do legalismo clássico[28]. Tanto Frank como os filmes vêem a disposição para o julgamento categórico como uma forma de imaturidade emocional e intelectual. Nessa condição, as pessoas negam o mundo real ou protegem-se dele porque têm medo das suas complexidades e contradições. A maturidade envolve o reconhecimento dessas complexidades e contradições pelo abandono do julgamento normativo categórico sem se tornarem cínicas.

---

27. EC 1-5.
28. Jerome Frank, *Law and the Modern Mind* (1930).

Nas raras ocasiões em que os advogados reconhecem a anulação como legítima, tendem a fazê-lo timidamente, concentrando-se em um único tipo e tratando-o como distintivo. Assim, Bruce Ackerman, na sua defesa da revolução constitucional, Guido Calabresi, na sua defesa da anulação judicial não-constitucional, e Ronald Dworkin, na sua defesa da desobediência civil, ignoram os outros tipos de anulação e esforçam-se para afirmar a natureza limitada e excepcional da prática que cada um defende. Mas, quando nos alinhamos com essas práticas, juntamente com as outras formas de anulação que estão solidamente, se não tacitamente, fundamentadas na corrente principal da cultura jurídica, reconhecemos que elas constituem um forte tema geral do substantivismo radical.

Alguns esclarecimentos sobre a anulação

Meu propósito aqui é menos defender o substantivismo que demonstrar que, mesmo nas suas formas mais radicais, ele está difundido na corrente principal da cultura jurídica, embora, às vezes, de maneira discreta. Como algumas pessoas tendem a interpretar erroneamente a doutrina, de tal maneira que a faz parecer mais bizarra do que é, quero esclarecer algumas concepções errôneas a seu respeito.

Uma concepção errônea é a de que o substantivismo é indiferente aos valores da tomada de decisões efetiva que às vezes sustentam regras excessiva ou insuficientemente inclusivas. Quando chego ao cruzamento, o sinal fica vermelho e não há outros carros na área, sinto-me tentado a dizer que o propósito da lei que exige que eu pare não seria cumprido se eu o fizesse. Mas isso seria interpretar o propósito muito estreitamente. O propósito principal é reduzir acidentes. Embora eu possa pensar que avançar o sinal vermelho não provocaria risco de acidente, posso não ser um bom juiz disso. Além do mais, mesmo que o meu julgamento seja excelente, um policial que me vir passar pelo sinal vermelho não terá como avaliar a qualidade do meu julgamento. Assim, todas as coisas consideradas, a melhor regra pode ser uma regra excessivamente ampla exigindo que eu pare mesmo que não veja ninguém no cruzamento.

Nada deveria impedir mesmo o substantivista mais radical de levar em conta os interesses sociais que sustentam uma regra excessivamente inclusiva ao decidir a respeito da aquiescência nesse caso. A necessidade de obrigar as pessoas a atuar com base em julgamentos potencialmente deficientes que representam risco para outros e a necessidade de sistemas de execução eficazes são aspectos do interesse social na redução de acidentes.

Contudo, para vermos que diferença um compromisso substantivista poderia fazer, vamos modificar a história e acrescentar que, na ocasião em que chego ao cruzamento, estou levando uma pessoa gravemente ferida ao hospital e, possivelmente, acredito que qualquer demora representaria sério risco para ela. Meu julgamento ainda é falível e a crise pode tê-lo tornado ainda pior, mas, como as novas circunstâncias aumentaram grandemente os custos de parar sem afetar os benefícios, o cálculo agora é muito mais simples. A regra do sinal vermelho pode ter uma exceção explícita para emergências desse tipo, ou ela e a lei circundante podem deixar aberta a possibilidade implícita de tal exceção. Se ela nega tal exceção, porém, posso, como substantivista, concluir que a negação está simplesmente errada, que talvez seja inconstitucional ou que esteja em desarmonia com a lei circundante. Ao fazer isso, não estaria negando os interesses sociais que sustentam a regra geral, apenas decidindo que eles têm o seu peso superado pelo interesse social rival de salvar uma vida.

Similarmente, é incorreto acusar o substantivismo de ignorar os valores da decisão jurídica relativamente centralizada e institucionalizada. A tomada de decisão legislativa e judicial, em oposição ao tipo de decisão popular envolvida na anulação, permite potencialmente melhor observância da lei, já que ocorre em público e assume a forma de regras promulgadas. É potencialmente mais democrática, já que quem toma a decisão está sujeito a mecanismos de responsabilidade política. E as decisões são potencialmente mais ricas, já que procedem da deliberação e do debate.

Um substantivista não ignora nenhum desses fatores. Contudo, realmente difere do positivista nas maneiras como os leva em conta. Primeiro, está aberto a considerar que a associação geral entre os processos legislativos e judiciais e os valores da observância, democracia e qualidade de decisão pode não ser válida no caso particular. Por exemplo, na situação de sinal fechado e emergência, a anulação poderia ser mais compatível com as expectativas razoáveis das pessoas e, portanto, com os valores da observância, do que os termos literais da lei (que o ator típico seria incapaz de consultar na ocasião relevante). Segundo, o substantivista está aberto à consideração de que esses valores institucionais, mesmo quando presentes, poderiam ter seu peso superado por valores rivais nas circunstâncias do caso particular.

Anulação versus *reforma*

Ocasionalmente, argumenta-se contra a anulação que ela reduz a pressão para a reforma de leis ruins. A dor social causada pela execução de leis ruins retorna ao sistema legislativo para apressar os esforços de reforma. A anulação, ao reduzir a dor, retarda esse retorno e, portanto, o processo de autocorreção. Como a anulação raramente é uniforme, uma lei ruim que persiste continua a ter maus efeitos, e a atividade que retarda a autocorreção contribui para perpetuar esses efeitos.

Se a premissa factual desse argumento é verdadeira, não há nenhuma razão para que o substantivista não possa considerá-la como uma razão contraposta à anulação na sua decisão. Mas a premissa factual não é verdadeira de nenhuma maneira uniforme ou linear. Às vezes, o não-cumprimento, especialmente à medida que se torna mais difundido e visível, aumenta as pressões para reformar a lei e alinhá-la com a prática. Uma razão pode ser a de que uma lei visivelmente não-executada é um embaraço para o governo. A reforma dos limites de velocidade na estrada, discutida acima, é um exemplo.

Além disso, mesmo quando a anulação realmente reduz a pressão pela reforma, ainda temos de considerar se é justo que o indivíduo envolvido seja forçado a submeter-se a um comando ilegítimo simplesmente para fazer uma contribuição marginal para algum interesse social amplo. Em casos em que a lei impõe um fardo injusto sério ou infringe uma liberdade importante, o interesse do indivíduo deveria ser predominante ou superar o interesse social.

Uma hipótese relevante para ambos os pontos é que a execução contra pessoas relativamente desfavorecidas ou marginais tem menos probabilidade de gerar pressões por reformas e mais probabilidade de ser injusta. Em um caso que envolva um indivíduo de tal tipo, a circunstância pode pesar contra a anulação.

Imposto versus *proibição*

Na situação de anulação que estivemos discutindo, um representante público ou instituição tem uma interpretação do que a lei exige, ao passo que algum outro ator declina de aquiescer a ela com base em uma interpretação melhor. Nessas situações, a desobediência ou a não-execução da interpretação inferior é desejável. Um tipo diferente de situação surge em circunstâncias em que certo nível de execução é considerado uma coisa boa mas, não obstante, desculpamos ou mesmo justificamos alguma desobediência. Às vezes, falamos que o ator nessa situação considera que a lei impõe um imposto sobre a sua atividade, em vez de proibi-la. O exemplo central no caso é a quebra de contrato. As pessoas geralmente sentem-se com o direito de romper contratos e pagar os prejuízos quando é mais barato fazer isso do que cumprir o contrato. Embora Holmes explicasse isso, em termos positivistas, como decorrente do fato de que os prejuízos são a única sanção que a lei provê, a ação é igualmente plausível em termos substantivos. Doutrinas como a exclusão de penalidade em recursos de contratos, o dever de mitigar, a absolvição de falência e a proibição de servidão involuntária, todas sustentam a idéia de que a eqüidade e a eficiência são mais bem servidas por um dever de cumprir o contrato que não seja absoluto. Por outro lado, como argumentei no capítulo 1, o fato de que não consideramos a conduta causadora de dano sério dessa maneira mais criminosa e delituosa pode ser explicado apenas em termos substantivos. Não seria justo nem eficiente tratar a proibição do espancamento ou do estupro como um imposto sobre uma atividade aceitável, e nenhum advogado aconselharia um cliente dessa maneira. Entre o domínio tipificado pelo contrato, em que o dever e a pena parecem coextensivos, e o domínio da atividade criminosa séria, em que o dever é mais amplo que a pena, há grande ambigüidade e divergência. Essa área inclui muitas leis reguladoras e fiscais.

Em tais áreas, deparamos com a questão adicional de determinar se, se for adequado para o cidadão tratar a lei como imposto, o imposto relevante é a pena prescrita completa (o que implica um dever de pagá-la voluntariamente) ou a pena descontada pela probabilidade da execução (que pode ser bastante baixa e ser ainda mais reduzida por coisas que o cidadão poderia fazer).

Em muitas cidades, é ilegal estacionar o carro em um espaço pago, pagar pelo tempo máximo e depois retornar, ao término do período, para colocar mais moedas no parquímetro. Se violo ocasionalmente essa regra – digamos, porque o meu compromisso leva mais tempo do que eu esperava – e sou surpreendido e multado, ninguém pensaria que fui tratado injustamente ou que tinha algum fundamento para resistir. Por outro lado, se conseguisse escapar da multa, poucas pessoas me condenariam. Há muitas situações em que insistir na obediência à lei parece carola ou fetichista.

A Visão Dominante é incapaz de lidar com questões desse tipo. Isso porque os critérios de legalidade positivista que ela inclui não fazem distinção entre leis que tratamos adequadamente como preços (ou riscos) e as que devíamos tratar como comandos. Essas distinções dependem dos tipos de princípios que o positivismo não reconhece como lei e do tipo de julgamento complexo que a Visão Dominante repudia.

Determinação versus *obrigação*

Para o positivista, determinar o que a lei exige é relativamente fácil. Esse é o objetivo de separar lei e moral. Por outro lado, determinar se a lei merece obediência é relativamente difícil. Pelo menos, o positivismo não oferece nenhuma orientação quanto a esse tema além das exortações conclusivas da sua variante moralista.

Há, portanto, uma forte afinidade entre o positivismo e os éticos jurídicos que retratam os dilemas centrais da prática como questões de moralidade do papel ou conflitos entre lei e moral[29]. Ao supor tensões difundidas entre comandos legais e compromissos individuais, esses éticos pressupõem – muitas vezes, parece, por inadvertência – uma concepção positivista de legalidade. Tais conflitos são menos proeminentes para o substantivista. Na verdade, eles nunca surgem para o substantivista radical porque todos os fundamentos para o compromisso foram incluídos na lei. Para o substantivista, a questão difícil não é determinar se a lei é obrigatória, mas o que ela prescreve. Conflitos que o positivista define como "lei *versus* moralidade" assumem a forma, para o substantivista, de normas jurídicas em tensão mútua. Poucos advogados são positivistas radicais ou substantivistas radicais; a maioria combina ambas as perspectivas nas suas filosofias de trabalho. Assim, muitas vezes é incerto quando uma luta ética deixa de ser uma tentativa de determinar o que a lei prescreve e torna-se uma tentativa de decidir se a lei é moralmente obrigatória.

Considere o personagem de Paul Newman em *The Verdict* (com a modificação de torná-lo eticamente reflexivo). Suponhamos que ele tenha esgotado todas as possibilidades convencionais de localizar a testemunha principal. Ele tomou o depoimento da amiga da testemunha mas ela nega saber do seu paradeiro. Ele tem bom motivo para crer que ela está mentindo por medo de retaliação dos réus. Ele tem a idéia da conta de telefone. Sabe que há uma lei federal que considera crime interceptar correspondência endereçada a outra pessoa e leis estaduais que consideram crime invadir a propriedade de alguém com propósito de furto, e consideram furto retirar a correspondência de alguém de sua caixa postal (mesmo que depois seja devolvida). Ele

---

29. Por exemplo, Luban, "Legal Ideals"; Thomas Shaffer e Robert F. Cochran, Jr., *Law, Clients, and Moral Responsibility* (1994).

pensa na questão como um conflito entre dever jurídico e moral?

Seria um julgamento primário. Primeiro, o lado "moral" da questão – o interesse do cliente em descobrir a identidade da testemunha – também está repleto de considerações jurídicas. Em primeiro lugar, o advogado e o cliente têm o direito legal a essa informação em conformidade com a obrigação de apresentação compulsória de documentos, e ela é necessária para a prova que eles têm de apresentar para conseguir indenização por danos, à qual ele também acredita que eles têm direito legal. Além disso, no lado "legal" da balança, mais análise é necessária. Talvez as jurisdições relevantes tenham uma defesa de "necessidade" para acusações criminais, tais como o dispositivo do *Model Penal Code*, que justifica a conduta que seria criminosa em outra circunstância, como "necessária para evitar um dano ou mal", quando o "dano ou mal que se busca evitar... é maior do que aquele que se busca impedir pela lei que define a infração imputada"[30]. Mesmo que não tenham tal lei, pode haver uma possibilidade razoável de que os tribunais infiram uma. Mesmo se os tribunais tiverem rejeitado tal defesa ou a tiverem considerado inaplicável a circunstâncias como essas (digamos, em que não se conhece com certeza um fato central, tal como o de que a amiga está testemunhando falsamente), pode haver uma possibilidade de que o tribunal mude de idéia se a questão for apresentada em um novo caso. Uma lei pode excluir a defesa de modo específico, mas, mesmo que a lei seja completamente livre de ambigüidade, pode haver uma chance de que um tribunal a julgue inconstitucional ou que um promotor ou júri anulem a sua aplicação nesse caso.

Finalmente, chegamos ao ponto em que o advogado tem certeza de que o Direito positivo proíbe subtrair a conta de

---

30. *Model Penal Code*, seção 3.02(1) (1985).

telefone: não há nenhuma dúvida de que o promotor fará a acusação com base nesses fatos, o juiz do julgamento instruirá o júri no sentido de que os fatos constituem crime, o júri decidirá pela condenação e o Supremo Tribunal a afirmará. Mesmo nesse ponto, o advogado pode ver a questão não como um conflito entre lei e moralidade, mas como uma interpretação errônea da lei por parte da autoridade constituída. O advogado poderia simplesmente acreditar que esses atores estariam errados nos seus julgamentos de que subtrair a conta telefônica nessas circunstâncias seria criminoso. Naturalmente, acreditando nisso, ele ainda poderia reconhecer razões pelas quais deveria aquiescer a eles, tais como aquelas de que se valeu o Supremo Tribunal ao sustentar a punição dos requerentes em *Walker contra Birmingham*. Mas ele continua a pensar no conflito como intrajurídico. O ponto na cadeia de raciocínio em que o advogado pára de pensar no conflito como intrajurídico depende do balanço dos compromissos positivistas e substantivistas na sua filosofia de trabalho.

Frederick Douglass, o ativista antiescravidão, enfatizou a importância psicológica da diferença entre as perspectivas da determinação jurídica e da lei *versus* moralidade:

> Colocado em contato, logo após ter fugido da escravidão, com abolicionistas que consideravam a Constituição como um instrumento escravagista, e vendo suas visões sustentadas pela história unificada e inteira de todos os departamentos do governo, não é estranho que eu tenha suposto que a Constituição fosse exatamente o que esses amigos faziam parecer que era. [...] Mas [mais tarde tive oportunidade] de repensar todo o assunto e de estudar com certo cuidado não apenas as regras justas e adequadas da interpretação jurídica mas a origem, o objetivo, a natureza, os direitos, poderes e deveres dos governos civis e também as relações que os seres humanos mantêm com ela. Por meio de tal curso de pen-

samento e leitura fui levado à conclusão de que a Constituição dos Estados Unidos – promulgada para "formar uma união mais perfeita, estabelecer a justiça, assegurar a tranqüilidade nacional, prover a defesa comum, promover o bem-estar geral, assegurar as bênçãos da liberdade" – não podia também ter sido planejada para, ao mesmo tempo, manter e perpetuar um sistema de rapina e assassinato como a escravidão, especialmente porque não se pode encontrar uma palavra na Constituição que autorize tal crença[31].

Douglass, de início, via a cruzada antiescravagista como uma luta contra a ordem constitucional; quando se juntou aos constitucionalistas radicais, viu-a como uma luta para redimi-la. As conseqüências de tal mudança podem afetar dramaticamente a orientação de uma pessoa para com os seus compromissos, assim como para com a retórica, as estratégias e alianças que ela persegue. Para Douglass, a mudança esteve ligada a uma determinação de unir a causa antiescravagista à causa da preservação da união.

Os interesses envolvidos em tais caracterizações rivais variam com o contexto. Na cultura jurídica contemporânea dos Estados Unidos, a questão tem duas implicações significativas. Primeiro, a caracterização lei/lei sugere que a questão é suscetível de resolução nos termos dos métodos e fontes analíticos da argumentação jurídica. Embora esses métodos e fontes sejam frouxos, são tidos tipicamente como mais estruturados e fundamentados do que o discurso moral popular. Segundo, a caracterização lei/lei sugere que a profissão jurídica ou algum subgrupo dela pode ter alguma responsabilidade coletiva pela sua resolução que poderia exigir revisão disciplinar ou, simplesmente, avaliação crítica. Pre-

---

31. Frederick Douglass, *The Life and Times of Frederick Douglass* 261-2 (R. Logan, ed., 1967). Para uma discussão interessante, ver Robert Cover, "Nomos and Narrative", 97, *Harvard Law Review* 4, 35-40 (1983).

sume-se, por outro lado, que as considerações morais são uma questão a ser solucionada privadamente pelo indivíduo que toma a decisão. A solução de questões lei/lei é considerada relevante para a reputação profissional, ao passo que a solução de questões morais é uma questão de "reputação pessoal" na comunidade maior, a qual, para a maioria dos advogados, tem consideravelmente menos substância e importância sociais.

O positivismo tácito da Visão Dominante privilegia a caracterização lei/moral e, particularmente, as escolhas associadas com a "lei". O efeito psicológico desse privilégio é reforçar o compromisso dos advogados com reações convencionais – lealdade ao cliente em todos os casos em que os projetos do cliente não são proibidos pelo Direito positivo, obediência ao Direito positivo em outros casos. Tipicamente, a reação convencional é retratada como a reação "legal", e reações rivais como possibilidades "morais". A retórica conota que a opção "jurídica" é objetiva e integral ao papel profissional, ao passo que a opção moral é subjetiva e periférica. Mesmo quando a retórica expressa respeito pela possibilidade "moral", ela implica que o advogado que a adota está sozinho e vulnerável tanto intelectual como praticamente. O efeito usual é tornar psicologicamente mais difícil para os advogados e estudantes de Direito argumentar a favor da possibilidade "moral". O efeito de demonstrar que, na verdade, ambas as possibilidades poderiam ser compreendidas como "legais" é, assim, às vezes, fazer com que as posições possíveis pareçam mais fundamentadas e menos subjetivas.

Uma obrigação prima facie*?*

Os teóricos que apreciam a implausibilidade de um dever categórico de obediência às vezes recuam para um dever *prima facie* ou refutável[32]. Não se pode dizer que essa idéia seja errada, mas ela não é especialmente útil e pode ser enganosa. Formulada abstratamente, ainda incorre em petição de princípio quanto ao que queremos dizer com lei. Se a expressão refere-se a uma concepção substantivista, então é tautológica. Se se refere a uma concepção positivista, então é enganosa.

A lei é obrigatória *prima facie* se é justa *prima facie* (incluindo valores como ordem, eqüidade e democracia nessa designação). Em uma visão substantiva, a lei é justa *prima facie por definição*. O substantivista insiste em que pelo menos algumas dimensões da justiça sejam incorporadas à lei (e o faz precisamente para tornar a lei obrigatória)[33]. Portanto, a afirmação de um dever *prima facie* não acrescenta nada à definição substantiva do empreendimento jurídico[34].

Em uma visão positivista, um dever *prima facie* pode ter dois significados diferentes. Pode significar que os princípios jurisdicionais que definem a lei constituem um processo que é intrinsecamente justo – por exemplo, democrático – e, portanto, com direito ao respeito presuntivo. Ou pode significar que as leis que se originam desse processo são geralmente justas e que, assim, há uma forte probabilidade empírica de que qualquer norma particular que ele gerou seja justa.

Ora, contanto que nos lembremos de realizar as análises morais e empíricas exigidas para sustentar tais conclusões, não há nada inadequado em expressá-las como um "de-

---

[32]. Ver David Luban, *Lawyers and Justice: An Ethical Study*, cap. 3 (1988) e a literatura ali discutida.

[33]. Ver Ronald Dworkin, *Law's Empire* 109-10 (1986).

[34]. Contudo, recorde que, em uma visão substantivista radical, a lei é obrigatória de maneira absoluta, não relativa, porque a lei subordina todas as outras normas relevantes e não deixa nenhum fundamento em que se possa basear uma refutação.

ver *prima facie* de obedecer à lei". Não obstante, a expressão é reprovável na medida em que sugere que as análises relevantes são mais abstratas do que deviam ser. Os advogados praticam o Direito em localidades distintas com instituições distintas (embora possam estar dispersas pelo país ou pelo mundo). Assim, suposições derivadas de caracterizações globais ou nacionais de Direito não são úteis. Mesmo um advogado novato conhece muito bem os locais em que pratica para que uma suposição global ou nacional seja útil. A questão importante para ele é saber se há uma obrigação *prima facie* de obedecer ao tribunal municipal local ou ao Conselho Fiscal de Apelação ou ao Ministério do Comércio e Indústria de algum país estrangeiro. Talvez a resposta seja geralmente sim, mas nem sempre será. É improvável que os requerentes em *Walker contra Birmingham* tivessem razão para supor que tinham uma obrigação *prima facie* de obedecer aos tribunais estaduais locais.

É um erro pensar que qualquer teoria geral de obrigação, *prima facie* ou de outro tipo, seja crítica para o cumprimento de qualquer esquema de coordenação importante, como regras de condução de automóveis ou regras que protegem interesses humanos básicos, tais como a regra contra o homicídio[35]. Em primeiro lugar, hábito e sanções asseguram uma medida substancial de aquiescência a tais regras, sem nenhum sentido de compulsão normativa. Mais importante: justamente porque os valores que sustentam essas regras são tão claros e convincentes, as regras não dependem de nenhuma obrigação categórica de obedecer à lei. As pessoas responsáveis obedecerão às leis de trânsito e à lei contra o homicídio porque respeitam os valores subjacentes a

---

35. Por exemplo, David Wilkins, "In Defense of Law and Morality: Why Lawyers Should Have a Prima Facie Obligation to Obey the Law", 38, *William and Mary Law Review* 269, 287-9 (1996).

elas, mesmo que permaneçam completamente intocadas pelo fato de que essas regras constituem "a lei".

Uma norma categórica de obrigação torna-se importante apenas quando o ator depara com uma norma que não parece fundamentada em nenhum valor substantivo convincente (e para o qual o hábito e as sanções não induzem à aquiescência). Não há nenhuma resposta categórica para a questão de se uma obrigação categórica é justificada em tais casos. Tudo depende da nossa confiança relativa na autoridade legisladora particular, por um lado, e nos cidadãos particulares, por outro. O discurso convencional, assim, parece excessivamente ansioso para abraçar tal dever, mesmo quando ele é qualificado como *prima facie*.

O argumento mais forte do positivista para separar lei e moral é o de que, ao forçar-nos assim a encarar a questão da determinação jurídica, separadamente da questão da obrigação jurídica, ele nos encoraja a enfrentar a questão de maneira mais honesta[36]. Mas o moralista que busca acrescentar à noção restrita de lei do positivismo uma suposição abstrata de obrigação, mesmo que refutável, parece privar-nos do seu benefício pretendido. Na pior das hipóteses, essa retórica desencoraja-nos de levar em plena conta as características locais das nossas práticas. Na melhor, meramente nos torna complacentes.

Reexame do perjúrio no caso de divórcio e de aconselhamento acerca da aplicação da lei

Retornamos agora aos problemas no caso do perjúrio no divórcio e do aconselhamento sobre a aplicação da lei discutidos acima como ilustrações do tratamento da participação direta e indireta em ilegalidade na Visão Dominante.

---

36. H. L. A. Hart, *The Concept of Law* 206-7 (1961).

Comecemos com o problema do aconselhamento, já que a inadequação das abordagens categóricas é mais evidente no caso. Em pelo menos alguns casos o aconselhamento sobre a aplicação do direito seria inaceitável para quase todo mundo. Por exemplo, o cliente é um estuprador serial que quer informações a respeito dos horários e rotas das patrulhas policiais na área em que pretende atacar novamente. Dar tal informação poderia constituir assistência ilícita no Direito penal mas isso está longe de ser claro. Se não é ilegal, então não é aético na Visão Dominante, e isso certamente é uma objeção à Visão Dominante.

Por outro lado, tampouco alguém vai apoiar uma proibição categórica de tal tipo de informação. Muitos sentem fortemente que os clientes têm direito a conhecer a extensão em que as leis contra fornicação, sodomia, omissão de comunicação de crime (deixar de delatar a atividade criminosa de outra pessoa), apostas pequenas, posse de maconha e não-pagamento de impostos empregatícios para trabalhadores domésticos de meio período não são cumpridas ou são cumpridas com pouco rigor.

Os regulamentos de saúde e segurança e a aplicação de direito ambiental também resistem a tratamento categórico. Quando a conduta evasiva ameaça causar o prejuízo sério que o esquema regulador tem o objetivo de prevenir, o aconselhamento que facilita a evasão parece errado. Mas, às vezes, a evasão parece não apenas distante de representar prejuízo importante mas, na verdade, aceitável para as autoridades encarregadas da execução e, talvez, até mesmo para a legislatura. Talvez a agência execute com pouco rigor porque pensa que os padrões legais são muito estritos. Talvez cumpra com pouco rigor porque a legislatura, dividida quanto à eficácia da lei, cortou o orçamento da agência destinado à execução, pretendendo limitar a aplicação. Com certeza, esse tipo de comportamento administrativo ou legislativo é reprovável porque prejudica a responsabilidade política. Contudo, não há nenhuma dúvida de que ocorre e, dado que ocorre, parece injusto e ineficiente impedir que os advogados forneçam informação relevante a respeito das práticas de aplicação.

Qualquer avaliação plausível da propriedade do aconselhamento sobre a execução exige uma disposição para distinguir os pesos relativos de diferentes normas substantivas. Isso exige uma abordagem pelo menos moderadamente substantivista e julgamento contextual. Alguns casos são fáceis. (Embora nem todos venham a ter a mesma lista de casos fáceis, cada pessoa terá alguma lista de casos que julga fáceis, e alguns casos aparecerão na maioria das listas.) O conselho que facilita a violência e o crime em larga escala contra a propriedade, de modo geral, parecerá claramente inadequado. O conselho que facilita o excesso de velocidade moderado, a omissão de comunicação de crime e a fornicação consensual geralmente parecerá adequado ou, pelo menos, tolerável.

Outros casos são mais difíceis. Por exemplo, jogar a "loteria do imposto" – apresentar uma declaração tributária mal fundamentada, sabendo que é improvável que venha a ser verificada. O caso é potencialmente difícil por causa da possibilidade de que, embora a pretensão possa ser fraca nos termos do Direito positivo estrito, pode ser mais forte quando vista de maneira mais ampla e substantiva. Jogar a "loteria do imposto" poderia, então, ser visto como uma forma adequada de tornar sem efetividade uma lei positiva normativamente fraca. Isso pode parecer improvável – parece para mim –, mas a questão é que uma defesa plausível do aconselhamento que tem a função de facilitar a evasão fiscal exige o tipo de "justificativa substantiva baseada em princípios" associada a tornar a lei sem efetividade[37].

---

37. Naturalmente, muitas vezes será impossível conseguir qualquer coisa próxima do consenso em tais julgamentos. Considere a presente situação de orga-

Embora possa parecer mais radical no contexto da ilegalidade direta do advogado, a mesma análise aplica-se ali. Já observamos a ampla variedade de circunstâncias em que a cultura aceita e, ocasionalmente, exalta a violação direta do Direito positivo. Contudo, a maioria desses exemplos envolve cidadãos comuns, não advogados, e alguns advogados acreditam que têm uma obrigação mais forte para com a lei do que as pessoas leigas (porque professam publicamente o compromisso com ela, têm uma influência exemplar mais forte sobre o público leigo ou adquirem privilégios especiais por meio da participação em um monopólio regulamentado). Assim, dizem, uma proibição categórica da participação direta na ilegalidade faz mais sentido para os advogados do que para as pessoas leigas[38].

---

nizar direitos sob o National Labour Relations Act. Como as penalidades são tão pequenas em relação aos interesses em jogo e o processo de aplicação tão desajeitado, muitos empregadores praticamente anularam os direitos dos trabalhadores de organizar sindicatos ao tratarem a lei como um conjunto de preços de barganha sobre as atividades de desmantelamento de sindicatos. Ver Paul Weiler, "Promise to Keep: Securing Workers' Rights to Self-Organization under the NLRA", 96, *Harvard Law Review* 1769 (1979). Meu argumento é que, se tais práticas são defensáveis, não o são como "advocacia zelosa dentro dos limites da lei" mas como anulação. Sem dúvida, porém, muitos advogados administrativos que chegaram a esse ponto continuariam a argumentar que a anulação é justificada. Acreditam que a lei é injusta e coerciva, talvez obsoleta e inconstitucional. Os advogados de sindicato discordariam apaixonadamente.

A disputa suscita amplas questões sociais que não serão resolvidas pela análise da teoria do Direito. Mas insistir em que os advogados integrem interesses substantivos à sua reflexão ética ainda tem um objetivo. Do ponto de vista do advogado individual decidindo onde e como comprometer os seus esforços, é suficiente que ele mesmo encontre razões substantivas convincentes, mesmo que outros discordem. Além disso, o debate entre posições rivais é muito mais rico quanto mais diretamente forem enfrentados os interesses substantivos.

38. Por exemplo, Wilkins, "In Defense" 290-1. Além da resposta no texto, poderíamos acrescentar que a profissão de compromisso do advogado individual é feita sob coação (como condição do direito à prática da sua vocação); que parece improvável que a maioria dos advogados se beneficie tangivelmente do controle do ingresso ou de outras práticas monopolistas; e que tais benefícios são injustificados.

Esse argumento é ainda outra variação do erro na teoria do Direito que observamos repetidas vezes. Não decorre do fato de que os advogados têm uma obrigação mais forte para com a "lei" que o tipo de conduta que estamos considerando seja menos adequado para eles. Isso porque as concepções de lei mais compatíveis com as obrigações fortes são substantivas e, em uma concepção substantiva, a obrigação para com a "lei" pode exigir a violação de algumas normas legais para vindicar normas mais básicas.

O argumento quase torna explícito o efeito que observei acima dos compromissos da Visão Dominante com a teoria do Direito. Ao adotar uma noção positivista de lei, ela caracteriza as considerações que favorecem a aquiescência como jurídicas e as que pesam contra ela como não-jurídicas, "morais" talvez. Se aceitamos essa caracterização, a menos que estejamos preparados para rejeitar a atraente proposição de que os advogados têm uma obrigação excepcionalmente forte para com a lei, julgaremos muito difícil sustentar a não-aquiescência do advogado em situações como a do caso de perjúrio de divórcio.

Não há nenhuma razão, porém, para que devamos aceitar a caracterização. Muitas das razões mais importantes que pendem para a não-aquiescência podem ser convenientemente expressas em termos jurídicos – especialmente a anulação. Por exemplo, talvez o argumento mais forte a favor da participação do advogado no perjúrio de divórcio fosse retratá-lo como um caso de anulação calabresiana. Em primeiro lugar, a lei é antiga. Também está em desarmonia com desenvolvimentos jurídicos mais recentes que deduzem que, para casais sem filhos, o interesse social de preservar o casamento é muito mais fraco e o interesse individual de estruturar as suas relações íntimas é muito mais forte do que pressupõe a lei. Além disso, existem disfunções institucionais evidentes que oferecem explicações mais prováveis para a não-anulação da lei do que o apoio popular.

Talvez a lei seja sustentada apenas por uma pequena minoria. Esse grupo não seria capaz de assegurar a decretação da lei hoje mas pode bloquear a anulação porque é bem organizado, porque a maioria dos oponentes da lei não são tão motivados e porque os que são tangivelmente prejudicados pela lei, como os clientes em questão aqui, não conseguem se organizar (porque a sua posição é difícil de prever e episódica) e são relativamente pobres (porque as pessoas afluentes podem evitar os seus efeitos tirando vantagem das leis mais conciliadoras de outros estados).

Naturalmente, devíamos considerar por que, se há um argumento forte a favor da anulação, ela tem de ser obtida pelo advogado, em vez de, como propôs Calabresi, pelo tribunal. Por que o advogado não move uma ação baseado nos fatos verdadeiros, instando para que o tribunal anule e conceda o divórcio? Uma resposta é a de que a maioria dos estados rejeita a anulação, exceto quando baseada em fundamentos constitucionais, que podem não estar disponíveis. Mas, mesmo se os juízes pudessem anular, poderiam recusar-se a fazê-lo porque não estão, por exemplo, dispostos a medir a temperatura de uma minoria pequena mas apaixonada que apóia a lei. Ou, talvez, os juízes pensem que a existência de tal minoria tornaria ilegítima a anulação. Talvez, porém, a lei possa ter uma grande importância simbólica para esse grupo e ele não tem nenhum interesse em decisões de execução de baixa visibilidade. Embora a anulação judicial pública não fosse portanto praticável, a anulação de baixa visibilidade *ad hoc* pelo advogado seria.

Conclusão

Se os advogados devem ou não obedecer à lei depende do que queremos dizer com lei. Se definimos a lei em termos positivistas, então devíamos reconhecer que a prática da desobediência baseada em princípios tem forte sustentação na nossa cultura jurídica. Se definimos a lei substantivamente, então devíamos reconhecer que o dever de obediência à lei exige mais julgamentos complexos do que freqüentemente supõem as discussões de ética jurídica. A noção de anulação, que se ajusta a qualquer uma dessas retóricas, expressa o que devia ser um importante tema de qualquer ética jurídica plausível.

A Visão Dominante tende a lidar com questões de obrigação jurídica fazendo distinção entre o conselho que pode impedir a execução, que ela permite indiscriminadamente, e a participação mais ativa na ilegalidade, que proíbe categoricamente. Essa abordagem é implausível. As formas mais agressivas de aconselhamento de execução não são justificáveis sem uma fundamentação baseada em princípios, do tipo associado à anulação. E uma fundamentação forte desse tipo poderia prover sustentação plausível para a participação mais ativa na conduta que desconsidera o Direito positivo. Se definimos a lei nos termos dos critérios jurisdicionais do positivista, então os advogados não têm nenhuma razão forte para obedecê-la. Se definimos a lei substantivamente, tornamos transparente a obrigação que se vincula a ela mas também apagamos a linha entre a lei e a moral.

Capítulo 4
O profissionalismo jurídico como trabalho significativo

A objeção básica à Visão Dominante é a de que ela atenua excessivamente a responsabilidade do advogado pela sua conduta e exige que ele participe de injustiça. A maioria dos meus argumentos assume a forma de uma crítica dos argumentos convencionais que defendem esses efeitos como necessários a alguma justiça mais elevada mas também mais remota. Não discuti muito por que, se os argumentos convencionais estão errados, a responsabilidade reduzida pela justiça e a participação na injustiça seriam más.

Até certo ponto, simplesmente tenho como certo que essas condições são más, e suponho que o leitor concordará com isso. Essa suposição parece compatível com as premissas da cultura popular, que retrata de maneira pouco atraente o advogado que rejeita a responsabilidade pelos seus atos e participa de injustiça, mesmo quando sua conduta é justificada pela Visão Dominante. A maior parte da retórica da Visão Dominante é estruturada como resposta a um ponto de partida não-enunciado de que os advogados devem buscar a justiça. A retórica parece reconhecer que o dever de buscar justiça é a posição que automaticamente prevaleceria se os seus argumentos mais refinados estivessem incorretos.

É tentador basear o argumento a favor da abordagem contextual nessa concessão implícita. É muito mais fácil demonstrar as incoerências e *non sequiturs* no argumento de outra pessoa do que construir uma visão afirmativa do bem. Não obstante, embora esse tipo de afirmação nunca possa ser considerado conclusivo, há alguns argumentos de valor que sustentam mais diretamente a abordagem contextual.

Um tipo de argumento afirmativo é o indireto, que encontramos na literatura ou na arte dramática. Ele defende um ideal moral tentando demonstrar quão atraente pode ser uma vida ou carreira que o encarna e, inversamente, quão repelente pode ser uma vida ou carreira que o repudia. Não dispondo do talento para explorar essa abordagem, remeto o leitor aos retratos favoráveis de advogados das melhores produções de Hollywood e aos retratos desfavoráveis dos romances de Dickens e Dostoiévski e, na verdade, da grande maioria dos grandes romancistas europeus do século XIX. Quero, porém, fazer uso mais direto de dois grandes romances que não se concentram em advogados mas que retratam de maneira notável os interesses envolvidos na nossa compreensão do trabalho – *Middlemarch*, de George Eliot, e *O processo*, de Franz Kafka.

Outro tipo de argumento afirmativo defende um ideal tentando demonstrar que ele é acarretado por algum compromisso ou necessidade reconhecida pelo grupo ao qual se dirige o argumento ou que reage a ele. Assim, vejo apoio à abordagem contextual nos amplos compromissos retóricos da profissão com a justiça e nas disseminadas expressões de alienação entre praticantes proeminentes.

Neste capítulo usarei ambos os tipos de argumento para dar substância à intuição de que a Visão Dominante promove uma alienação desencorajadora, e pessoalmente custosa, do advogado em relação ao seu trabalho. Começo invocando uma noção de alienação do trabalho que a literatura e a teoria social identificam geralmente como um problema central da modernidade. Recordo, então, como certas características centrais do profissionalismo, especialmente do profissionalismo jurídico americano, foram abraçadas e defendidas como remédios para esse problema da alienação e como sustentações do trabalho significativo. São a auto-regulamentação ocupacional e o julgamento contextual. As descrições convencionais do profissionalismo jurídico americano tendem a enfatizar apenas a primeira. Argumento que a segunda é mais importante para a experiência do trabalho significativo e foi e continua a ser mais importante para a autoconcepção profissional dos advogados americanos. Meu objetivo é demonstrar como a dominância de um regime ético que repudia o julgamento contextual é uma anomalia e um obstáculo para as ambições mais profundas que animam o profissionalismo jurídico.

O problema da alienação

A alienação é um diagnóstico nos retratos mais críticos da modernidade. Os sintomas são uma sensação de insignificância e ineficácia pessoais e da estranheza e impermeabilidade do mundo social. Na teoria social moderna, a alienação surge como um problema na transição de sociedades organicamente integradas para sociedades mais frouxas, mais individualistas. Para alguns, a história do Ocidente ao longo dos últimos cinco séculos é simplesmente uma longa transição desse tipo. Outros enxergam versões mais parciais e intensas da transição ocorrendo em períodos específicos. Por exemplo, Robert Wiebe retratou o período de emergência das instituições do profissionalismo moderno nos Estados Unidos de fins do século XIX como uma transição de tal tipo:

> Nunca uma era se prestou mais prontamente à descrição abrangente, uniforme: nacionalização, industrialização, mecanização, urbanização.
> Contudo, para quase todas as pessoas que os criaram, esses temas significaram apenas deslocamento e perplexida-

de. Os Estados Unidos, no século XIX, eram uma sociedade sem cerne. Carecia dos centros nacionais de autoridade e informação que poderiam ter dado ordem a mudanças tão bruscas. As instituições americanas ainda se orientavam para uma vida comunitária em que a família e a Igreja, a educação e a imprensa, as profissões e o governo, todos encontravam o seu significado pela maneira como se ajustavam uns aos outros em uma cidade ou uma região destacada de uma cidade. À medida que os homens se afastavam mais e mais das suas comunidades, tentavam desesperadamente compreender seu mundo maior em função do seu ambiente pequeno, familiar. Tentavam, em outras palavras, impor o conhecido ao desconhecido, dominar um mundo impessoal por meio dos costumes de uma sociedade pessoal[1].

Esse retrato coloca-se em oposição ao retrato liberal clássico da modernidade como o feliz triunfo do individualismo. Nesse retrato, a erosão de papéis e instituições relativamente fixos e de comunidades relativamente auto-suficientes é um presente que torna possíveis a prosperidade e a auto-realização individual. Os teóricos da alienação acham ingênua essa visão. Do ponto de vista do bem-estar social, o declínio das instituições sociais tradicionais cria uma hoste de problemas que não pode ser solucionada por meio da ação individual independente, exigindo a criação coletiva de um novo conjunto de instituições estáveis. Do ponto de vista do indivíduo, a nova sociedade deixa a dimensão social do eu insatisfeita, deixa de prover os sentimentos de lugar e ligação que são essenciais para a auto-realização.

Este último ponto de vista é o que mais nos interessa. A sua premissa é que as pessoas precisam de uma percepção da relação com a sociedade maior e de solidariedade com outros concretos, não apenas a família e os amigos mas um

---

1. Robert H. Wiebe, *The Search for Order: 1877-1920* 12 (1967).

círculo mais amplo de colaboradores individuais em projetos materiais e políticos. Ao mesmo tempo, essa visão muitas vezes reconhece, as pessoas têm uma necessidade de expressar a sua individualidade e imprimir as suas vontades ao meio que as rodeia.

Para muitos, a satisfação dessas necessidades potencialmente conflitantes de ligação e auto-afirmação encontra-se na idéia de trabalho significativo. O trabalho é "significativo" quando o trabalhador o experimenta como uma forma de auto-afirmação e um ponto de ligação e solidariedade com a sociedade maior. O ponto de referência mais comum para os teóricos da alienação tem sido o artesão, especialmente sob o regime da guilda. O artesão tinha então uma sensação de lugar na sociedade como produtor de um produto importante. Suas habilidades e uma variedade de práticas cooperativas no processo de produção fornecem a base para uma comunidade ocupacional compartilhada entre os membros do ofício. Ao mesmo tempo, a produção do ofício envolve a auto-expressão individual. O artesão que trabalha sozinho, ou com um pequeno número de colaboradores, controla o processo de trabalho, decidindo quando, o que, quanto e como produzir. Além disso, os produtos não são padronizados mas variados e, muitas vezes, feitos por encomenda para um comprador particular. As técnicas do artesão assumem a forma de princípios gerais e ferramentas para todos os propósitos, que podem ser adaptadas a uma variedade de usos especializados. Assim, o trabalho do artesão deixa espaço para a criatividade e muitas vezes a exige.

Embora a nostalgia pelo regime da guilda seja comum entre os teóricos da alienação, muitos reconhecem que, mesmo na melhor hipótese, as oportunidades para a auto-expressão que o regime oferecia eram altamente limitadas e foram acompanhadas por pesados custos sociais em termos de práticas monopolistas e estagnação tecnológica. Para a maioria dos teóricos, a produção de ofício tradicional não é tanto um ideal institucional quanto um conjunto de pistas para as possibilidades do trabalho significativo. Eles não prescrevem um retorno às guildas mas buscam a adoção de alguns dos princípios que as animavam.

No seu estado paradigmático, não-reformado, as instituições centrais da modernidade – o mercado e a burocracia – surgem como ameaças ao trabalho significativo. Os teóricos da alienação enfatizam as similaridades dessas duas instituições: ambas têm como premissa a especialização da função, envolvem a coordenação em escala potencialmente larga e acima de tudo, tipicamente, regulamentam por meio da regra impessoal. As duas teorias da alienação mais influentes – a crítica marxista/romântica do mercado e a crítica weberiana/romântica da burocracia – enfatizam, ambas, o papel da regra impessoal na definição das instituições que focalizam.

A perspectiva marxista retrata o trabalhador no mercado de trabalho capitalista como "uma parte mecânica incorporada em um sistema mecânico. Ele o encontra já preexistente e auto-suficiente, funcionando independentemente dele, e tem de conformar-se às suas leis, gostando ou não. [...] [Sob essas leis] todas as questões são submetidas a um tratamento progressivamente formal e padronizado e no qual há um distanciamento crescente da essência qualitativa e material das 'coisas' [que são os temas da decisão]"[2].

Segundo Weber, a "natureza específica" da burocracia "desenvolve-se mais perfeitamente quanto mais 'desumanizada' for a burocracia, quanto mais completamente conseguir eliminar dos negócios o amor, o ódio e todos os elementos puramente pessoais, irracionais e emocionais que esca-

---

2. Georg Lukács, "Reification and the Consciousness of the Proletariat", em *History and Class Consciousness* 89, 99 (Rodney Livingstone, trad., 1971).

pam ao cálculo". A maneira paradigmática em que a burocracia consegue isso é ordenando a "interpretação 'racional' da lei, com base em concepções estritamente formais"[3].

A conseqüência psicológica é que o trabalhador (ou funcionário) não experimenta o trabalho como uma expressão pessoal ou como uma participação social significativa. A perspectiva weberiana enfatiza a primeira perda; a trama de regras torna-se uma "jaula de ferro" que restringe o exercício da vontade. A perspectiva marxista enfatiza a segunda; as regras obscurecem o significado social da atividade do trabalhador. Elas o cegam para as maneiras como os atos particulares a que se dedicam ele e seus companheiros contribuem para o ordenamento social maior. As funções do ordenamento social ocorrem "pelas costas" dos trabalhadores, de modo que parecem operar independentemente da ação humana. Tal processo de coordenação lembra a "mão invisível" que os primeiros economistas políticos descreveram em termos benignos. Teóricos posteriores viram o seu avassalador custo psicológico.

Uma conseqüência é o isolamento. Ao subordinar os indivíduos diretamente às normas e especificar rigidamente a sua conduta, o regime da regra impessoal elimina a necessidade e as oportunidades de colaboração. O novo sistema induz a uma postura de passividade neutralizadora e "contemplativa" diante dos padrões maiores da vida social. Ele nega ao trabalhador a satisfação prometéica de deixar no mundo uma impressão duradoura de si mesmo; o novo trabalhador não tem nenhuma oportunidade de criatividade. O artesão tinha a experiência de produzir diretamente algum produto útil. O trabalhador da era industrial tem apenas a percepção mais limitada de como a sua atividade regimen-

---

3. Max Weber, "Bureaucracy", em *From Max Weber: Essays in Sociology* 215-6 (C. Wright Mills e H. H. Gerth, trad. e ed., 1946).

tada, especializada, contribui para algum produto final e pouca percepção, talvez, até mesmo da utilidade do produto final. Finalmente, e mais importante para os nossos propósitos, há a perda da moralidade. O novo trabalhador carece da autonomia ou da compreensão – ou de ambas – exigidas para a responsabilidade ética. Qualquer compreensão moral que o trabalhador tenha tem de ser subordinada aos comandos inflexíveis das regras. E, talvez de maneira mais perturbadora, o trabalhador não pode desenvolver a compreensão moral porque não tem a motivação ou a capacidade para compreender como a sua conduta relaciona-se com bens e males maiores.

Essa perda da moralidade é a qualidade mais destacada nas descrições literárias dos advogados. Um símbolo memorável dela é o hábito de Jaggers, em *Grandes esperanças*, de lavar costantemente as mãos, de modo que uma das primeiras coisas que percebemos nele é o perfume de sabonete. É fácil perceber por que o advogado é uma figura tão fascinante em consideração da dimensão moral da alienação. Por um lado, o advogado parece distintamente poderoso em um sistema de regras impessoais; o domínio das regras é a sua especialidade. Por outro lado, ele é, ao mesmo tempo, claramente veemente ao rejeitar a responsabilidade pelas conseqüências das suas ações. Essa disparidade entre o poder e a responsabilidade impele o sr. Gridley em *Bleak House* a uma arenga arrebatada, que assim se conclui:

> Não devo ir até o sr. Tulkinghorn, o advogado em Lincoln's Inn Fields, e dizer a ele quando me deixar furioso por ser tão frio e satisfeito – como todos eles fazem pois sei que ganham com isso enquanto eu perco, ora se não –; não devo dizer a ele "Vou tirar alguma coisa de alguém por conta da minha ruína, por meios justos ou torpes". *Ele* não é responsá-

vel. É o sistema. Mas, se não fizer nenhuma violência a nenhum deles, aqui – enquanto posso! Não sei o que vai acontecer se eu finalmente ficar fora de mim. Acusarei os trabalhadores individuais desse sistema contrário a mim, cara a cara, perante o grande e eterno tribunal![4]

Outra dimensão da perda de moralidade é a insensibilidade do advogado perante os interesses morais subjacentes ao seu trabalho. Os advogados de Dostoiévski, que geralmente são funcionários do governo, exercem consideravelmente mais exigências morais do que os de Dickens, mas são cegos para os valores implícitos nas regras que aplicam. Dmitri Karamazov e Raskholnikov têm, cada um, exatamente a mesma queixa contra o magistrado que os interroga: ele não vai ao âmago da questão. Ambos os magistrados estão preocupados com os procedimentos formais ou questões de provas circunstanciais e parecem indiferentes ao testemunho em primeira pessoa dos protagonistas a respeito de questões centrais[5]. Dickens retratou essa tendência comicamente na sua descrição dos burocratas do Circumlocution Office em *A pequena Dorritt*.

Talvez o retrato mais poderoso da alienação moral sob o regime da regra categórica seja *O processo*, de Kafka, especialmente na parábola do porteiro que Joseph K. ouve na

---

4. Charles Dickens, *Bleak House* 228 (Ed. Signet, 1964).
5. Ver *The Brothers Karamazov* 547-548, 552-553 (ed. Penguin, 1958); *Crime and Punishment* 350-1 (ed. Penguin, 1966). Julian Sorel também faz essa queixa. Stendhal, *The Red and the Black* 564, 74 (ed. Modern Library, 1995).

Além dos horrores da subordinação a regras impessoais, Dickens, Dostoiévski, Stendhal e Kafka, de maneiras notavelmente similares, retratam os horrores da subordinação ao capricho pessoal e à manipulação sem princípios. Todos os quatro sugerem que os dois tipos de experiência caminham juntos. É tentador sugerir que o ideal do julgamento contextual ou com propósito – o julgamento que tem princípios mas é informal – é o remédio para ambas as patologias. É difícil dizer se os autores seriam solidários com essa resposta. A teoria do Direito é uma parte muito pequena do complexo de sentimentos, idéias e instituições com os quais eles se preocupam.

catedral. Isso ocorre perto da conclusão das experiências de pesadelo, enquanto ele tenta limpar seu nome de acusações não-especificadas que deflagraram um processo oficial contra ele. Embora às vezes pensemos no romance como um retrato do totalitarismo ou da burocracia, ele é, muito explicitamente, uma descrição da vida sob certo tipo de lei. Kafka nos diz no início que "K. vivia em uma sociedade com uma Constituição legal, onde havia paz universal e todas as leis estavam em vigor"[6].

Quando os carcereiros vêm prender K., dizem-lhe que não sabem por que exigiram que fizessem isso mas sugerem que o seu chefe, o inspetor, o qual retratam como uma pessoa formidável, explicará as coisas. Mas o inspetor revela-se tão ignorante quanto eles. Essa seqüência, na qual as pessoas que esperamos ser poderosas e intimidadoras revelam-se confusas e tolas, acontece repetidamente. A percepção de ameaça que começamos a associar a personagens individuais recua seguidamente para um pano de fundo social sobre o qual ninguém parece ter qualquer controle.

No livro, as pessoas referem-se constantemente às regras governantes como "lei", "dever" ou "autoridade", esta última tipicamente definindo as fronteiras dos papéis oficiais. É-nos dito repetidamente que as pessoas excedem a sua autoridade ou que tentam contornar as regras usando a influência pessoal para obter favores. Mas o autor e os personagens muitas vezes explicam também a conduta como aquiescente às normas, e essa conduta é, invariavelmente, destituída de significado para K. e para os próprios atores, exceto como exigência de uma regra. A descoberta repetida de que a conduta é tão sem sentido para os atores como para K. intensifica a sensação de futilidade e estupidez dos personagens e a sensação de ameaça do cenário social.

---

6. Franz Kafka, *The Trial* 7 (ed. Vintage, 1969).

Esses temas são cristalizados no capítulo do "Porteiro". K. ouve a parábola de um sacerdote que encontra na catedral. K. foi à catedral com o propósito de mostrá-la a um cliente do banco mas o cliente não aparece. Ele nota um padre subindo ao púlpito e, julgando "absurdo" que o padre faça um sermão em uma igreja praticamente vazia, pergunta-se "se era dever do padre pregar em certas horas independentemente das circunstâncias"[7]. Revela-se, porém, que a aparição do padre tem um objetivo; ele veio conversar com K. para oferecer-lhe uma parábola que iluminará a sua experiência com a Lei.

Num resumo tosco, a parábola do porteiro conta a história de um homem em busca da "Lei" que chega a uma porta aberta que, aparentemente, conduz à "Lei" e a encontra guardada pelo porteiro, que lhe diz que não pode deixá-lo entrar "no momento". Logo sabemos que o porteiro é o mais inferior de uma série de muitos guardas diante de muitas portas que devem ser abertas antes de chegar à Lei. O homem espera diante da porta inicial durante anos, adulando, importunando e tentando subornar o porteiro, sem resultado. Por fim, o homem fica doente e fraco e, à beira da morte, coloca uma questão final ao porteiro: por que, durante todos esses anos, ninguém mais foi até lá buscando a Lei? O porteiro responde: "Ninguém além de você poderia ter conseguido passar por esta porta, já que esta porta foi destinada a você. Agora vou fechá-la."[8]

Segue-se uma paródia de exegese textual jurídica e religiosa em que K. e o padre discutem o significado da parábola. A discussão concentra-se no personagem do porteiro. K. começa condenando-o por contribuir para uma injustiça. Mas o padre responde que é possível que o porteiro esteja

---
7. *Ibid*. 261.
8. *Ibid*. 269.

simplesmente seguindo as regras ou, como ele diz, "cumprindo o seu dever". Talvez, sugere, o homem só pudesse ser admitido em uma ocasião específica. Talvez, chegado o momento, tivesse deixado de executar as ações exigidas para aperfeiçoar os seus direitos de entrar. Isso pode ter sido porque o homem não tinha conhecimento das exigências, mas talvez não fosse dever do porteiro informá-lo.

O padre então sugere maneiras diferentes de avaliar o desempenho do porteiro. Uma, que pode ser chamada romântica/weberiana, sugere que o porteiro era solidário com o homem e a sua busca pela Lei mas estava impedido pelas regras de fazer mais do que fez para ajudá-lo. Outra, que poderia ser chamada romântica/marxista, sugere que o porteiro não tinha compreensão nenhuma das suas circunstâncias e, na verdade, estava "mais iludido" que o homem. Ele é, afinal, o mais inferior de muitos porteiros. É improvável que ele próprio tenha visto a Lei. Enquanto o homem consegue, pelo menos, ver a luz brilhando pela porta, o porteiro está de costas para ela. Além disso, o padre lembra a Joseph K. que, qualquer coisa que possamos pensar a respeito do serviço dele após a chegada do homem, "durante muitos anos, tantos quanto um homem leva para chegar ao ápice da vida, o serviço dele foi uma formalidade vazia, já que ele teve de esperar que o homem chegasse".

Perto do fim da discussão, o padre propõe uma nova interpretação que vê o porteiro não como "iludido", em absoluto, mas antes como exaltado em virtude do seu apego à "Lei": "Foi a Lei que o colocou no seu posto; duvidar da sua dignidade é duvidar da própria Lei." A discussão, então, é concluída: "'Não concordo com esse ponto de vista', diz K., sacudindo a cabeça, 'pois se alguém o aceita, tem de aceitar como verdadeiro tudo o que o porteiro diz. Mas você mesmo provou suficientemente que é impossível fazer isso.' 'Não', diz o padre, 'não é necessário aceitar tudo como verdadeiro, deve-se aceitá-lo apenas como necessário.' 'Uma conclusão melancólica', diz K. 'Transforma a mentira em princípio universal.'"

Isso parece satirizar o positivismo mas também, talvez, de maneira mais geral, todos os argumentos que afirmam que a conduta alienante (ou injusta) no aqui e agora é necessária para efetuar algum fim mais remoto, abstrato (ordem, eficiência, justiça) a longo prazo. Poderíamos generalizar a observação do padre, de que não é necessário aceitar tudo como verdadeiro, para sugerir que os valores imediatos da verdade e da justiça devem ceder aos imperativos mais abstratos da ordem. E poderíamos interpretar a resposta de K., de que o recurso do padre à necessidade abrange a desonestidade (o que, em uma leitura literal, é um *non sequitur*, já que o padre acaba de rejeitar a crença na verdade), como uma afirmação de que as justificativas de necessidade para a conduta do porteiro não são convincentes nem suficientes para aliviar a sensação de estranheza e terror que o romance associa ao governo da regra categórica.

O processo geralmente é discutido do ponto de vista do cidadão oprimido, representado por Joseph K. Contudo, a maioria dos personagens do romance é identificada e descrita em função do seu trabalho como integrante do sistema de vários tipos (e parte do romance retrata o próprio K. como trabalhador em um banco). Com muita freqüência, nós os vemos como grotescos e patéticos. Essa impressão deve-se, em parte, à opacidade das suas práticas, à sua falta de ligação com propósitos sociais maiores, que o romance, por sua vez, vincula à natureza categórica das normas que os governam.

Essa acusação do papel é diferente de queixas a respeito da especialização e da conformidade que o papel exige. Alguns críticos objetam que os papéis estreitam o âmbito de capacidades que um indivíduo pode expressar e desenvolver e pressupõem uma ampla medida de aceitação da sociedade circundante. Mas a versão da crítica da alienação que invoca o ideal artesanal não propõe tais objeções; ela aceita a finitude do potencial humano e as afirmações de aquiescência social, ambas visivelmente incorporadas ao papel artesanal. Sua queixa concentra-se, em vez disso, na experiência de alienação do indivíduo diante dos próprios valores que envolvem o seu próprio papel. E essa experiência surge da negação ao trabalhador do arbítrio de moldar o seu trabalho de acordo com esses valores.

O processo evoca essa alienação quando, por exemplo, imagina que o padre é obrigado a pregar um sermão mesmo que a catedral esteja vazia, ou que o porteiro é obrigado a guardar a porta mesmo sendo improvável que alguém apareça. Ele a evoca de maneira mais marcante nas palavras quase finais do porteiro: "Esta porta foi destinada a você." O efeito dessa declaração é tornar as práticas do porteiro, que já parecem grotescas, ainda mais grotescas pela sugestão de que são incompatíveis com os seus propósitos.

Vale a pena contrastar essa crítica com a crítica mais familiar da moralidade do papel em obras como *Billy Bud* e *Antígona*, de Jean Anouilh. Cada uma dessas obras envolve um personagem – o capitão Vere, Creonte – que ocupa um papel político que o compromete com a defesa da ordem. Cada uma retrata uma situação em que a ordem parece exigir o sacrifício de uma pessoa moralmente admirável – Billy Budd, Antígona – por ações que são justificáveis ou, pelo menos, desculpáveis mas que, se não forem punidas, incitarão à desordem.

Cada obra começa com um retrato simpático do herói subversivo e do seu crime. Cada uma delas muda a perspectiva para o detentor do cargo político. Depois disso, surpreende-nos e deixa-nos em desconforto ao induzir uma solidariedade, pelo menos provisória, com o capitão Vere e

Creonte. Cada homem executa um trabalho aparentemente necessário, e os autores, com grande mestria, fazem-nos perceber, a partir da perspectiva dos seus papéis, como o sacrifício de Billy Bud e Antígona parece necessário.

Então, ocorre uma mudança de perspectiva. Saímos da identificação com o papel político e começamos a duvidar da sua necessidade e da sua atração moral. A dúvida aplica-se não tanto à suposição de que o sacrifício do herói inocente é necessário à preservação da ordem política, mas à crença de que a preservação da ordem política vale a pena. Nenhuma das obras resolve essas dúvidas explicitamente. A peça de Anouilh, que foi escrita e apresentada pela primeira vez durante a ocupação nazista de Paris, geralmente é interpretada a fim de sugerir que a preocupação com a moralidade interna do papel pode cegar-nos para o mal da estrutura maior a que o papel serve. Creonte exemplifica, assim, a "banalidade do mal" de Hannah Arendt.

A obra de Melville é mais ambígua. Ela flerta com a aceitação – e nunca a rejeita – tanto da compreensão de Vere das exigências do seu papel como da necessidade da ordem maior a que ele serve. Dessa perspectiva, há uma dignidade trágica na posição de Vere (e na de Creonte). Todas as decisões políticas envolvem custos morais; portanto, supõe-se que a responsabilidade política deve estar disposta a sacrificar alguns inocentes em nome da ordem. O trabalho é psicologicamente difícil mas devemos sentir solidariedade e gratidão pelos que o fazem com eficácia.

Observe que tanto a interpretação da "banalidade do mal" como a da "escolha trágica" são muito diferentes da crítica da alienação exemplificada pela parábola do porteiro. *Billy Bud* e *Antígona* supõem alguém com poder de decisão que age em harmonia com a lógica do seu papel e com decisões que encarnam diretamente o propósito fundamental do papel. Colocando de maneira um pouco diferente: em ambos os casos, se o legislador que decretou as regras pelas quais o funcionário opera estivesse, ele próprio, tomando a decisão, teria feito exatamente o que o capitão Vere ou Creonte fizeram. Em ambos os casos, as reservas quanto às decisões originam-se de valores exteriores ao papel, e a questão que nos pedem para considerar é se o sistema que o papel ajuda a constituir é legítimo.

A história do porteiro e as críticas marxista e weberiana da alienação apresentam, porém, uma imagem diferente. Enquanto Vere e Creonte têm acesso intuitivo às normas que governam os seus papéis, o porteiro não consegue ver a Lei. Seu impressionante texto final enfatiza que ele não agiu em harmonia com nenhuma lógica do papel. Ou os propósitos do papel escapam à sua compreensão ou não confiam em que ele os implemente diretamente. A surpresa e a ironia da última linha surge da sugestão de que, se o legislador estivesse ali para tomar a decisão diretamente, decidiria de maneira diferente. Não há nenhum lampejo de dignidade, nem mesmo de banalidade, no porteiro. O porteiro, em qualquer uma das interpretações que Kafka evoca, é simplesmente grotesco. Kafka moldou uma imagem da degradação clara associada não ao papel em geral mas ao papel definido por normas categóricas, e sugere que essa degradação é excepcionalmente corrosiva.

Naturalmente, não sugiro que a Visão Dominante seja refutada simplesmente porque Kafka a rejeitou. (Pode haver romances que retratam a conformidade ao papel categoricamente definido como satisfatória, embora eu não ache que sejam grandes romances.)[9] Mas, se estiver correta, a minha

---

9. Por exemplo, *The Caine Mutiny* (1952), de Herman Wouk, às vezes é interpretado como se afirmasse que, embora o capitão Queeg fosse um comandante incompetente e abusivo, os seus subordinados não deviam ter se amotinado contra ele. A mensagem é transmitida com drama e ironia por Barney Greenwald, o advogado de defesa do principal amotinado, que explica ao cliente que, embora ele (Greenwald) acreditasse que os amotinados haviam reagido erroneamente ao

interpretação vincula proveitosamente um dos retratos mais ressonantes e instigantes da alienação contemporânea a uma importante premissa da Visão Dominante. Dessa maneira, apresenta uma pista para o que pode estar por trás das expressões mais vagas de alienação na angustiada literatura recente sobre a advocacia e oferece uma imagem vívida para sustentar a intuição de que há algo embrutecedor no papel prescrito pela Visão Dominante.

A solução profissional

Uma resposta à crítica da alienação foi negar a necessidade do trabalho significativo. Sinclair Lewis produziu uma imagem memorável dessa abordagem no dr. Roscoe Geake, um personagem de *Arrowsmith* que encontra a sua vocação ao deixar uma cadeira de professor de medicina pela presidência da Companhia de Instrumentos e Móveis Médicos Nova Idéia. Seu conselho de despedida aos alunos enfatiza como móveis de escritório atraentes são importantes para a capacidade do médico de inspirar a confiança necessária para "propor e receber honorários adequados". Ele conclui: "Pois não esqueçam, cavalheiros, e esta é a minha última mensagem a vocês, o homem que vale a pena... em vez de sonhar acordado e gastar todo o seu tempo conversando so-

---

recusar a Queeg a deferência exigida pelo seu papel, o papel de Greenwald como advogado de defesa exigia que ele humilhasse Queeg e exonerasse o amotinado. Ver William H. Whyte, *The Organization Man* 243-8 (1956). Note que Whyte, que popularizou essa interpretação no romance como um endosso da visão de Greenwald, condenou o que considerou ser a sua mensagem conformista.

Em geral, os romancistas parecem ter-se oposto à noção de papel categoricamente definido com vigor razoavelmente compatível. Mesmo os três grandes homens da lei e da ordem da ficção do século XIX – Dostoiévski, Conrad e Henry James – não exibem nada além de desgosto pela idéia. Considere Porfiry em *Crime e castigo*, a junta de interrogatório em *Lord Jim* e a heroína da história de James, *In the Cage*.

bre 'ética', por mais esplêndida que ela seja, e 'caridade', por mais gloriosa que seja essa virtude, nunca esquece que, infelizmente, o mundo julga um homem pela quantidade bruta de dinheiro que ele consegue ganhar."[10] Outra abordagem foi tornar uma virtude o que os marxistas menosprezaram como o aspecto desengajado, "contemplativo" do trabalho alienado. Nenhuma paródia poderia levar essa posição a um extremo maior do que a levou Oliver Wendell Holmes nas duas ocasiões em que falou a estudantes de Direito. Ele reconheceu o caráter embrutecedor da prática jurídica perguntando: "De que modo podem o estudo laborioso de um sistema seco e técnico, a espreita ávida por clientes e a prática das artes dos lojistas, os conflitos grosseiros por interesses muitas vezes sórdidos, moldar uma vida?" Sua recomendação foi que cultivassem a "alegria secreta e isolada do pensador", enterrando-se (provavelmente nas suas horas livres) no estudo dos "aspectos mais remotos e mais gerais da lei". "A lei é a vocação dos pensadores", prosseguiu. Embora a prática os atole na particularidade, o estudo no tempo livre permite que expressem a sua disposição para "tornar mais plano o caminho de alguma coisa ao todo das coisas"[11].

Outros, porém, produziram respostas mais ambiciosas para a crítica da alienação. Reconheceram os horrores do trabalho alienado engendrado pelo mercado e pela burocracia. Contudo, sugeriram que as condições da sociedade moderna permitiam, exigiam, na verdade, uma forma diferente de organização produtiva, mais aberta ao trabalho significativo. Essa era a profissão. Os idealizadores e teóricos da profissão moderna, muitas vezes em reação embaraçada aos teó-

---

10. Sinclair Lewis, *Arrowsmith* 85 (1925)
11. "The Profession of Law" [1886] e "The Path of the Law" [1897] em *Collected Legal Papers* 29, 30, 32, 202 (1920).

ricos da alienação, sugeriram que o profissionalismo poderia produzir o tipo de trabalho com possibilidade de ser experimentado como auto-expressão e aquiescência às normas sociais. Argumentaram que o profissionalismo podia e devia ser institucionalizado de maneiras que diferissem dos mercados e burocracias paradigmáticos, especialmente no seu repúdio ao governo da regra categórica.

Uma das primeiras expressões dessa visão, e ainda uma das mais poderosas, é *Middlemarch*, de George Eliot, publicado em 1871 e 1872. *Middlemarch* foi adequadamente chamado de "romance de vocação", já que a maioria dos seus personagens é retratada na relação com o seu trabalho. A galeria também inclui alguns personagens que não buscam nada no trabalho além do progresso material, notavelmente o merceeiro Mawmsey, que responde à sugestão de um candidato de que exerça o voto recém-conquistado com "espírito público": "Quando dou um voto [...] devo atentar para os efeitos que terão sobre a minha propriedade e o meu livro-razão."[12] Como fez Lewis com o dr. Geake, Eliot retrata Mawmsey como fútil e tolo.

Contudo, ela reserva o desprezo mais intenso para os que seguem o conselho de Holmes e buscam a glória isolada da abstração contemplativa. Há, por exemplo, o pregador, sr. Tyke, que se preocupa com sutilezas de doutrina e é indiferente aos problemas concretos dos paroquianos; ele é comparado desfavoravelmente com o sr. Farebrother, "um pároco entre paroquianos cujas vidas ele tem de tentar melhorar"[13]. E, acima de todos, há o grotesco Casaubon, que, à custa de todos à sua volta, dedicou a vida a pesquisar um estudo monumental sintetizando todo o pensamento mitológico – obra que Eliot retrata como árida e vazia, um projeto de vaidade e auto-ilusão.

---

12. George Elliot, *Middlemarch* 544 (ed. Penguin, 1965).
13. *Ibid.* 537.

Eliot exibe solidariedade com dois caminhos vocacionais diferentes. Um é o de Caleb Garth, o único personagem masculino feliz do livro. Garth é um construtor autônomo e gerente de meio-período que tem as habilidades e os valores do artesão. "Quando falava em negócios, nunca queria se referir a transações financeiras, mas à aplicação habilidosa do trabalho."[14] O trabalho, para ele, é uma fonte de orgulho e camaradagem. Mas o romance sugere timidamente a previsão feita tão veementemente por Marx, de que as oportunidades para a carreira artesanal estão diminuindo. Formas de organização econômica em escala maior e mais impessoais, representadas no romance pela chegada da ferrovia e pelo banqueiro Bulstrode, surgem como ameaças potenciais para as habilidades e a autonomia do artesão.

A aspiração vocacional que mais fascina Eliot é a do dr. Lydgate, que quer aplicar novos desenvolvimentos científicos da medicina ao cuidado dos pacientes. Do ponto de vista dos temas sociológicos do romance, Lydgate é uma figura entusiasmadora porque está simultaneamente na vanguarda dos desenvolvimentos sociais modernizadores e, no entanto, como Garth e Farebrother, comprometido com o serviço pessoal a indivíduos concretos. Repetidamente, Eliot enfatiza a combinação clara do geral e do abstrato, por um lado, e do particular e do pessoal, por outro, na vocação de Lydgate.

> Ele transpunha para os seus estudos [...] a convicção de que a profissão médica, tal como podia ser, era a melhor do mundo, apresentando o mais perfeito intercâmbio entre a ciência e a arte, oferecendo a aliança mais direta entre a conquista intelectual e o bem social. A natureza de Lydgate exigia essa combinação; ele era uma criatura emocional, com

---

14. *Ibid.* 598.

um senso de camaradagem à flor da pele, que resistia a todas as abstrações do estudo especial. Ele não se importava apenas com "casos" mas com John e Elizabeth [...][15].

Os esforços juvenis de Lydgate retratados no romance têm um insucesso trágico, e o livro é ambíguo quanto à qualidade moral do seu sucesso depois que ele se muda para Londres. Contudo, o médico parece representar algumas das aspirações mais profundas da autora.

Nos anos que se seguiram a *Middlemarch*, essas aspirações foram expressas repetidamente por profissionais e acadêmicos proeminentes, dispostos a refutar os teóricos da alienação. Nos Estados Unidos, elas estavam no âmago das visões do movimento progressista, na política, e nas do movimento funcionalista, na sociologia acadêmica. Talvez os seus proponentes mais conhecidos sejam o advogado progressista Louis Brandeis e o sociólogo funcionalista Talcott Parsons. Em termos notavelmente convergentes, Brandeis e Parsons (e, seguindo-os, uma miríade de aliados e discípulos) elaboraram uma visão de modernização que colocava as profissões no centro[16]. Num resumo tosco, a teoria era

---

15. *Ibid.* 174; ver também a passagem relatada em 194. Compare o seguinte, da defesa de F. H. Bradley de "My Station and Its Duties", publicado pela primeira vez em 1876: "Para saber o que é certo, um homem deve estar embebido pelo preceito e, ainda mais, pelo exemplo, pelo espírito da sua comunidade, pelas suas crenças gerais e particulares quanto ao certo e o errado, e, com esse todo incorporado na sua mente, deve particularizá-lo em cada novo caso, não por uma dedução reflexiva, mas por uma subsunção intuitiva, que ele não sabe que é uma subsunção; pelo cumprimento do eu em um novo caso, onde o que está diante da mente é o caso, e não o eu a ser cumprido e onde, na verdade, é o todo que sente e vê, mas tudo isso é visto na forma desse caso, dessa questão, desse exemplo". *Ethical Studies* 196-7 (2ª. ed., 1927).

Observe que esse estilo classicamente contextual de julgamento é central para a concepção do papel que Bradley defende. Assim, penso que David Luban está errado ao pensar que o argumento de Bradley, se correto, seria útil para a Visão Dominante. Ver *Lawyers and Justice: An Ethical Study*, cap. 6 (1988).

16. Louis Brandeis, *Business – A Profession* (1914); Talcott Parsons, "A Sociologist Looks at the Legal Profession", em *Essays in Sociological Theory* (ed. rev., 1954).

esta. Marx e Weber tinham baseado as suas visões de mercadorização e burocratização inexoráveis na produção industrial e nas organizações estatais militares e previdenciárias. A premissa de governo sob a regra categórica pode ter sido plausível nesses casos porque tais organizações tendem a produzir bens padronizados e serviços rotineiros. (Autores posteriores questionariam seriamente essa concessão.) Mas um setor central e crescente das economias modernas preocupa-se com a oferta de serviços que são, ao mesmo tempo, técnicos e particulares. São as profissões, tal como tipificadas pelo direito, pela medicina e pela engenharia, a ser logo aumentadas por uma hoste de grupos de serviço mais novos, como a enfermagem e o trabalho social, e aumentadas ainda mais – assim argumentavam Brandeis e Parsons – pela transformação da administração em atividade profissional. Como tais serviços dependem do conhecimento técnico e resistem à padronização, não são prontamente compatíveis com a organização do mercado ou da burocracia. O mercado não é viável porque os consumidores carecem do conhecimento especializado para avaliar a qualidade de tais serviços. A burocracia fracassa porque o desempenho profissional não pode ser especificado categoricamente.

Portanto, esse tipo de trabalho tem de ser organizado de maneira diferente. No nível da prática, os trabalhadores têm de receber autonomia e responsabilidade. No nível da regulamentação ocupacional, o autogoverno coletivo é necessário. O sistema pode funcionar na ausência dos incentivos materiais do mercado e da burocracia porque o trabalho profissional organizado dessa maneira oferece aos seus praticantes satisfações que motivam a responsabilidade. Estas são justamente as satisfações psicológicas que os teóricos da alienação desistiram de esperar obter na ordem social emergente.

Contada dessa maneira, a história explicou o profissionalismo como solução para um problema técnico de organizar certo tipo de trabalho. Mas, embora não colocassem o ponto moral no primeiro plano, os advogados da visão progressista-funcionalista compartilharam, pelo menos implicitamente, as aspirações de Eliot de que o profissionalismo fosse a resposta para o problema do trabalho significativo. Embora falassem freqüentemente dessa característica do profissionalismo como subproduto de um desenvolvimento tecnológico, exultaram com ele. Eis, por exemplo, o historiador Robert Wiebe, novamente sobre os Estados Unidos na virada do século:

> Quando essa sociedade [cidades e bairros urbanos pequenos] ruiu, as necessidades especializadas do sistema urbano-industrial vieram como uma dádiva de Deus para um estrato médio das cidades. A identificação por meio das suas habilidades dava-lhes a deferência dos vizinhos enquanto abria caminhos naturais para a nação como um todo. Exigências cada vez mais formais de admissão às suas ocupações protegiam o seu prestígio por meio da exclusividade. Os mistérios compartilhados de uma especialidade permitiam a comunhão imediata mesmo a longa distância, como demonstraram as cartas entre os dispersos paladinos da saúde pública. Finalmente, a capacidade de perceber como os seus talentos se interligavam a outros em um esquema nacional encorajou-os a olhar para a frente com confiança em vez de fazê-lo furtivamente[17].

Aqui estão justamente os elementos do trabalho significativo. A "identificação por meio das suas habilidades" e os "mistérios compartilhados" fornecem uma base para relações de cooperação que superam o isolamento. O fato de as "necessidades especializadas" exigirem serviço individualizado sig-

---

17. Wiebe, *Search for Order* 112.

nifica que o praticante terá uma sensação de controle sobre o seu trabalho e de criatividade ao adaptar o seu conhecimento geral às circunstâncias particulares do cliente. E a capacidade de colocar as próprias habilidades em um "esquema nacional" transparente significa que o praticante terá a sensação de que os seus atos relacionam-se com propósitos sociais maiores.

A moralidade do profissional é assegurada em dois níveis. No nível da profissão como um todo, os membros participam da definição das necessidades sociais mais amplas a que ela serve e das normas ocupacionais que implementam essas necessidades. No nível da prática individual, a essência do trabalho do profissional é a adaptação dessas normas gerais às circunstâncias particulares do cliente. Com certeza, esses arranjos vindicariam o ideal de trabalho significativo apenas na medida em que os próprios valores dos profissionais convergissem com normas sociais mais amplas. Os progressistas e funcionalistas estavam confiantes em que isso iria acontecer, em parte porque achavam que as normas profissionais, enquanto efetivamente evoluíam, eram atraentes e bem adaptadas às instituições circundantes da sociedade moderna. Mas suplementaram essa crença com mais idéias.

Uma tal idéia, amplamente ilustrada em *Middlemarch*, era a de que a crítica e a "reforma" eram elementos integrais do trabalho profissional. O trabalho profissional é um processo contínuo de auto-reconstituição, e isso cria papéis legítimos e produtivos para a dissidência, como o de Lydgate. Além disso, membros de uma profissão podem passar por uma "socialização secundária" por meio dos processos de iniciação profissional, tais como um período de escolaridade ou aprendizado prolongado, durante o qual seriam induzidos inconscientemente a aceitar as normas vigentes como se fossem suas. Essa noção ajusta-se menos confortavelmente ao ideal de trabalho significativo mas foi ocasionalmente útil para explicar como o projeto profissional poderia ser viável em uma sociedade caracterizada pelo conflito normativo extenso.

Os advogados americanos buscaram o projeto progressista-funcionalista em dois aspectos amplos. Primeiro, desenvolveram um modelo institucional de autogoverno. Esse modelo provê o controle coletivo, pelos praticantes encarregados, sobre a admissão de novatos e sobre o processo disciplinar que aplica normas de boa prática. As normas estão primariamente voltadas para a adequação do serviço aos clientes e, secundariamente, para a justiça com terceiros. Durante muitos anos, os advogados também tentaram estruturar o mercado de serviços jurídicos para se protegerem contra pressões competitivas inibindo o corte de preços, a propaganda e a solicitação. (Esse esforço seria de interesse para Eliot, que duvidava que o projeto profissional fosse compatível com o custeio de serviços pelo mercado. Lydgate torna-se infeliz por causa de tais pressões competitivas.)

O projeto de auto-regulamentação sofreu recuos substanciais em anos recentes. O esforço pelo controle do mercado foi em boa parte abandonado. O processo de admissões foi dinamizado e afrouxado. Embora a atividade disciplinar tenha aumentado, a sua importância relativa declinou com o desenvolvimento da regulamentação extraprofissional dos advogados por meio do sistema de inépcia, das regras de litígio impostas pela legislatura e pelos tribunais e da atividade de agências especializadas como a Securities and Exchange Commissions e o Office of Thrift Supervision. Minha visão é que o declínio relativo dessas instituições de auto-regulamentação específicas é desejável e não ameaça os aspectos importantes do projeto profissional. Retorno aos aspectos institucionais do projeto profissional no capítulo 7.

A segunda e mais importante expressão da visão progressista-funcionalista foi a elaboração de uma concepção de julgamento jurídico que explicava como o trabalho jurídico podia ser abstrato e particular, auto-expressivo e socialmente controlado, e criativo, apesar de fundamentado em normas estabelecidas. Esse esforço, que abrange o trabalho de Roscoe Pound e Benjamin Cardozo, no início do século, de Karl Llewellyn e Henry Hart, mais tarde, e de Ronald Dworkin, mais recentemente, constitui a preocupação principal e a conquista duradoura dos advogados acadêmicos americanos.

Este não é o lugar para tentar fazer justiça à riqueza e à variedade desse trabalho. Para os presentes propósitos, basta dizer que um resumo tosco mas exato de tudo seria este: a abstração e a particularidade, a auto-expressão e o controle social, e a criatividade apesar da fundamentação, são todas qualidades do bom julgamento contextual, e o julgamento contextual é a atividade que define o trabalho jurídico nos Estados Unidos. Os padrões contextuais são normas gerais que dependem e tipicamente derivam das circunstâncias das aplicações particulares. Como surgem constantemente casos novos e singulares, as respostas envolvem a criatividade; contudo, quando são plausíveis, parecem ter estado implícitas nas normas preexistentes. Na medida em que o advogado compartilha as normas públicas relevantes, ele expressa os seus próprios valores enquanto vindica os valores públicos.

Essa teoria do Direito é comumente compreendida como voltada para a legitimação do papel do judiciário ativista em uma sociedade democrática. Essa é uma preocupação proeminente. Mas outra preocupação importante é demonstrar a possibilidade de que a lei seja capaz de manifestar as virtudes do trabalho significativo. Na verdade, quaisquer que sejam as intenções dos seus autores, os clássicos da teoria do Direito americana representam a ilustração mais extensa, em toda a teoria social, do ideal de trabalho significativo.

O advogado perdido

Temos agora de lidar com a questão do "advogado perdido", não no sentido de Anthony Kronman, do advogado *desorientado*, mas no sentido do advogado *ausente*, o advogado que aparece muito pouco na teorização a respeito do Direito, inclusive na de Kronman. Pois um fato notável a respeito dessa literatura é que o trabalho jurídico que ela explica tão exultantemente é, na maioria das vezes, identificado com o juiz. A maior parte da literatura foi produzida por acadêmicos com ligações tênues com a prática e cujos interesses e ambições concentram-se em julgar. Quando esses teóricos deixaram a academia, geralmente o fizeram para se tornarem juízes. A preocupação de Kronman com o "estadista advogado", que ocupa posições no executivo, lembra-nos que as preocupações dos teóricos ocasionalmente tiveram âmbito mais amplo, mas esse ideal é igualmente indiferente ao mundo da prática privada, no qual a vasta maioria dos advogados americanos sempre trabalhou.

Estive argumentando que as idéias desenvolvidas na corrente principal da teoria jurídica americana implicam uma poderosa crítica da Visão Dominante da ética jurídica e uma visão alternativa, baseada no julgamento contextual e no ideal do trabalho significativo. Contudo, é um fato notável que a maioria dos teóricos não extraiu ela própria essas implicações explicitamente ou, na verdade, não confrontou as questões éticas da advocacia mais que marginalmente.

Existe, é claro, uma exceção notável. Louis Brandeis é o único grande teórico jurídico americano deste século a ter deixado uma marca de importância na prática[18]. Apesar de ser difícil perceber a partir da produção acadêmica jurídica

---

18. Alguém também poderia colocar Thurman Arnold nessa categoria, mas ele é muito menos importante que Brandeis na teoria e na prática.

contemporânea, que continua obcecada pelo comparativamente ineficaz Holmes, Brandeis é provavelmente o filósofo jurídico mais influente do século. Sua peça inicial com Samuel Warren, sobre o então emergente "direito à privacidade", foi uma demonstração e uma defesa clássicas da criatividade judicial no *common law*. Seu trabalho sobre a atividade bancária, a regulamentação de utilidade e o trabalho deu qualidade institucional concreta às idéias do movimento progressista. Sua defesa da legislação social contra desafios constitucionais no tribunal, que produziu a famosa "peça de Brandeis", foi pioneira no uso de estatísticas e dados na discussão jurídica. Suas opiniões sobre o Supremo Tribunal lançaram as fundações intelectuais da escola do Processo Jurídico, que produziu a proeminente expressão da teoria do Direito liberal na era pós-guerra. E, no período anterior à guerra, foi o expoente mais destacado da idéia do profissionalismo como trabalho significativo.

Em 1905, Brandeis falou a um grupo de estudantes de Harvard. "Vocês querem saber", disse ele, "se a profissão jurídica proporcionaria oportunidades especiais de utilidade aos seus semelhantes."[19] Dezenove anos antes, Holmes, falando a outro grupo de estudantes de Harvard, especulara que seu público estava fazendo uma pergunta um pouco diferente: "O que vocês disseram para demonstrar que posso alcançar as minhas possibilidades espirituais por uma porta como essa [isto é, a vida do advogado]?"[20] O início da resposta de Brandeis foi quase idêntico ao de Holmes: a característica central do trabalho jurídico, cada um sugeriu, é o entrelaçamento constante do geral e do particular. Mas, a partir desse ponto, tomaram rumos diferentes. Como vimos,

---

19. Brandeis, *Business* 329.
20. Holmes, *Collected Legal Papers* 29.

Holmes encarava as particularidades mundanas da prática como matéria-prima para a teorização solitária, contemplativa. Para Brandeis, a redenção encontrava-se no fato de que os esforços do advogado, por mais gerais que fossem, "sempre se referem a algum fim prático"[21].

Nas três décadas antes de tornar-se juiz, Brandeis foi advogado praticante. Assumiu muitas tarefas governamentais de relevo. Em boa parte, deu forma à idéia moderna de advogado do interesse público, que representa clientes não-governamentais, buscando reformas segundo as suas concepções do interesse público. E foi um advogado privado muito bem-sucedido. Brandeis escreveu pouco sobre a sua prática privada, e só temos informação detalhada sobre alguns dos seus casos, mas sabemos que, nas palavras como nos atos, ele repudiava traços que considerava características comuns do estilo da prática no seu tempo[22].

Primeiro, Brandeis insistiu em que a advocacia agressiva da Visão Dominante não podia promover a justiça em situações em que todos os interesses não estivessem regularmente representados, e ele viu muitas situações de tal tipo. Sua principal resposta a esse problema foi o trabalho de interesse governamental e público destinado a aplainar a arena oferecendo representação para interesses insuficientemente reconhecidos e coibindo o poder dos grandes negócios. Ele sustentou e ajudou a formar várias agências reguladoras, sindicatos e grupos de consumidores. Como advogado paradigmático do interesse público, incumbiu-se de falar perante legislaturas, agências e tribunais em nome de cidadãos dispersos e mais ou menos desorganizados. Também argumentou a favor da idéia de que os consultores jurídicos

---

21. Brandeis, *Business* 332.
22. Ver, de maneira geral, Alpheus Thomas Mason, *Brandeis — A Free Man's Life* (1946).

das organizações poderosas têm o dever de usar a sua influência para desencorajar os clientes de projetos injustos ou anti-sociais, e praticou o que pregava[23].

Segundo, em situações que envolvem partes com poder mais ou menos igual, Brandeis instava para que os advogados tentassem demover as pessoas de pendengas inúteis e criassem novas estruturas de colaboração mutuamente benéficas. Isso exigia que os advogados fossem além da lei e compreendessem as circunstâncias práticas do cliente. Exigia uma disposição para considerar solidariamente os interesses de terceiros com os quais o cliente estivesse envolvido. Em um famoso caso, em que um fabricante de calçados, W. H. McElwain, pediu-lhe assistência na negociação de um corte salarial com seus trabalhadores, Brandeis respondeu assinalando que, embora as taxas de salário de McElwain fossem altas, os salários médios de seus trabalhadores eram baixos porque o emprego era irregular. Ele insistiu em que o cliente estudasse a possibilidade de reorganizar as suas práticas de mercado e inventário com vistas a regularizar a produção e a procura de trabalho. O esforço foi bem-sucedido e tornou possível um arranjo que deixou empregador e empregados em melhor situação[24].

Como terceiros sempre têm interesses potencialmente conflitantes (assim como potencialmente harmoniosos), tais esforços exigiam uma disposição para sujeitar o cliente a riscos de não-reciprocidade e traição. Também exigia que o

---

23. Por exemplo: "A um dos seus clientes, na época às voltas com problemas trabalhistas, Brandeis quase gritou: 'Você diz que a sua fábrica não pode continuar a pagar os salários que os empregados agora ganham. Mas você não me diz que ganhos são esses. Quanto eles perdem por irregularidades no seu trabalho? Você não sabe? Você se propõe a gerir esse negócio e diz que salários ele pode pagar, mas ignora fatos como esses? Essas não são justamente as coisas que devia saber e que você devia ter providenciado para que seus homens também soubessem, antes de entrar nessa disputa?'" *Ibid.* 144.

24. *Ibid.* 145-6.

advogado se colocasse ocasionalmente em oposição a clientes ou antigos clientes. Como resultado, Brandeis às vezes viu-se acusado de deslealdade. Tendo representado tanto a United Shoes Machinery Company como os seus fregueses, os fabricantes de calçados, durante anos, Brandeis alinhouse com os fregueses contra a Machinery Company e (sem cobrar) atacou acordos que ele ajudara a criar, depois de chegar à conclusão de que a companhia estava abusando deles. No caso "Lennox", Brandeis, consultado simultaneamente por um devedor aflito e um credor importante, recomendou uma transferência de propriedade do devedor em benefício dos credores e, quando eles assentiram, arranjou uma transferência com seu sócio como depositário. Quando o sócio descobriu que o devedor ocultava fundos, a firma sentiu-se obrigada a pedir vigorosamente a sua entrega, para indignação do devedor[25].

Essa abordagem da prática privada levou Brandeis a aceitar tarefas envolvendo responsabilidades vagamente definidas de pessoas com interesses potencialmente conflitantes. Brandeis resumiu sua abordagem quando lhe perguntaram quem ele achava que estava representando no caso Lennox ao recomendar a transferência. "Eu diria que fiz consultoria jurídica para a situação", ele respondeu[26]. Essa resposta estava em tensão radical com o espírito da visão de representação da corrente principal da profissão, que sustenta que o advogado normalmente deve assumir a responsabilidade apenas para com um conjunto de interesses unitários, e Brandeis foi acusado, muito plausivelmente, de violar as regras de conflito de interesses dos advogados em muitas ocasiões. Essas acusações tornaram-se uma parte principal da argu-

---

25. *Ibid.* 214-29, 232-7.
26. *Ibid.* 236.

mentação contra ele na época da sua nomeação para o Supremo Tribunal[27].

Para apreciarmos o radicalismo do estilo de advocacia de Brandeis e as razões pelas quais era tão ameaçador para a ordem, devemos fazer uma pausa e considerar a relação entre as normas de conflito de interesses da ordem e as normas categóricas que têm como premissas as normas de lealdade. É porque se espera que o advogado seja agressivamente leal ao cliente que ele não pode assumir responsabilidades para com pessoas com interesses diferentes. Como expressou John Frank, "os advogados não são retidos pelas situações, e o contraditório supõe que eles representam um interesse por vez"[28].

A proibição do conflito de interesses reflete o positivismo e o libertarismo que sustentam a normas de lealdade da Visão Dominante. A idéia de "aconselhamento para a situação" de Brandeis supõe que há normas tácitas de negociação justa e colaboração às quais o advogado pode recorrer para solucionar conflitos rivais entre clientes múltiplos. Mas o tema positivista sugere que seria ilegítimo para o advogado impô-las aos clientes. Juntos, esses temas encorajam a crença de que a única indicação convincente da legitimidade de um arranjo cooperativo é ter sido produzido por uma negociação com distanciamento, em que todos os interesses foram representados independentemente.

Os argumentos instrumentais a favor da Visão Dominante também sustentam as normas de conflito de interesses. Se, como afirma o argumento, a preparação adequada é excluída por deveres de compartilhar informação com partes

---

27. Ver John Frank, "The Legal Ethics of Louis Brandeis", 17, *Stanford Law Review* 683 (1965). Embora Frank considere sem mérito as acusações específicas, ele diz que a observação "consultoria jurídica para a situação" é "uma das expressões mais infelizes que ele poderia ter usado". Em 702.

28. *Ibid.*

adversas, então a representação conjunta das partes com interesses adversos deve colocar em risco a preparação adequada. A representação conjunta também cria uma situação impossível do ponto de vista da revelação. As partes não podem dizer se os seus interesses são suficientemente harmoniosos para permitir a representação conjunta até que todos façam a revelação plena e mútua. Contudo, assim que o fizerem, terão sacrificado uma importante vantagem da representação separada.

Brandeis não teria negado a existência de custos e riscos no tipo de cooperação que defendia. Mas também havia custos e riscos na representação separada, por exemplo os custos da duplicação de esforço, de comunicação mais tortuosa e da não-percepção de oportunidades de ganhos conjuntos por causa da fragmentação da informação e da perspectiva tendenciosa. Funcionalmente analisadas, as regras de conflitos de interesses basearam-se na insistência dogmática em que os riscos e os custos da colaboração superam os riscos e os custos da representação separada.

Portanto, o estilo de advocacia de Brandeis, pelo menos implicitamente, colocava um desafio básico à Visão Dominante. O radicalismo do desafio parece ter sido percebido pelos líderes da profissão na época da sua nomeação para o Supremo Tribunal. Seis antigos presidentes da Ordem dos Advogados Americana afirmaram que os afastamentos de Brandeis das normas de lealdade ao cliente e de conflitos de interesses tornavam-no inadequado para o cargo judicial[29]. Ironicamente, ao perder a luta da nomeação, a profissão conseguiu a retirada do antagonista do campo da advocacia.

Brandeis nunca tornou explícito o seu desafio. No período posterior à Segunda Guerra Mundial, porém, Henry

---

29. *Ibid.* 685.

Hart e James Willard Hurst, os únicos dois juristas americanos importantes a interessar-se pela prática, fizeram certo esforço para extrair as implicações da visão de Brandeis. Certamente não é por acaso que tenham começado a carreira como funcionários junto a Brandeis no Supremo Tribunal. Os trabalhos de ambos estão repletos de referências a Brandeis, e a sua visão da prática era precisamente a visão brandeisiana de trabalho significativo. Eles perceberam o potencial enobrecedor do discernimento que a teoria jurídica havia desenvolvido no contexto judicial – que a aplicação da lei podia ser criativa e fundamentada em normas estabelecidas. Argumentaram e demonstraram que os advogados tinham poder criativo e que esse poder acarretava uma responsabilidade de cuidar para que fosse usado de maneira compatível com o bem social[30].

Em situações de poder desigual, como a do caso da ferrovia negligente, discutido no capítulo 1, os brandeisianos criticavam duramente os advogados que permitiam que os clientes abusassem dos seus poderes. Também advogavam soluções judiciais e reguladoras para remediar o desequilíbrio de poder ou impor resultados socialmente desejáveis. Em situações de poder relativamente igual, defendiam a abordagem do "aconselhamento para a situação", na qual o trabalho do advogado era criar estruturas de cooperação justa e mutuamente benéfica. Por exemplo, o terceiro problema, nos famosos materiais de *Legal Process*, que Hart escreveu com Albert Sacks, envolve a composição de um arrendamento de uma pequena empresa. O problema central é a alocação adequada dos riscos e benefícios do negócio dos arrendatários. O arrendatário quer flexibilidade no caso de

---

30. James Willard Hurst, *The Growth of American Law: The Law Makers* (1950); Henry M. Hart, Jr. e Albert Sacks, *The Legal Process: Basic Problems in the Making and Application of Law* (10ª ed., 1958).

seu negócio ter de lutar para ter sucesso e a garantia do arrendamento no caso de ser bem-sucedido. O proprietário quer um retorno mínimo, proteção contra a inflação e retorno adicional se o negócio tiver sucesso. A solução é um arranjo de longo prazo com o aluguel baseado em uma porcentagem das vendas do arrendatário, sujeito a um mínimo fixo crescente. Os autores apresentam-nos as características agora padrão do arrendamento por porcentagem, enfatizando que o dispositivo não foi legislado por um soberano positivista mas, na verdade, foi criado por advogados. E instam para que o arrendamento seja negociado e interpretado à luz da mesma premissa interpretativa que retratam como padrão na interpretação de leis – de que as normas são "destinadas a operar racional e imparcialmente"[31].

A visão brandeisiana de advocacia, portanto, encarna as virtudes da concepção nostálgica do papel do artesão na teoria da alienação do século XIX. Como o artesão, o advogado aplica criativamente o conhecimento geral socialmente definido para produzir um produto individualizado. Similarmente, o advogado expressa um compromisso com normas e propósitos sociais aderindo a padrões de qualidade na prática cotidiana. O fato de o papel do advogado receber um elemento normativo mais explícito e complexo torna-o ainda mais promissor como veículo para ligar a atividade prática a valores abrangentes – a marca do "trabalho significativo" na tradição que discutimos acima.

A perspectiva brandeisiana foi uma voz insistente nas discussões da advocacia. Está refletida em partes dos modernos códigos de ética. Por exemplo, os códigos reconhecem a propriedade do aconselhamento do advogado que leva em conta considerações "morais" e "sociais", além das estritamente "jurídicas". As restrições do conflito de interes-

---

31. Hart e Sacks, *Legal Process* 230.

ses foram substancialmente afrouxadas, e as *Model Rules* legitimam explicitamente o papel do "advogado como intermediário"[32].

As evasões brandeisianas

Os brandeisianos nunca desenvolveram a sua perspectiva em um desafio pleno à Visão Dominante e nunca colocaram nas suas críticas o vigor que o seu mentor levou a tantas outras causas. As implicações mais radicais da crítica brandeisiana foram neutralizadas, e isso ocorreu ao longo de caminhos que Brandeis e seus discípulos primeiramente marcaram.

Uma foi a idéia de que a perspectiva brandeisiana pode ser relevante apenas para certos domínios da prática. A distinção básica que Brandeis inaugurou foi entre litígio e aconselhamento. Com base na sua própria experiência, Brandeis (assim como Hurst e Hart) argumentava que o aconselhamento, com o que se referia a fornecer aconselhamento não-litigioso e a projetar estruturas cooperativas, era o domínio estimulante e importante da prática. Os brandeisianos tendiam a ignorar o litígio e, por implicação, a reconhecer que a Visão Dominante ainda podia ser adequada no caso.

Os próprios seguidores de Brandeis não colocaram muita ênfase nessa distinção. Parece provável que excluíram o litígio pela mesma razão que outros teóricos jurídicos excluíram inteiramente a prática privada – achavam-no detestável. Mais recentemente, muitos propuseram a adoção da visão brandeisiana mas limitada ao aconselhamento, e, na verdade, os códigos elogiam a idéia da boca para fora, embora, na maioria das vezes, adotem-na na esfera do aconselhamento apenas como uma exortação, não como um dever

---

32. *Model Rules* 2.2.

aplicável[33]. Tipicamente, a distinção entre aconselhamento e litígio é racionalizada sobre o fundamento de que, no litígio, as partes têm probabilidade de ser representadas mais ou menos igualmente e supervisionadas pelo juiz, ao passo que é menos provável que qualquer das salvaguardas prevaleça na esfera do aconselhamento.

Essa abordagem não consegue sobreviver à reflexão, e a sua voga parece estar chegando ao fim. No meio da presente sensação de crise do sistema dos tribunais, parece evidente que nem todas as disfunções do litígio surgem de desequilíbrios de poder. Na verdade, algumas das características que compelem uma parte a dedicar-se a manobras dispendiosas unicamente porque a outra o fez ou fará – a "corrida armamentista" – agravam-se quando ambas as partes são bem financiadas.

Além disso, a abordagem setorial trai o preceito mais básico da moderna teoria do Direito: o repúdio não aos desequilíbrios de poder, mas ao julgamento categórico. Deixa espaço para o julgamento contextual, mas apenas ao custo da introdução de uma nova distinção categórica entre litígio e aconselhamento. Mesmo se fosse *geralmente* verdade que a ética da Visão Dominante é adequada ao litígio, a abordagem setorial estaria sujeita a objeção por deixar de dar ao advogado a responsabilidade de modificar essa ética nas situações de litígio excepcionais às quais não é adequada. As responsabilidades do advogado são determinadas criticamente por uma decisão binária clássica, tudo ou nada, que garante que a sua conduta às vezes será inadequada.

As profundezas de insensatez desonesta a que pode conduzir a abordagem foram ilustradas pelos esforços de Geoffrey Hazard, redator das *Model Rules*, para defender os

---

33. Por exemplo, Rubin, "A Causerie on Lawyers' Ethics in Negotiation", 35, *Tulane Law Review* 577, 751.

advogados da Kaye Scholer, após o colapso do Lincoln Savings & Loan. Hazard argumentou que os advogados estavam sujeitos a um padrão mais baixo de responsabilidade para com o público porque estavam atuando como litigantes ("aconselhamento de litígio"), não como consultores ("aconselhamento regulador"). Recordando que os advogados estavam aconselhando e assistindo o Lincoln na aquiescência aos pedidos de auditoria do Bank Board, poderíamos perguntar o que isso tem a ver com litígio. A resposta implícita de Hazard foi a de que, como o governo começara a suspeitar de conduta ilegal do Lincoln, era provável que dariam início a litígio no futuro![34]

Na verdade, já que as suspeitas do governo estavam corretas, o litígio era mais ou menos certo. Pelo argumento de Hazard, quanto mais claramente ilegal é a conduta do cliente, mais forte o argumento a favor de um padrão mais baixo de responsabilidade do advogado pelo cliente[35]. Felizmente,

---

34. Ver "Summary of the Expert Opinion of Geoffrey C. Hazard, Jr.", em *The Attorney Client Relationship after Kaye Scholer* 381, 394-7 (Practicing Law Institute, 1992).

35. Mesmo como interpretação das *Model Rules*, o argumento de Hazard era absurdo. Além de caracterizar erroneamente os advogados como "aconselhamento de litígio", afirmou erradamente que o padrão aplicável nessa caracterização seria o das *Model Rules* 3.1, que autorizava os advogados a afirmar qualquer coisa a favor de um cliente em um litígio que não fosse frívolo. Aparentemente, Hazard, estava afirmando que, contanto que a Kaye Scholer tivesse um argumento não-frívolo de que a informação que retinha não fora pedida e que as asserções que ela fazia não eram enganosas, a firma estaria em terreno seguro. Mas o padrão da regra 3.1 aplica-se a circunstâncias de litígio em que o advogado oferece voluntariamente uma posição, não a circunstâncias em que o advogado é obrigado a fornecer informação.

Na medida em que as acusações contra a Kaye Scholer envolvem a retenção de informação, a analogia do litígio não é com as alegações finais no inquérito judicial, quando o advogado pode argumentar sobre qualquer caracterização não-frívola da prova, mas com uma resposta a um pedido de apresentação compulsória de documento, cujo padrão mais plausível seria o de que o advogado deve aquiescer a uma interpretação razoável do pedido (uma categoria muito mais estreita do que das interpretações não-frívolas). Ver, por exemplo, *Washington State Physicians Exchange contra Fisons Corps.*, 122, Wash. 2d, 299, 858 P.2d 1054 (1992).

para a dignidade da profissão, o argumento não foi amplamente aceito. Suas implicações absurdas são meramente sintomas de um defeito fundamental: ele permite que uma decisão ética importante dependa de uma consideração distante dos reais interesses normativos da situação.

A segunda idéia em que as implicações subversivas da visão brandeisiana estavam contidas era a de que a regulamentação pública poderia acabar por trazer à baila questões de responsabilidade profissional. Hurst e Hart argumentaram que, quando advogados comerciais deixavam de coibir os abusos dos seus clientes, o governo normalmente reagia com restrições regulamentares. Naturalmente, quanto mais provável essa reação, mais o argumento pela responsabilidade se mesclava ao argumento do interesse próprio a longo prazo. A implicação final dessa linha de pensamento foi esclarecida pela previsão de Adolph Berle de que o Estado regulamentador acabaria por liberar "a maioria dos advogados corporativos da escravidão lucrativa, mas geralmente medíocre, na qual vive a maioria deles" porque "no momento em que [os princípios de responsabilidade social] são infringidos o Estado, previsivelmente, intervém. Interesses grandes e poderosos não podem dar-se ao luxo de correr o risco de ser surpreendidos em uma infração importante, ainda que a regra não se tenha tornado explícita"[36]. Se havia algo em que os brandeisianos acreditavam mais do que na res-

---

Na medida em que as acusações envolvem representação errônea, a situação, novamente, é muito diferente da argumentação nas razões finais em julgamento, no qual se supõe que as declarações do advogado referem-se a provas de registro apenas, e o julgador pode fazer o seu próprio julgamento com base na plausibilidade das caracterizações. No contexto regulamentador, as declarações da Kaye Scholer naturalmente seriam compreendidas como referindo-se não apenas às informações que havia apresentado mas a qualquer informação relevante de que tinha conhecimento. Ver, em geral, William H. Simon, "The Kaye Scholer Affair", *Law and Social Inquiry* (1998).

36. Adolph Berle, Book Review, 76, *Harvard Law Review* 430 (1962).

ponsabilidade profissional, era nas capacidades benignas de um Estado regulador. Este último compromisso tendia a abrandar a força do primeiro. Se o Estado regulador fazia bem o seu trabalho, então a ética jurídica era mais uma questão de prudência do que de responsabilidade.

Hoje, porém, ninguém compartilha esse grau de fé no Estado. Em retrospecto, podemos perceber claramente dois defeitos na premissa – ambos ilustrados espetacularmente pela ruína do Savings & Loan. Em primeiro lugar, o poder punitivo da intervenção antecipada funciona apenas se o cliente tem uma perspectiva a prazo suficientemente longo. Para alguém inclinado a "ir à bancarrota" e correr atrás de pequenas chances de riqueza a curto prazo, ou para alguém que enfrenta o fracasso quase certo se jogar pelas regras a curto prazo, é ineficaz. Essas eram justamente as circunstâncias dos vilões do Savings & Loan.

Além disso, a regulamentação não é menos dependente da conduta responsável dos representantes públicos do que o é o ordenamento privado da conduta responsável dos advogados. Se os advogados resistem à responsabilidade ou traem-na, por que os representantes públicos deveriam fazer melhor? O carnaval de inépcia, covardia e corrupção oficiais no escândalo do Savings & Loan é um monumento à proposição de que a intervenção estatal eficaz não ocorre necessariamente após "o momento" em que a irresponsabilidade corporativa ameaça o interesse público.

Especulo que os desdobramentos práticos que tornaram as duas evasões brandeisianas insustentáveis explicam o presente mal-estar da profissão muito mais do que os desafios teóricos ao raciocínio jurídico, aos quais Anthony Kronman atribui a culpa. A sensação de crise em torno do sistema de litígio e a lucrativa associação da profissão com escândalos financeiros gigantescos, exacerbadas pelas inadequações de vários sistemas reguladores, tornam claro que as questões de responsabilidade não são debatidas em nenhuma área da prática. Ainda há um papel para a responsabilidade profissional para qualquer advogado que queira aceitá-lo. E, embora esse papel responda às aspirações mais profundas de muitos advogados, também é assustador, e as instituições da profissão fornecem pouco apoio a ele[37].

Autotraição

O aspecto assustador do ideal do trabalho significativo é tão importante quanto o aspecto esperançoso. Isso porque o fato notável a respeito da história do profissionalismo jurídico é que a traição ao ideal pelos advogados foi tão constante quanto a sua adoção. A noção de redenção profissional pertence a uma classe de valores que inclui o amor cristão, a maturidade sexual freudiana e a auto-realização marxista, que as pessoas, segundo se acredita, simultaneamente buscam e evitam.

Embora essa dialética de afirmação e negação pareça desconcertante, há explicações familiares para ela. Às vezes, por fraqueza ou miopia, as pessoas supervalorizam as satisfações imediatas a curto prazo, como a riqueza material ou a harmonia social, acima de objetivos mais importantes mas menos prontamente acessíveis. Às vezes, parece que o

---

37. Kronman e outros também sugerem que os recentes desdobramentos na organização da prática privada restringiram a abordagem para a advocacia no estilo de Brandeis. A competição erodiu a influência que os advogados tinham sobre os clientes. Além disso, os advogados, cada vez mais, trabalham em tarefas estreitas, de curto prazo, que lhes dão pouca oportunidade de obter a compreensão antecedente do cliente ou o respeito do cliente, necessários para o papel de Brandeis.

Essa sugestão parece plausível no que diz respeito a um amplo espectro da prática das firmas. Mas há uma tendência na direção oposta, com o aconselhamento corporativo interno, cujos números e poder têm crescido. De qualquer modo, esses desenvolvimentos são muito recentes para explicar por que o projeto brandeisiano, para começar, progrediu tão pouco.

hábito ao seu estado decaído tornou as pessoas cínicas quanto à possibilidade de algo melhor ou induziu um tipo de compulsão pelos confortos triviais, mas conhecidos, do *status quo*. Às vezes, as pessoas não têm a coragem de aceitar os perigos de fracasso que acompanham os esforços para alcançar seus objetivos mais exaltados.

Naturalmente, poderíamos também atribuir a rejeição do ideal a um cálculo da pessoa de que os custos de lutar por ele provavelmente excederão os benefícios. Contudo, tal visão raramente foi afirmada, pelo menos publicamente, dentro da profissão jurídica. A resposta mais comum foi defender os desvios da profissão com os argumentos da Visão Dominante que estivemos examinando. Nas tradições cristã, freudiana e marxista, é comum ver as evasões, representações errôneas e *non sequiturs* de tais argumentos como um tipo de apoio aos ideais que negam ou qualificam. Quanto mais implausíveis os argumentos, mais vigorosamente eles assinalam má-fé e maior a homenagem que parecem prestar ao ideal. Para os nossos propósitos, é suficiente insistir em que não se pode tomar a subversão constante do ideal profissional pelo advogado como uma rejeição considerada dele. O registro mostra ambivalência, não rejeição.

Conclusão

O ideal de trabalho significativo articulado na teoria social progressiva-funcionalista e implícito em muitos tratamentos literários do profissionalismo empresta apoio à crítica da Visão Dominante e oferece uma pista para os sustentáculos das difundidas, mas vagas, expressões de angústia moral com a profissão.

As aspirações de muitos advogados ressoaram com o ideal de "trabalho significativo", que sugere que a realização pessoal depende da experiência do trabalho enquanto vindicação de normas gerais em contextos particulares, de compromisso social e auto-expressão simultâneos, e de fundamentação conjugada com criatividade. O profissionalismo jurídico prometeu às vezes que proveria essa experiência. As respostas fundamentais para esse ideal foram a auto-regulamentação participativa e o julgamento contextual. Brandeis e os seus discípulos articularam a promessa de trabalho profissional organizado em torno do julgamento contextual mais ambiciosamente do que qualquer outra pessoa.

Mas os proponentes do "trabalho significativo" tenderam a esquivar-se ao confronto direto com a Visão Dominante. Os brandeisianos aparentemente tinham esperanças de que tendências sociais fora da profissão preveniriam a necessidade de fazê-lo ao impelir a profissão em direções que vindicariam o ideal. Estavam errados, porém. O ideal de "trabalho significativo" não é uma inevitabilidade histórica. É, na melhor das hipóteses, uma possibilidade política.

Capítulo 5
A ética jurídica como julgamento contextual

Os advogados devem executar as ações que, considerando as circunstâncias relevantes do caso particular, parecem prováveis de promover a justiça. Essa é a máxima que a Visão Contextual propõe para solucionar as questões essenciais da ética dos advogados – aquelas em que os interesses dos clientes entram em conflito com os de terceiros ou do público.

"Justiça", aqui, conota os valores básicos do sistema jurídico e inclui muitas camadas de normas mais concretas. Decisões sobre justiça não são asserções de preferências pessoais nem são aplicações da moralidade comum. São julgamentos jurídicos fundados nos métodos e fontes de autoridade da cultura profissional. Uso "justiça" como intercambiável com "mérito jurídico". O segundo tem a vantagem de nos lembrar de que estamos preocupados com os materiais da análise jurídica convencional; o primeiro tem a vantagem de nos lembrar de que esses materiais incluem muitas normas vagamente especificadas, movidas por aspirações.

A responsabilidade para com a justiça não é incompatível com a deferência para com pronunciamentos gerais ou decretos de instituições com autoridade, tais como legislaturas e tribunais. Pelo contrário, a justiça, muitas vezes, talvez comumente, exige tal deferência. Tampouco tal responsabilidade exclui a deferência para com o processo decisório na solução de casos controvertidos. Novamente, a justiça, com muita freqüência, exige tal deferência. A responsabilidade para com a justiça também é compatível com a defesa vigorosa em nome de objetivos do cliente em uma ampla gama de circunstâncias. A idéia de justiça evoca os compromissos simultâneos do advogado com a defesa partidária e o serviço como "funcionário do tribunal", com a identificação solidária com os clientes e o distanciamento deles.

Uma resposta preliminar à questão de como o advogado deve decidir questões de justiça é que ele deve pensar nelas como se fosse um juiz. A resposta tem a vantagem de invocar o único setor da cultura jurídica em que julgamentos contextuais a respeito de mérito jurídico e justiça são rotineiramente vistos como possíveis e adequados. Mas a resposta precisa ser qualificada para enfatizar que pensar como um juiz não significa necessariamente chegar às mesmas decisões que tomaríamos como juízes. A referência é a um estilo de julgamento, não a um conjunto particular de decisões ou responsabilidades substantivas. A justiça, muitas vezes, é servida por uma diferenciação de funções na qual os ocupantes de diferentes papéis assumem responsabilidade por aspectos diferentes de uma situação.

A estrutura dos problemas da ética jurídica

Será útil ilustrar a Visão Contextual considerando as questões éticas em termos de certas tensões recorrentes: substância *versus* processo, propósito *versus* forma, enquadramento amplo *versus* enquadramento estrito. A maioria dos problemas da ética jurídica envolve todas as três mas, geralmente, uma parece especialmente destacada e problemática.

Substância versus processo

A tensão entre substância e processo origina-se da percepção do advogado, por um lado, dos limites do seu julgamento no que diz respeito ao mérito substantivo de uma questão e, por outro lado, dos limites dos processos estabelecidos para determinar a questão. Poderíamos dizer ao advogado que olhasse apenas para a substância; poderíamos, então, dizer que ele deve trabalhar para promover apenas as reivindicações e objetivos que determinou que devem prevalecer. A mais importante objeção a essa abordagem não é a de que as decisões do advogado a respeito dos méritos substantivos seriam controvertidas – as decisões de juízes, júris e funcionários executivos poderiam ser controvertidas também. A principal objeção é que juízes, júris e funcionários executivos que atuam dentro dos processos públicos relevantes geralmente são capazes de fazer determinações mais confiáveis dos méritos do que os advogados individuais.

Mas as capacidades relativas das pessoas nesses outros papéis dependem de como o advogado desempenha o seu papel. Além disso, embora os outros atores possam *geralmente* estar em melhor posição que o advogado para avaliar os méritos, pode haver ocasiões importantes em que não estão. Talvez uma parte adversa ou um representante público careça da informação ou dos recursos necessários para iniciar, perseguir ou determinar uma reivindicação. Ou, talvez, o representante público seja corrupto, politicamente intimidado ou incompetente. Ou talvez os processos relevantes sejam mal projetados para solucionar a questão; talvez seja impossível conseguir jurisdição sobre uma parte necessária ou decidir a questão em um tempo suficientemente breve para proteger algum interesse urgente ou encontrar propriedade contra a qual aplicar um julgamento.

A resposta básica da Visão Contextual à tensão substância–processo é esta: quanto mais confiáveis os processos e instituições, menos responsabilidade direta o advogado precisa assumir pela justiça substantiva da solução; quanto menos confiáveis os processos e instituições, mais responsabilidade direta ele precisa assumir pela justiça substantiva.

Isso significa, para começar, que o advogado precisa desenvolver um conjunto de práticas que tendem, nos cenários em que trabalha, a contribuir para soluções justas. Essas práticas geralmente serão as recomendadas pela Visão do Interesse Público – práticas que facilitam a apresentação de informação relevante e impedem o engodo e a manipulação. A característica mais evidente da Visão Contextual é que o advogado deve tratar seu compromisso com essas práticas como um conjunto de pressupostos fracos. Assim que o advogado formula o seu estilo geral de advocacia, deve permanecer alerta a indicações de que alguma premissa subjacente ao seu julgamento de que uma prática que ele inclui é boa não se aplica ao caso particular e, quando encontra tal indicação, deve rever a prática em conformidade.

O advogado deve responder a defeitos processuais tentando mitigá-los. Ao orientar o advogado a tentar primeiramente melhorar o processo, a abordagem contextual respeita a premissa tradicional de que a melhor garantia de uma solução justa é a solidez do processo que a produziu. Mas, na medida em que o advogado não pode neutralizar defeitos no processo relevante, deve assumir responsabilidade direta pela validade substantiva da decisão. Deve formar o seu próprio julgamento a respeito da solução substantiva adequada e tomar ações razoáveis para ocasioná-la.

O advogado desinformado do queixoso[1]. Imagine um caso de delito civil trazido por um queixoso indigente que sofreu fe-

---

1. Gary Bellow e Bea Moulton, *The Lawyering Process* 586-91 (1978).

rimento grave como resultado da negligência incontestada do réu, mas que pode ter contribuído para o próprio ferimento. Durante a negociação, o advogado da companhia de seguros que conduz a defesa percebe que o advogado do queixoso não sabe que uma lei recente que revoga a previsão legal de defesa com fundamento na contribuição da negligência da vítima seria aplicável retroativamente nesse caso. O advogado do queixoso está negociando sob a suposição de que há uma probabilidade substancial de que a negligência de seu cliente excluirá inteiramente o ressarcimento, quando, na verdade, não há tal probabilidade. O advogado de defesa prossegue e conclui a negociação sem corrigir a impressão errônea.

Gary Bellow e Bea Moulton, que contam essa história, inclinam-se, aqui, para a abordagem do Interesse Público. Os proponentes da Visão Dominante poderiam preferir um roteiro em que a vítima da não-revelação não fosse um indigente e o beneficiário não fosse uma companhia de seguros. Para esse propósito, podemos recordar uma história de Monroe Freedman sobre um advogado de divórcio que enfrenta uma "mercenária cujo único valor na vida é arrancar do marido cada centavo e propriedade, a qualquer custo para a relação pessoal, os filhos ou qualquer outra coisa"[2]. As abordagens da Visão Dominante e do Interesse Público solucionariam tais casos por meio de regras categóricas, de não-revelação no caso da Visão Dominante e de revelação no caso da Visão do Interesse Público.

A Visão Contextual exige um julgamento mais complexo. No caso de ferimento pessoal, o interesse crítico para o advogado de defesa deveria ser determinar se o acordo provável na ausência de revelação seria justo. Pelos fatos dados, parece provável que o acordo não seria. O advogado do

---

2. "A Gathering of Legal Scholars to Discuss 'Professional Responsibility and the Model Rules of Professional Conduct'", 35, *University of Miami Law Review* 639, 652-3 (1981).

queixoso provavelmente estabeleceu o limite mínimo bem abaixo do valor adequadamente descontado das reivindicações do queixoso por causa do seu erro a respeito da lei. Aqui, a responsabilidade do advogado de defesa é encaminhar o caso para um resultado justo; a melhor maneira de fazer isso é, provavelmente, fazer a revelação e retomar a negociação. Esse dever é acionado pelo fato de que, sem alguma assistência do advogado de defesa, não se pode esperar que o processo produza uma solução justa. O erro do advogado do queixoso é uma ruptura importante no processo e, com o caso voltado para o acordo pré-julgamento, não haverá mais oportunidades para que advogado, juiz ou júri consertem a ruptura.

O advogado de defesa também deveria avaliar a probabilidade de que a revelação tenha um efeito contrário e leve a um resultado menos justo porque o advogado do queixoso toma essa informação e tenta conseguir mais do que aquilo a que tem direito, por meio de alguma tática agressiva própria. Mas esse risco parece pequeno se, como o roteiro sugere, o advogado do réu é mais experiente que o do queixoso, este não foi agressivo e parece provável que a questão seja concluída antes que o queixoso tenha oportunidade de iniciar novas manobras. No caso de divórcio de Freedman, as coisas podem ser diferentes; a revelação dos proventos efetivos do marido à "mercenária" pode incitar a escalada das exigências já injustamente altas. Se for assim, então a revelação poderia ser adiada até que futuros desdobramentos indicassem se o caso tem probabilidade de ser solucionado com justiça sem ela. O dever do advogado não é cumprido, no entanto, até que ele faça a revelação ou que o caso seja resolvido de maneira justa sem que ele a faça[3].

---

3. Os advogados com a informação deveriam também considerar se os seus clientes têm algum interesse independente dos méritos substantivos das afirmações que garantiriam a não-revelção. Em alguns casos, pode haver razões de priva-

Sonegação fiscal. Considere agora um caso em que a ruptura origina-se de incapacidade da parte de instituições oficiais. Suponha que um experiente advogado tributarista concebeu um novo dispositivo para evitar o imposto. Ele próprio está convencido de que não deve ser permitido, mas há um argumento não-frívolo a favor da sua legalidade[4]. O advogado poderia crer que o Internal Revenue Service e os tribunais estão em melhor situação para solucionar tais questões. Ele pode argumentar que o órgão e os tribunais têm mais experiência do que ele, que também estão mais capacitados a resolver questões de uma maneira que possa ser aplicada uniformemente a casos similares e que estão sujeitos a vários controles democráticos. Contudo, tais argumentos são relevantes apenas na medida em que o órgão e os tribunais realmente tomem uma decisão informada sobre a matéria. As premissas do advogado não autorizariam que ele usasse o dispositivo em um caso em que o órgão e os tribunais nunca revisariam eficazmente. Isso poderia acontecer porque o órgão carece de recursos suficientes para identificar a questão ou levar a matéria ao tribunal.

Em tal situação, o advogado deve reagir à deficiência processual. Pode fazer isso tentando remediá-la, por exemplo, trazendo a questão à atenção do IRS (digamos, sinalizando ao órgão com a declaração de imposto de renda). Se

---

cidades ou ligado ao direito de propriedade militando contra a revelação. No caso de dano pessoal, contudo, quando a informação diz respeito à condição de uma regra jurídica, é difícil perceber qualquer interesse do tipo. As regras jurídicas estão em boa parte no domínio público. No caso de divórcio, a informação diz respeito às finanças do marido, nas quais ele não deve ter nenhum interesse de privacidade ou ligado ao direito de propriedade contra a esposa.

4. No jargão de alguns praticantes tributários, ele acredita que há uma "base razoável" para o dispositivo, mas não acredita que há "autoridade substancial" ou que seja "mais provável do que não" que o dispositivo seja permissível. Cf. Special Committee on the Lawyer's Role in Tax Practice, Association of the Bar of the City of New York, "The Lawyer's Role in Tax Practice", 36, *Tax Lawyer* 865 (1983).

esse curso não é possível (por exemplo, porque o cliente não permite), ou se isso não será suficiente para remediar as deficiências processuais (por exemplo, porque a agência está tão atada que não pode sequer responder a tais sinais), então o advogado tem de assumir responsabilidade mais direta pela resolução substantiva. Se ele pensa que o dispositivo deve ser considerado inválido, deve recusar-se a compactuar com ele. Nessas circunstâncias, entre as pessoas encarregadas de tomar decisões ele é a que está em melhor situação para pronunciar-se sobre a matéria.

Em situações em que o procedimento é suficientemente confiável e o advogado não precisa assumir responsabilidade direta pelos méritos substantivos, ele conserva o dever de tornar o processo tão eficaz quanto possível e de abster-se de ações que reduziriam a sua eficácia. Embora ele mesmo não precise considerar os méritos substantivos, deve fazer o que pode para facilitar isso ao adjudicador.

O grafologista. Considere uma questão de táticas de impedimento enganosas. É adequado que um advogado, ao interrogar o grafologista da parte contrária, substitua um escrito que a testemunha identificou por outro com uma assinatura diferente, na esperança de que a testemunha não perceba a substituição e continue a insistir no que será, então, uma identificação demonstravelmente equivocada? A Visão Dominante tende a permitir tais táticas; a abordagem do Interesse Público tende a condená-las[5].

Pela Visão Contextual, a questão exige que se investigue se a tática pode ou não contribuir para a capacidade do adjudicador de decidir imparcialmente o caso. Se o advogado não tem nenhum conhecimento a ser retido na audiência,

---

5. Ver *In Re Metzger*, 31 Haw. 929 (1931) (condenando categoricamente a tática).

a questão ética não será urgente porque, na medida em que a tática deixa de contribuir para a compreensão imparcial das questões, o adjudicador pode descontá-la adequadamente. Mas, se o advogado tem conhecimento que não pode ser formulado como prova admissível[6], a questão ética pode ser importante. Suponha que o advogado tenha motivo para acreditar que a testemunha é competente e que a identificação é correta, mas que a tática pode funcionar porque a testemunha tende a ficar nervosa e distraída em aparições públicas. No caso, a tática tem antes probabilidade de impedir que de aumentar a capacidade do adjudicador de decidir imparcialmente. Por outro

---

6. A razão mais importante pela qual a informação comprobatória não é oferecida como prova é o fato de que é adversa aos interesses da única parte que tem conhecimento dela. Contudo, mesmo em situações em que a informação é igualmente disponível para ambos os aconselhamentos, os advogados podem ter suficiente discernimento das questões factuais específicas que não podem ser formuladas como prova admissível.

Primeiro, a informação probatória pode ser excluída pelas normas referentes às provas. Algumas regras, tais como as de privilégio, são baseadas em outras considerações que não a comprovação. Além disso, a maioria das regras, especialmente as regras sobre testemunho indireto, são excessivamente amplas; excluem algumas provas subjetivas para evitar determinações de comprovação *ad hoc* para itens individuais de prova. As regras supõem que tais julgamentos não seriam confiáveis nem eficientes. Porém, mesmo quando isso é verdade no que diz respeito a juízes e júris, muitas vezes não é verdade no que diz respeito a advogados. Por exemplo, foi reconhecido que a prova subjetiva mas inadmissível desempenha um papel valioso nas decisões do promotor de acusar ou rejeitar casos. Samuel Gross, "Loss of Innocence: Eyewitness Identification and Proof of Guilt", 16, *Journal of Legal Studies* 395, 407-8, 432-40 (1987).

A segunda razão pela qual os advogados às vezes têm mais discernimento é a sua familiaridade relativa com itens de prova particulares. Os advogados podem passar anos preparando um caso que o juiz deve absorver em dias ou semanas. No curso da preparação, os advogados podem desenvolver uma compreensão tácita ou percepção intuitiva de alguns fatos que não podem ser plenamente articulados, ou podem absorver trechos de menos importância, mas relevantes, que não podem ser apresentados com eficácia ao juiz por causa da sua capacidade mais limitada de absorver as informações dentro dos limites de tempo. Apesar ou talvez até por causa dessa diferença, o juiz muitas vezes estará em melhor posição para determinar o caso inteiro – ele pode ser capaz de perceber melhor a floresta por não estar preocupado com as árvores –, mas os advogados muitas vezes têm vantagens no nível do detalhe.

lado, suponha que o advogado tenha informação extra-oficial indicando que a testemunha não é competente e que a identificação está errada. No caso, ele pode decidir plausivelmente que a tática contribuiria para uma decisão justa[7].

Em casos como esse, as preocupações éticas surgem do fato de que, mesmo em um processo relativamente confiável, o advogado normalmente tem oportunidades de melhorar as chances de sucesso do cliente de maneiras que não facilitam a decisão do juiz sobre o mérito. A Visão Dominante vale-se do juiz para verificar tais manobras a pedido do advogado da outra parte, mas o juiz, mesmo depois de ouvir ambos os lados, muitas vezes está menos bem informado a respeito de questões factuais específicas do que o advogado. Em tais situações, o advogado não deveria atribuir a responsabilidade ao juiz por táticas que ele não crê que contribuam para uma solução justa. Como ele tem uma vantagem ao avaliar a matéria, deve exercitar o seu próprio julgamento e, quando adequado, autolimitar-se. Longe de transformar o papel do advogado no de juiz, a Visão Contextual contempla um papel que complemente a compreensão geralmente aceita do papel do juiz. O advogado assume a responsabilidade por vindicar méritos substantivos na medida em que não se possa esperar que o juiz o faça. Em outras situações, a sua responsabilidade é simplesmente facilitar a decisão judicial informada.

---

7. No seu texto pioneiro sobre a prática de julgamento, Robert Keeton oferece uma conclusão bastante similar à minha: "É permissível usar qualquer fundamento de reivindicação ou defesa juridicamente sustentável, embora seja uma manobra de surpresa, para defender uma posição que se acredita justa, qualquer que seja a base da sua crença." *Trial Tactics and Methods* 4-5 (1973). De modo interessante, Keeton caracteriza isso como a "resposta implícita na prática vigente", o que sugere que alguns aspectos da Visão Contextual são menos estranhos às visões da corrente principal do que tendo a retratá-las. Duvido que Keeton esteja certo neste caso, mas seria bom se estivesse.

Naturalmente, pode-se imaginar um contexto processual que seja tão confiável que torne supérfluo o tipo de responsabilidade em que se insiste aqui: a disputa será resolvida prontamente, pela decisão de alguém rotineiramente capaz de identificar e neutralizar o excesso de ofuscação e agressividade, após uma audiência em que ambos os lados sejam representados com competência e adequadamente financiados, governada por regras e processos que assegurem o desenvolvimento pleno das provas e questões e na qual o alívio eficaz esteja disponível. Mas situações que sequer se aproximem desse ideal são excepcionais no mundo real, não, como insinua a Visão Dominante, a norma empírica. Uma das forças da Visão Contextual é que ela reconhece e reage à imperfeição processual.

Propósito versus *forma*

Alguns exemplos da tensão substância *versus* processo parecem variações da tensão propósito *versus* forma. Quando o advogado impede uma testemunha que ele sabe ser fidedigna, quando faz objeção a boatos que sabe serem precisos, quando coloca a parte oponente à prova quanto a uma questão que o cliente não tem nenhuma razão legítima para contestar, ele tira vantagem das regras processuais destinadas a promover a tomada de decisões precisas, eficientes, de maneiras que frustram esse propósito. Quando os juízes aplicam regras, esperamos que levem em conta os valores (propósitos ou princípios) subjacentes às regras. Mas o juiz muitas vezes carece de conhecimento suficiente para determinar se os valores relevantes seriam atendidos pela aplicação das regras. O advogado, porém, muitas vezes, tem conhecimento suficiente para fazer isso. Assim, é uma importante objeção à Visão Dominante o fato de que não impõe ao advogado nenhuma responsabilidade de cuidar para que as regras que invoca sejam aplicadas de uma maneira que leve em conta os seus propósitos.

O argumento, até agora, sugere que a escolha do advogado entre uma abordagem formal das regras processuais ou uma abordagem centrada no propósito deve depender de qual abordagem parece mais bem calculada para vindicar os méritos jurídicos relevantes. Na maioria dos contextos, as considerações de mérito favorecem uma abordagem centrada no propósito. Contudo, a Visão Contextual também exige que o advogado permaneça alerta para indicações de que uma abordagem centrada no propósito poderia não promover o seu objetivo.

Em muitas situações, especialmente quando o advogado deve assumir responsabilidade direta por considerações de mérito substantivo, considerações de propósito *versus* forma são claramente problemáticas. Uma razão para considerar a lei como legítima na nossa cultura é que ela incorpora os propósitos adotados por legisladores com autoridade: partes de um contrato, legisladores que decretam uma lei, juízes que pronunciam uma regra de *common law*, o povo que adota uma constituição. Mas a legitimidade da lei também depende de incorporar esses propósitos na forma de regras. Ao mediar entre a intenção legislativa e a aplicação coerciva em casos específicos, a forma da regra diferencia a lei de um regime de subordinação pessoal ao legislador. As regras não podem ser aplicadas sensatamente sem consideração para com os seus propósitos, mas os propósitos só podem ser implementados adequadamente por referência à sua expressão nas regras.

Essa tensão reaparece quando os advogados têm a oportunidade de moldar uma atividade ou transação de maneira que pareça compatível com uma interpretação superficial plausível de uma regra mas que parece minar o seu propósito. Por exemplo, um marido divorciado que concordou, na separação, em pagar à ex-mulher uma porcentagem dos seus proventos por cinco anos, poderia tentar economizar dinheiro combinando com o empregador adiar o pagamento até a expiração do período da pensão. Ou o proprietário de uma frota de táxis poderia proteger seu ativo contra responsabilidade civil mantendo cada táxi por meio de uma empresa separada.

A Visão Dominante tende a licenciar a manipulação da forma para derrotar o propósito; embora os seus pronunciamentos sejam menos claros, a Visão do Interesse Público tende a proibir tal manipulação. A Visão Contextual responde à tensão propósito *versus* forma com a seguinte máxima: quanto mais claros e fundamentais os propósitos relevantes, mais o advogado deve considerar-se obrigado por eles; quanto menos claros e mais problemáticos os propósitos relevantes, mais justificado está o advogado em tratar formalmente as normas relevantes. Tratá-las formalmente significa tratá-las da maneira que a Visão Dominante prescreve para todas as normas jurídicas – compreendê-las para permitir qualquer objetivo do cliente que não esteja claramente excluído pela linguagem das normas.

As referências a propósitos "fundamentais" e "problemáticos" evocam a prática estabelecida de favorecer interpretações dos textos jurídicos compatíveis com valores aos quais a cultura jurídica atribui forte importância e desfavorecer interpretações que ameacem tais valores. Um propósito "fundamental" vindica um valor básico; um propósito "problemático" ameaça tal valor. Tanto na interpretação contratual como na das leis, é comum favorecer a primeira e desfavorecer a segunda, variando o ônus da especificação formal imposto às pessoas que tentam alcançá-las. Os tribunais esforçam-se para evitar interpretar contratos que obrigam a conseqüências injustas e para evitar interpretar leis de maneiras que infringiriam constitucionalmente interesses importantes (mesmo quando as interpretações rejeitadas não seriam proibidas constitucionalmente)[8]. Os advogados devem raciocinar de maneira análoga ao decidir que peso dar aos propósitos expressos ambiguamente nas regras com que lidam.

Sonegação fiscal. Eis um exemplo que envolve um propósito claro, não problemático. O cliente é um gerente de hotel muito bem pago. O advogado determina que o cliente poderia economizar um bocado em impostos renegociando o contrato com o empregador de modo que, em troca de uma redução na compensação monetária, ele concordaria em residir no hotel. O advogado deve decidir se sugere isso ao cliente ou, se o cliente o sugeriu, deve decidir se o implementa. Suponha que alguma limitação institucional torne implausível confiar em que o IRS determine o caso, de modo que o advogado deve assumir responsabilidade direta pelos méritos substantivos.

Se existe alguma autorização para o arranjo nas leis de imposto de renda, ela está em um dispositivo de lei que exime a acomodação fornecida pelo empregador no seu estabelecimento quando o arranjo é "para a conveniência do

---

8. Ver, por exemplo, *Kent contra Dulles*, 357 U.S. 116 (1958); Alexander Bickel e Harry Wellington, "Legislative Purpose and the Judicial Process: The Lincoln Mills Case", 71, *Harvard Law Review* 1, 22-35 (1957); Richard Posner, "Statutory Interpretation – In the Classroom and in the Courtroom", 50, *University of Chicago Law Review* 800, 819 (1987).

Quando o propósito é problemático, é adequado tratar a regra formalmente porque um propósito problemático ameaça ou sobrecarrega um objetivo de importância especial para o cliente ou algum interesse de autonomia mais geral ao qual a lei oferece proteção especial (por exemplo, a privacidade). Quando o propósito é meramente obscuro, esse tratamento é justificado por uma presunção residual de fundo de que a conduta privada que não ofende propósitos públicos (ou direitos privados) é permissível. Ver *Papachristou contra Cidade de Jacksor.ville* 405 U.S. 156 (1972) (declarando nula, por razões de obscuridade, uma lei criminal de vadiagem).

empregador" e é "exigido [...] como condição de emprego"[9]. A regra, pode-se dizer, permite o arranjo contemplado – o contrato de emprego poderia ser redigido para impor tal "exigência".

Suponha que o advogado interprete esse dispositivo para expressar uma crença de que é injusto taxar tais benefícios em espécie pelo valor de mercado pleno porque, provavelmente, eles valem muito menos para o empregado, já que ele os associa com o trabalho e não pode trocá-los por coisas que pode querer mais, como dinheiro. Os benefícios em espécie provavelmente têm algum valor para o empregado, mas estimar esse valor em cada caso seria impraticável do ponto de vista administrativo, e nenhum pressuposto geral plausível seria preciso em uma porcentagem suficiente de casos para garantir o seu uso. Portanto, nessa teoria, a lei isenta o ganho porque é a abordagem prática mais justa.

Suponha que o advogado decida que não seria compatível com esse propósito da lei aplicar a isenção a arranjos que o contribuinte iniciou. Em tais situações, é mais razoável presumir que o contribuinte realmente dá aos benefícios o valor da quantia da redução de salário combinada ou, talvez, o seu valor de mercado. Além disso, em tais situações pode ser mais provável que a motivação para a transação seja puramente economia de imposto, não eficiência dos negócios, de modo que desencorajá-la teria pouco custo na eficiência. Assim, o advogado conclui que a isenção não deve estar disponível na transação contemplada.

Suponha ainda, porém, que os tribunais da jurisdição relevante tenham rejeitado as contestações do IRS a arranjos em espécie iniciados pelos contribuintes[10]. A teoria de

---

9. 26 U.S.C. seção 119(a) (1982). Esse exemplo foi sugerido por Mark Kelman, *A Guide to Critical Legal Studies* 35 (1987).
10. Ver *Caratan contra Commissioner* 442 F.2d 606, 609-11 (9ª Cir. 1971).

competência institucional do advogado sugere que as decisões do tribunal têm mais autoridade que as suas próprias visões sobre méritos substantivos. Em conformidade com isso, ele está inclinado a pôr de lado suas visões e prosseguir com a transação. Mas a análise ainda não está completa. Ele ainda deve considerar em que propósitos se baseiam as determinações dos tribunais.

Suponha que ele conclua que as determinações não estão baseadas em um julgamento de que tais arranjos são compatíveis com os propósitos da lei mas em uma crença de que seria muito custoso determinar se cada transação particular foi, na verdade, escolhida ou iniciada pelo contribuinte. Nesse ponto, o advogado deve rever a sua teoria de competência institucional. Pode não ser prático para os tribunais e o IRS fazer tais determinações mas bastante prático para o advogado tributarista, especialmente se o advogado sugeriu a idéia e ainda não a comunicou ao cliente. Já que o advogado acredita que o propósito relevante é claro e não problemático, ele não deve prosseguir com um plano que frustraria o propósito.

Maximização do bem-estar. Considere agora um caso em que o propósito relevante é menos claro e mais problemático. A cliente é uma beneficiária de assistência pública pelo programa de auxílio a famílias com crianças dependentes (AFDC – Aid to Families with Dependent Children). Ela e o filho vivem sem pagar aluguel em uma casa de propriedade da prima dela. Pelos regulamentos aplicáveis, receber acomodação "sem nenhum custo" é considerado "provento em espécie" que exige uma redução de cerca de $150 dólares na concessão da previdência[11]. O advogado tem de decidir se recomenda que a cliente faça um pagamento nominal de,

---

11. Ver *Code of Massachusetts Regulations*, título 106, seção 304.510 (1987).

digamos, 5 dólares à prima, a fim de não estar mais recebendo acomodação "sem nenhum custo" e, assim, evitar a redução de $150 dólares na sua concessão.

Mais uma vez, suponha que alguma omissão institucional exija que o advogado assuma responsabilidade pelos méritos substantivos. Depois do exame, ele é incapaz de obter uma percepção de propósito legislativo tão clara e coerente como a envolvida no caso tributário. Por um lado, a redução de benefício parece destinada a refletir as necessidades menores de pessoas com abrigo subsidiado, e o fato de que o dispositivo poderia ser eficazmente anulado por planejamento financeiro sugere que o planejamento não foi contemplado. Por outro lado, a regulamentação não exclui explicitamente tais esforços, embora fosse bastante simples fazê-lo, estipulando uma redução do benefício correspondente à diferença entre o pagamento de aluguel e o subsídio de abrigo de $150 dólares implícito na concessão. (Ao contrário da situação no caso tributário, as autoridades da previdência já enfrentaram a questão da avaliação de uma maneira potencialmente administrável.)

Suponha que a jurisprudência e a história legislativa antecedentes sugiram que a regulamentação é uma conciliação entre o princípio de que as concessões refletem as necessidades menores de pessoas com gastos de aluguel baixos e o princípio rival da FLAT GRANT, de que a determinação da necessidade deve considerar apenas os fatores básicos e facilmente determináveis de renda e do tamanho da família[12]. Nessa situação, o advogado não tem nenhuma percepção

---

12. Ver Arthur LaFrance, *Welfare Law: Structure and Entitlement* 351-65 (1979); Jane Hoey, "The Significance of the Money Payment in Public Assistance", *Social Security Bulletin* 3 (setembro de 1944); Robert Rabin, "Implementation of the Cost-of-Living Adjustment for AFDC Recipients: A Case Study in Welfare Administration", 118 *University of Pennsylvania Law Review* 1143, 1148 (1970).

clara de qual curso de ação seria mais compatível com o propósito legislativo. Essa incerteza pesa a favor do tratamento formal da regulamentação.

Mesmo se o advogado encontrasse indicação mais forte de um propósito para excluir o planejamento estratégico, ele poderia ser justificado por desconsiderá-lo se o achasse problemático. Um propósito é problemático se coloca em risco valores fundamentais. O advogado pode decidir que o interesse do requerente por uma renda minimamente adequada é um valor de excepcional importância jurídica, que os níveis de concessão da AFDC provêem consideravelmente menos que uma renda minimamente adequada, e o plano em questão poderia aproximá-lo disso.

Esses julgamentos seriam discutíveis mas há autoridade substancial a favor de todos eles. Embora o Supremo Tribunal tenha negado que direitos à subsistência mínima sejam "fundamentais" em alguns contextos, reconheceu-os como excepcionalmente importantes em outros[13]. Há vários padrões públicos de renda mínima adequada; provavelmen-

---

13. Compare *Dandridge contra Williams* 397 U.S. 471 (1970) (os interesses do bem-estar não são "fundamentais" para os propósitos de igual proteção) com *Goldberg contra Kelly* 397 U.S. 254 (1970) (os interesses do bem-estar são fundamentais para os propósitos do devido processo legal). Ver também Thomas Grey, "Procedural Fairness and Substantive Rights", em 18 *Nomos: Due Process* 182-202. (J. Pennock e J. Chapman, orgs., 1977) (argumentando que *Goldberg* só faz sentido com base na suposição de que certos direitos de bem-estar são protegidos substantivamente); Frank Michelman, "Welfare Rights in a Constitutional Democracy", 1979, *Washington University Law Quarterly* 659 (argumentando que direitos reconhecidos pelo Supremo Tribunal, tais como o direito de voto, não podem ser exercidos de maneira significativa sem subsistência econômica mínima e, portanto, implicam direitos de bem-estar).

Observe que, embora *Dandridge* rejeite a idéia de um direito constitucional substantivo amplo ao bem-estar, ela não é incompatível com a prática de dar aos interesses do bem-estar peso suficiente para gerar um pressuposto contra interpretações de normas legislativas que os prejudiquem. Na verdade, *King contra Smith* 392 U.S. 309 (1968), no qual o Tribunal esforçou-se para adotar uma interpretação da lei que favorecesse beneficiários do bem-estar, poderia ser interpretado como empregando tacitamente tal prática.

te os de mais autoridade são os padrões federais de pobreza. Se os níveis de concessão estão abaixo desses padrões no estado relevante, os padrões federais apoiariam o julgamento do advogado de que os níveis são inadequados[14]. O advogado poderia concluir, com base em tal autoridade, que um propósito de excluir tal arranjo de aluguel não deve ser presumido sem uma formulação legislativa explícita.

Enquadramento amplo versus *enquadramento estrito*

Um aspecto importante da reflexão ética é a descrição ou enquadramento da questão. Se enquadramos a questão em função de um número pequeno de características das partes e da sua disputa, ela muitas vezes terá um aspecto diferente do que teria se a descrevêssemos mais amplamente.

Por um lado, as idéias jurídicas encorajam a definição estrita de questões para limitar a intromissão do Estado na vida dos cidadãos e simplificar a tomada de decisões. Por outro lado, tornar os direitos eficazmente aplicáveis às vezes exige o alargamento das questões. Quando as questões são estritamente enquadradas, a sua resolução muitas vezes é influenciada por fatores, como riqueza e poder, que, quando somos forçados a confrontá-los, parecem arbitrários. Os advogados tendem a pesar essas considerações rivais de maneira diferente em áreas diferentes do Direito. No contrato, dão preferência a um enquadramento estrito; no Direito fa-

---

14. A lei do AFDC requer que os estados avaliem os padrões de necessidade para os propósitos do programa e, depois, permite que os estados paguem menos do que as suas próprias determinações. Assim, outra base possível para um julgamento da adequação seria uma comparação dos padrões de necessidade do AFDC do Estado com os níveis de concessões. Ver, de maneira geral, United States Department of Health, Education, and Welfare, *The Measure of Poverty* 5-7, 14-7 (1976); Sar Levitan, *Programs in Aid of the Poor for the 1980s* 2-3, 29-32 (4ª ed., 1980).

miliar, o enquadramento é relativamente amplo. Mas, nesses e em outros campos, pode haver muitas controvérsias a respeito das práticas de enquadramento[15].

As questões de enquadramento muitas vezes não são discutidas de maneira direta, mas desempenham um papel importante nas discussões sobre ética jurídica. Por exemplo, ao argumentar a favor do dever mínimo de sinceridade na Visão Dominante, Monroe Freedman desenvolve situações hipotéticas em que a sinceridade pode impedir a solução substantiva adequada por causa de alguma outra deficiência processual. Um famoso exemplo diz respeito a determinar se um advogado de defesa criminal deve interrogar uma testemunha de acusação que coloca o réu perto da cena do crime a despeito da sua visão deficiente[16]. No roteiro de Freedman, embora o testemunho seja preciso e, portanto, o impedimento contemplado pareça irrelevante, o réu, na verdade, é inocente mas não dispõe de um álibi e é vítima de alguma prova circunstancial infeliz. Portanto, a resolução adequada – absolvição – pode depender do impedimento da testemunha fidedigna. De modo similar, no roteiro de divórcio de Freedman, que discutimos anteriormente, o marido revelar sua renda oculta agravaria a injustiça da solução provável porque o advogado da esposa tirará vantagem da informação enquanto continua a adotar táticas agressivas próprias.

O que Freedman faz nessas discussões é ampliar o quadro. A questão é inicialmente enquadrada como uma questão de sinceridade a respeito de uma informação específica (a visão da testemunha, a renda do marido). Freedman, en-

---

15. Sobre o enquadramento em geral, ver Mark Kelman, "Interpretive Construction in the Substantive Criminal Law", 33, *Stanford Law Review* 591, 611-42 (1981).

16. Monroe Freedman, "Professional Responsibility of the Criminal Defense Lawyer: The Three Hardest Questions", 64, *Michigan Law Review* 1469, 1374-1375 (1966).

tão, insiste em que a matéria seja vista no contexto do processo inteiro e em função da provável influência aumentativa da revelação sobre a solução. Não obstante, esse tipo de enquadramento ampliado não tem nenhum lugar na visão de Freedman da tomada de decisão do advogado individual. Nesse nível, ele adota a prática libertária geral do enquadramento estrito. Dá preferência a um dever categórico de impedimento agressivo e de confidencialidade, independentemente das circunstâncias circundantes. Freedman adota o quadro mais amplo apenas quando assume a perspectiva do legislador que decide se ordena ou exclui a reinquirição pela parte contrária ou a quebra de sigilo em tais situações.

Por contraste, a Visão Contextual dá aos advogados individuais responsabilidade substancial para determinar se o enquadramento amplo ou estrito é adequado ao caso particular. Sugere que os advogados devem enquadrar as questões éticas em conformidade com três padrões gerais de relevância. Primeiro, uma consideração é relevante se se ajusta à interpretação mais plausível do Direito substantivo aplicável. As questões éticas devem ser enquadradas estritamente sob leis que regulamentam estreitamente. Por exemplo, as leis de trânsito tendem a regulamentar mais estritamente que as leis de família.

Segundo, uma consideração é relevante se tem probabilidade de ter uma influência prática substancial sobre a resolução. As questões éticas podem ser enquadradas mais estritamente na medida em que fatores substantivamente irrelevantes não tenham probabilidade de influenciar a solução. A igualdade de recursos e o acesso à informação estão entre as considerações mais importantes que pesam a favor da definição estrita sob esse segundo padrão. Terceiro, o enquadramento deve levar em conta o conhecimento e a competência institucional do advogado. Questões de enquadramento amplo tendem a exigir mais conhecimento e julgamentos mais difíceis. Quando o advogado carece de conhecimento e competência, o enquadramento estrito torna-se mais adequado.

A eleição da representação sindical[17]. Eis um exemplo expandido. Uma rica universidade particular tem um acordo de negociação coletiva com um sindicato local que representa os seus trabalhadores burocráticos e técnicos. Os trabalhadores haviam se organizado anteriormente como uma organização sindical local de empregador único, mas, pouco antes da mais recente negociação de contrato, fundiram-se com uma organização local maior, representando trabalhadores de vários empregadores. A fusão, porém, não foi um sucesso; os líderes dos trabalhadores universitários e os funcionários da grande organização local concordaram em que os trabalhadores universitários voltariam a ser uma organização local de empregador único. Em conformidade com isso, a organização local grande alegou delegar sua função representativa à representação universitária reconstituída e renunciou a qualquer interesse em representar os trabalhadores universitários. Algumas semanas depois, a organização local reconstituída promoveu uma eleição para os membros da unidade de negociação, na qual o novo arranjo foi ratificado por uma margem de cinco para um, embora com apenas cinqüenta e cinco por cento desses votos elegíveis. A organização universitária não fez nem propôs nenhuma mudança nos direitos internos dos membros nem nos termos do acordo de negociação coletiva existente.

Por recomendação do conselho, a universidade agora se recusa a reconhecer a representação local reconstituída ou a pagar taxas vencidas a ela em conformidade com os dispo-

---

17. O exemplo é inspirado pelos acontecimentos na Stanford University em 1984. Como alterei os fatos, ofereço-o como hipotético.

A ÉTICA JURÍDICA COMO JULGAMENTO CONTEXTUAL 235

sitivos de "retenção na fonte" do acordo de negociação coletiva. Ela afirma que a organização local grande não podia transferir autoridade representativa sem uma eleição e que, quando renunciou aos trabalhadores universitários, esses trabalhadores deixaram de ser representados. Como a organização universitária não era a representante legítima dos trabalhadores na ocasião da eleição ratificadora, não tinha nenhuma autoridade para conduzir a eleição, e a votação, portanto, foi inválida. A universidade argumenta ainda que o hiato entre a renúncia e a eleição e a mudança no tamanho da unidade, nos funcionários e procedimentos internos resultantes da reorganização indicam que não há "continuidade de representação" suficiente para assegurar uma pressuposição de que os trabalhadores querem ser representados pela organização local. Na ausência de tal pressuposição, a organização local deve estabelecer a sua condição por meio de uma eleição de certificação conduzida pelo National Labor Relations Board [Conselho Nacional de Relações de Trabalho][18].

O sindicato considera a exigência de uma eleição onerosa, não apenas porque duplica a eleição interna já realizada mas porque seria consideravelmente mais cara em termos de tempo, energia e dinheiro. Ao contrário da eleição interna, uma eleição de certificação do NLRB daria ao empregador ampla oportunidade de fazer campanha contra a organização local e possibilitar que outros sindicatos compitam na certificação. A organização local, assim, teria de dedicar muitos recursos para sua própria campanha. Além disso, a universidade pode conseguir causar mais demora e gasto contestando os resultados da eleição de certificação

---

18. Ver Comentário, "Union Affiliations and Collective Bargaining", 128, *University of Pennsylvania Law Review* 430, 440-53 (1979) (discutindo a doutrina da "continuidade de representação").

perante o NLRB, um processo que poderia levar anos para ser solucionado[19]. Por outro lado, o único recurso prático da organização local para a recusa da universidade em pagar taxas vencidas é fazer uma queixa ao NLRB, o que também, definitivamente, consumirá muito tempo e dinheiro antes que se possa obter compensação eficaz.

Podemos ver a questão ética dos advogados da universidade em termos de substância *versus* processo e propósito *versus* forma. A demora e o gasto dos processos do NLRB originam-se de uma ruptura processual que põe em ação alguma responsabilidade da parte dos advogados universitários para avaliar os méritos substantivos do argumento da universidade. Esse argumento não é frívolo mas é sustentado apenas por considerações formais que derrubam os propósitos das leis relevantes. A maior parte do argumento teria sido trazida à baila por uma eleição realizada antes que a organização local grande renunciasse ao interesse, e parece muito provável que o resultado teria sido o mesmo que na eleição realizada mais tarde.

A razão clara para a demora na realização da eleição foi a falta de cuidado da parte dos líderes da organização local universitária, mas essa falta de cuidado não parece ter prejudicado ninguém. As mudanças internas que acompanham a desafiliação são substanciais mas envolvem um retorno à antiga estrutura pré-afiliação, com a qual a maior parte dos trabalhadores está familiarizada, e não há nenhuma indicação de insatisfação dos trabalhadores com ela. A exigência da universidade, de uma eleição de certificação, não parece, sob nenhuma circunstância, ser sustentada com vigor pelo propósito da Lei Nacional de Relações de Tra-

---

19. Ver Paul Weiler, "Promises to Keep: Securing Workers' Rights to Self-Organization Under the NLRA", 96, *Harvard Law Review* 1769, 1795-7 (1983) (discutindo os efeitos debilitantes da demora no processo de execução do NLRA às tentativas de organização de sindicatos).

balho de tornar os sindicatos genuinamente representativos da unidade de negociação. Além disso, parece frustrar outro importante propósito da lei – minimizar as chances de que o empregador intervenha nos assuntos do sindicato e perturbe seu andamento[20].

Não obstante, descrever a questão dessa maneira ignora muitas das considerações que são mais importantes para as partes e os seus advogados. Embora os advogados tenham enquadrado a questão nas suas súmulas em função apenas da seqüência limitada de eventos descritos acima, eles e os seus clientes compreendem as questões éticas em termos de perspectivas mais amplas sobre uma relação complexa e de longa duração que se tornou progressivamente acrimoniosa e desconfiada.

Na visão da universidade e dos seus advogados, a organização local está nas mãos de fanáticos que não têm contato com os membros. Esses líderes preferem o posicionamento retórico e ideológico à promoção dos interesses da grande massa. Dissiparam os recursos da universidade em um grande número de queixas sem sucesso. Precipitaram greves custosas por causa de questões de pouca importância para os membros. Geraram hostilidade em torno da negociação coletiva que envenenou as relações pessoais com a universidade sem fazer nenhum progresso prático na posição de negociação do sindicato. Os membros não foram capazes de responsabilizar os líderes porque foram iludidos por suas declarações enganosas e porque poucos deles podem dedicar o tempo e a energia necessários para preparar uma contestação à estrutura de poder do sindicato estabelecido. A partir dessa perspectiva, uma eleição da NLRB facilitaria que os membros reconsiderassem o seu próprio inte-

---

20. Ver *NLRB contra Financial Inst. Employees* 475 U.S. 192, 203, 209 (1986).

resse em um cenário que oferecesse à universidade uma oportunidade de reagir aos engodos dos líderes do sindicato, ao passo que a presença da NLRB derrubaria a intimidação no interior do sindicato.

Os líderes do sindicato e os seus advogados têm uma perspectiva diferente. Acreditam que a conduta da universidade equivale a um ataque opressivamente paternalista ao sindicato. Os funcionários da universidade foram cegados pelos seus preconceitos quanto ao que querem os trabalhadores e pelas suas próprias preferências por um ambiente de trabalho informal em que profissionais de elite possuam arbítrio sem impedimento. Assim, deixaram de considerar seriamente as exigências não-monetárias do sindicato (por exemplo, classificações de trabalho mais estritas e mais controle dos trabalhadores sobre a fixação de horários) e deixaram de reconhecer a necessidade de reformas que limitassem o poder da gerência. Sua hostilidade para com a liderança do sindicato provém de uma compreensão do papel do sindicato – uma compreensão que exclui todas as formas de militância e limita o sindicato a um papel estritamente econômico e disciplinar – que está em conflito com a compreensão sustentada pela maioria dos trabalhadores. A universidade adotou uma posição agressiva na negociação coletiva e defendeu energicamente as queixas sem considerar os seus méritos. Forçar o sindicato a conduzir uma nova eleição de certificação exacerbará os efeitos desse curso prévio de conduta. A mensagem inequívoca – de que, enquanto tiverem um sindicato, podem esperar uma luta exaustiva e cara para conseguir e manter cada concessão – desmoralizará e desmobilizará muitos membros.

Se a questão é enquadrada amplamente e se a visão da universidade é aceita, o argumento a favor do curso de ação agressivo da universidade parece mais forte. As chances de que o curso da universidade tenha sucesso com base nos méritos são fracas, e ela certamente imporá um pesado ônus ao sindicato. Contudo, a partir de uma visão mais ampla, esse ônus poderia ser justificado, já que a estrutura de representação ameaçada parece ser juridicamente inadequada.

Em alguns aspectos, a interpretação mais ampla da lei é apoiada pelos dois primeiros dos três padrões de relevância sugeridos acima – implicação substantiva, impacto prático e competência institucional. Para começar, a questão é governada por uma lei de regulamentação ampla; a lei de trabalho é destinada a constituir e proteger relações. Assegurar a representatividade das estruturas sindicais é um dos seus objetivos principais. Além disso, a interpretação da universidade sugere que a sua tática agressiva poderia neutralizar a influência sobre a solução de fatores juridicamente arbitrários, tais como as manipulações dos líderes da organização local e a incapacidade de muitos trabalhadores de investir muito tempo na política sindical.

Contudo, o terceiro padrão de enquadramento revela sérias objeções a essa linha de pensamento. O fato de a universidade valer-se dessa visão mais ampla parece incompatível com as premissas da lei a respeito da competência institucional. A lei aplicável confere ao sindicato titular uma presunção de representatividade que o empregador deve refutar por meio de "considerações objetivas". A NLRB não consideraria competente, como refutação, nenhuma das impressões em que a universidade baseia a sua interpretação ampla. Mesmo que essas impressões não sejam suficientes para os propósitos do NLRB, o conselho da universidade poderia considerar adequado valer-se delas ao decidir se tira vantagem ou não do lapso processual do sindicato. A universidade poderia ver uma analogia entre essa abordagem e a prática dos promotores de levar em conta provas inadmissíveis ao decidir iniciar ou não um litígio.

Contudo, a analogia não é forte. O conselho da universidade devia reconhecer que tem um preconceito na questão e que há limitações ao seu conhecimento do sindicato que são mais severas que as desvantagens comparáveis da apreciação da promotoria. Além disso, as regras que tornam uma prova inadmissível em um julgamento penal baseiam-se substancialmente em outros fatores que não a desconfiança na opinião dos promotores, tais como preocupação com a má conduta policial, o desejo de proteger relações confidenciais e a confiança limitada nos júris.

Por sua vez, a exigência de que o empregador estabeleça uma base para duvidar da condição representativa do sindicato por meio de "considerações objetivas" parece ter como intenção impedir o empregador de causar o tipo de perturbação que seu presente curso cria, ao excluir o recurso justamente ao tipo de impressões em que se baseia a sua visão mais ampla. Assim, no balanço, os advogados da universidade deveriam enquadrar a questão em termos relativamente estritos, que previnam julgamentos que elas não têm condições de fazer. Como vimos, as suas táticas agressivas parecem inadequadas no quadro mais estrito.

A questão do enquadramento parece menos importante para os advogados do sindicato. As questões para os advogados da universidade parecem originar-se da sua oportunidade de tirar vantagem dos ônus que a demora e a despesa da NLRB impõem ao sindicato. Para os advogados do sindicato, independentemente de a questão ser enquadrada estrita ou amplamente, a resposta apropriada é instar para que a determinação da NLRB seja a mais rápida e barata possível. Promover o processo da NLRB é a melhor maneira disponível de proteger-se contra a tática do empregador, e o roteiro, até agora, não sugere nenhuma razão para que esse curso de ação ameace qualquer interesse legítimo do empregador.

Para ilustrar como a questão do enquadramento poderia tornar-se relevante para os advogados do sindicato, poderíamos complicar a situação introduzindo a hipótese de uma preocupação adicional com a confiabilidade do processo da

NLRB. Recorde que, exceto pela sua reivindicação não-frívola, mas fraca, referente às circunstâncias de desafiliação, a universidade não pode fazer a demonstração prescrita pelas "considerações objetivas" de fundamentos razoáveis para duvidar da condição de maioria do sindicato. Como observamos, essa restrição à capacidade do empregador de acionar uma eleição reflete uma crença de que nem o empregador nem o Conselho estão em posição confiável para determinar quando um sindicato não é mais representativo na ausência de provas objetivas. Contudo, em algumas situações, o empregador pode não ter esse tipo de prova, mas o advogado do sindicato pode estar em boa posição para fazer determinações desse tipo.

Um advogado com uma associação íntima e duradoura com o sindicato não teria o preconceito de um empregador e poderia ter conhecimento suficiente para concluir com confiança que a reivindicação de não-representatividade do empregador está realmente correta e que a exigência de "considerações objetivas" impedirá que a NLRB chegue a essa conclusão. Nessa situação, a competência institucional pesa a favor do enquadramento amplo. O advogado do sindicato não deve contentar-se em valer-se da fraqueza da reivindicação estrita do empregador no que diz respeito à desafiliação para opor-se à eleição de certificação. Ele poderia impelir os líderes locais a se submeterem a um teste de representatividade – por meio de uma eleição de certificação, se essa for a melhor maneira.

Autoridade positiva e substantiva

Cada um dos três conjuntos de tensões que discutimos está relacionado com a oposição entre autoridades jurídicas positivas e substantivas discutida no capítulo 3. Em geral, a tendência para enfatizar a substância em detrimento do processo, do processo em detrimento da forma e do enquadramento amplo em detrimento do estrito encontra eco nas perspectivas substantivistas da teoria do Direito. Uma tendência para enfatizar o processo, a forma e o enquadramento estrito encontra eco no positivismo. No capítulo anterior sugeri que, ao presumir um positivismo forte, a Visão Dominante era implausível e dissociada das suposições da corrente principal da teoria do Direito fora do campo da ética jurídica. O mesmo se aplica ao forte privilégio que a Visão Dominante concede ao processo, à forma e ao enquadramento estrito.

Assim que se abandonam esses compromissos dúbios, pode haver uma tentação de correr para o outro ladro do espectro e abraçar categoricamente a substância, o propósito e o enquadramento amplo. A Visão Contextual resiste a essa manobra. Não oferece uma solução única, geral ou teórica, dessas oposições. Sugere apenas que as mais reflexivas das abordagens convencionais da decisão jurídica muitas vezes nos levarão a conclusões suficientemente fortes a respeito de como esses elementos rivais devem ser equilibrados em contextos específicos.

Algumas objeções

Podemos agora considerar três objeções práticas que a Visão Contextual freqüentemente suscita: de que o tipo de decisão que ela pede requer mais tempo e esforço do que os advogados normalmente têm; de que essas decisões contextuais tendem a estar em conflito com as práticas convencionais e, portanto, a ser ineficazes, e de que um regime contextual ameaçaria os interesses de "clientes impopulares".

Tempo e esforço

Algumas questões éticas parecem vastamente complexas. A Visão Contextual tem a virtude de convidar e permitir que o advogado explore essa complexidade, mas não exige que o faça sem considerar restrições de tempo e recursos[21]. As decisões muitas vezes devem ser tomadas com rapidez, seja por causa de algum prazo iminente, seja porque os interesses envolvidos não justificam os recursos que a análise extensa exigiria. Em tais circunstâncias, o advogado vale-se adequadamente da análise incompleta e de normas que indicam respostas presuntivas a amplas categorias de situações.

Um regime contextual pode conservar recursos precisamente da mesma maneira que o faz um regime categórico – usando regras. O seu uso das regras, porém, difere daquele de um regime categórico. Em uma abordagem contextual, o advogado não se limita à análise categórica uniformemente, mas apenas depois de fazer um julgamento de que as restrições de tempo e recursos proíbem uma análise mais plena. Na medida em que há tempo disponível e os interesses são altos, ele parte para a consideração mais extensiva. Além disso, mesmo quando deve decidir apressadamente, o advogado trata os pressupostos de que se vale como refutáveis, de modo que, quando sabe de considerações que justificam uma resposta não-convencional, permanece aberto a adotá-la.

A decisão ética contextual lembra, nesse aspecto, a decisão tática. Quando o tempo permite e os interesses em jogo são altos, os advogados fazem análises sutis e elaboradas de escolhas táticas. Mas, às vezes, eles têm de decidir rápida e

---

[21]. Para o reconhecimento e a crítica das visões que sugerem que as normas contextuais acarretam mais tempo e esforço, ver capítulo 2, acima.

sumariamente. Por exemplo, um advogado que interroga a testemunha da parte contrária e é surpreendido por uma resposta desfavorável pode ter de decidir, em questão de segundos, se pede ou não um recesso (arriscando-se a assinalar sua perturbação com a resposta), se faz perguntas adicionais (correndo o risco de agravar o efeito da primeira resposta) ou se passa para outro tópico (arriscando-se a perder a excelente oportunidade de mitigar o efeito da resposta).

Ao tomar suas decisões sob tais circunstâncias, os advogados apóiam-se em muitas regras, como "Nunca faça uma pergunta da qual não conhece a resposta". Embora essas regras às vezes sejam ensinadas a advogados inexperientes como normas categóricas, advogados experientes sempre as tratam como presunções refutáveis a ser desconsideradas quando as circunstâncias sugerem que os interesses do cliente seriam atendidos com isso. (Um importante texto sobre a prática do julgamento dá mais de uma dúzia de exemplos de situações em que poderia ser do interesse do cliente o interrogador fazer uma pergunta para a qual não conhece a resposta[22].) Uma das medidas da habilidade técnica do advogado está na sua capacidade de reconhecer, especialmente em situações de pressão, quando é melhor abandonar os ditames de tais normas. O mesmo se aplica à decisão ética.

Convenção

Alguns advogados sentem que, no mundo da prática, a análise ética é geralmente sobrepujada pela força da convenção. Quando as respostas individuais a uma questão convergem, adquirem a força de costume ou prática institucionali-

---

22. Paul Berman, *Trial Advocacy in a Nutshell* 184-229 (1979).

zada e, assim que isso acontece, os advogados tenderão a seguir a prática de maneira mais ou menos irrefletida.

A idéia é um desafio à Visão Dominante assim como à Contextual e, na verdade, a toda a tradição de aspirações do profisionalismo, que exalta a importância da reflexão ética. Contudo, se a convenção coincide com mais freqüência com os ditames da Visão Dominante do que com os da Visão Contextual, talvez seja um problema maior para a segunda. E o vigoroso enfoque da Visão Dominante sobre a lealdade do cliente e a confidencialidade coincide substancialmente com as normas convencionais.

Os advogados são atraídos para a convenção por forças práticas e normativas. Em termos práticos, em um mercado em que os advogados competem por clientes, os advogados que rejeitam convenções favoráveis aos clientes estarão em desvantagem para atraí-los. (Contudo, pode haver forças contrárias, como veremos no capítulo 7.) Além disso, a recusa do advogado em fazer pelo cliente algo que os advogados convencionalmente fazem será, muitas vezes, inconseqüente, já que o cliente poderá encontrar outro advogado que o faça. Em termos normativos, o fato de que uma prática seja uma convenção é evidência da sua solidez. O uso difundido de uma prática pode significar que a maioria dos advogados acredita que ela tem mérito. Isso é especialmente verdadeiro no caso de práticas abertas, visíveis. E quanto mais abertamente difundida a prática, maior a capacidade das autoridades de avaliá-la e policiá-la e, portanto, menor a necessidade de os advogados assumirem essa responsabilidade. Finalmente, negar a um cliente o benefício de uma prática convencional significa tratá-lo diferentemente dos clientes de outros advogados, o que poderia ser injusto.

Todas essas razões justificam dar peso positivo, na decisão contextual, à condição convencional de uma prática. Mas não seria plausível ver as convenções como trunfos que finalizam a análise. Alguns dos valores que sustentam uma prática convencional podem estar patentemente ausentes em determinadas circunstâncias, e alguns podem ser patentemente sobrepujados por considerações rivais. Se um advogado não consegue uma renda razoável sem executar determinado serviço, esse fato pesa a favor de que ele o execute, embora não tivesse nenhum peso para um advogado que desfruta de segurança financeira. Se recusar um certo curso de ação será inconseqüente porque alguém o fará prontamente, isso mais uma vez pesa a favor de aceitá-lo, mas não significa que se devem ignorar considerações contrárias apenas por causa desse fato. Se um chantagista me pedisse para providenciar o assassinato da principal testemunha de acusação, ninguém me consideraria justificado em fazê-lo, mesmo que eu tivesse certeza de que ele poderia contratar outra pessoa para isso.

Naturalmente, assassinar testemunhas não é uma prática convencionalmente aceita. Mas a convencionalidade não é garantia de plausibilidade normativa. Ao administrarmos mesmo as normas jurídicas mais convencionais – o dever civil de "cuidado razoável" – rejeitamos a convencionalidade como defesa conclusiva. Como Learned Hand expressou em um caso que responsabilizava uma companhia de rebocadores por desdenhar uma medida de segurança que outras companhias também costumavam desdenhar, "certas precauções são tão essenciais que mesmo a sua desconsideração universal não desculpará a sua omissão"[23].

De maneira similar, o julgamento moral popular parece não conferir mais do que legitimidade presuntiva ao comportamento convencional. Considere, por exemplo, as práticas vigentes quanto ao consumo de maconha antes da nomeação de Douglas Ginsburg para o Supremo Tribunal, em

---

23. *The T. J. Hooper* 60 F.2d 737 (1932).

1987, ou quanto ao pagamento de impostos empregatícios para trabalhadores domésticos antes da nomeação de Zoe Baird para a procuradoria-geral em 1993. Ambas as nomeações fracassaram por causa da condenação pública da conduta que era convencional na época em que os nomeados empenharam-se nela. No caso de Ginsburg, a convenção sobre o uso de maconha havia mudado na época da nomeação, mas o público sentiu-se livre para penalizar práticas anteriormente convencionais. No caso de Baird, a convenção sobre impostos empregatícios para domésticos que trabalhavam meio período ainda estava inalterada – a maioria das pessoas não as pagava – mas o público sentiu-se livre para penalizar o comportamento convencional como maneira de encorajar uma mudança na convenção.

Finalmente, o argumento convencionalista forte exagera não apenas a força moral da convenção mas a sua determinação e abrangência. A convenção não provê respostas claras para muitas questões éticas. Os advogados não têm boa informação sobre o que outros advogados fazem em muitas situações (em parte porque muita informação relevante está sujeita a normas de confidencialidade). As práticas muitas vezes variam amplamente de uma área geográfica para outra e de uma área de prática para outra. Definir a convenção requer julgamentos controvertidos sobre qual é o âmbito geográfico e substantivo da comunidade relevante.

No caso do Lincoln Savings & Loan, os advogados da Kaye Scholer argumentaram vigorosamente que as práticas pelas quais o Office of Thrift Supervision os sancionaram eram convencionais, mas alguns advogados discordaram veementemente. Alguns sugeriram que, como os advogados de Kaye Scholer careciam de experiência bancária, reproduziram impensadamente práticas convencionais entre os litigantes de Nova York em outro contexto – a auditoria bancária – onde elas não eram convencionais. Seus defensores responderam que, já que a auditoria era atipicamente contenciosa, o contexto relevante era o de litígio civil geral, não de auditoria bancária. Na verdade, simplesmente não há nenhuma resposta clara quanto a quais eram as convenções relevantes.

Clientes impopulares

Uma objeção freqüente ao alargamento da responsabilidade ética dos advogados invoca a imagem do "cliente impopular". Assim que os advogados empreendem algo mais além do escrutínio mínimo dos méritos dos objetivos e reivindicações do cliente, as "pessoas impopulares" – dissidentes, inconformistas, marginais – não poderiam acabar sem representação? O argumento muitas vezes é acompanhado de referências a incidentes famosos em que os advogados corajosamente defenderam vítimas de caça às bruxas, perseguição religiosa e violência popular[24].

Podemos obter uma percepção dos limites dessa preocupação considerando dois famosos episódios em que foi invocada. Um foi a representação de Jim Fisk e Jay Gould por David Dudley Field nas disputas de controle da Ferrovia Erie no fim da década de 1860. O jornalista Samuel Bowles criticou Field, argumentando que os seus esforços prejudicavam a ferrovia, os acionistas e a economia. Field replicou que não tinha feito nada mais por Fisk e Gould além de "dar-lhes opiniões jurídicas e argumentar a favor deles no tribunal" e que tinha o dever de fazer isso para que eles "fossem julgados segundo a lei da terra" e não pelo "clamor público".

Field invocou a defesa de Tom Paine por Lord Erskine diante da vilificação pública, contra as acusações de libelo

---

24. Ver *ABA Model Code of Professional Responsibility* EC 2-27 (afirmando que o "advogado não deve declinar da representação porque um cliente ou causa é impopular ou porque a reação da comunidade é adversa").

sedicioso em *The Rights of Man*. Erskine reagira à zombaria popular proclamando: "Sempre, com todos os riscos, afirmarei a dignidade, independência e integridade da profissão jurídica inglesa, sem as quais a justiça imparcial [...] não pode existir." Field argumentou que o mesmo princípio aplicava-se à sua representação de Fisk e Gould[25].

Há distinções entre essas duas representações de um tipo que a Visão Dominante tende a ignorar. Enquanto as atividades que instigavam o clamor público contra o cliente de Erskine envolviam a publicação de um livro controvertido, as atividades que instigaram o clamor público contra os clientes de Field envolviam o saque da Ferrovia Erie e a manipulação fraudulenta do seu capital. Foi assim, pelo menos, que muitos observadores informados e desinteressados viram o caso. Com certeza, Field poderia ter visto de modo diferente porque algumas das reivindicações que afirmou em nome de Fisk e Gould foram sustentadas nos tribunais de Nova York, e a disputa foi solucionada substancialmente a favor dos seus clientes por uma lei da legislatura de Nova York. Contudo, o judiciário que sustentou essas reivindicações era altamente politizado, parcialmente corrupto e organizado, de tal maneira que era incapaz de resolver a questão com eficácia; e muitos membros da legislatura haviam sido subornados por Gould.

Field não parece ter se envolvido no suborno dos legisladores[26] mas provavelmente tinha conhecimento disso e foi o principal estrategista da notória guerra de injunções nos

---

25. Ver a correspondência entre Bowles e Field reimpressa em Andrew Kaufman, *Problems in Professional Responsibility* 424-444 (2ª ed., 1984). Para descrições gerais das lutas da Ferrovia Erie, ver Charles Francis Adams e Henry Adams, *Chapters of Erie and Other Essays* 1-99, 135-91 (1886); M. Klein, *The Life and Legend of Jay Gould* 81-98 (1986).

26. Alegou-se que Field ofereceu $5.000 dólares a um político amigo de um juiz então a favor de Vanderbilt para induzir o juiz a modificar uma injunção. A acusação nunca foi solucionada. Ver Adams e Adams, *Chapters of Erie* 36-7.

tribunais inferiores. Os clientes de Field e o seu adversário, Commodore Vanderbilt, cada um por sua vez, recorriam a um juiz amistoso, que prontamente entrava *ex parte* com o mandado solicitado para anular os mandados anteriores apresentados por outros juízes por injunção do adversário e novamente fazendo injunções ao adversário de acordo com os desejos do requerente. O código estadual de processo civil facilitava o caos ao dar aos juízes de diferentes distritos jurisdição para todo o estado, sem oferecer um método adequado de resolver decisões conflitantes.

Do ponto de vista contextual, isso parece um caso notável do tipo de falha processual que aciona a responsabilidade de avaliar o mérito substantivo. Não era plausível pensar que o tribunal, dada a sua composição e organização, estava confiavelmente equipado para solucionar com justiça a questão. Assim, Field estava errado ao pensar que não tinha nenhum dever de avaliar os méritos substantivos das reivindicações dos seus clientes. Os que fizeram tal avaliação concluíram que essas reivindicações não tinham absolutamente nenhum mérito[27].

A relevância dessa análise para o argumento do "cliente impopular" é ilustrar que a preocupação do advogado com a impopularidade de um cliente deve depender do motivo da impopularidade. Se a impopularidade reflete uma avaliação válida dos méritos jurídicos das reivindicações e objetivos do cliente, não deve haver nenhuma preocupação. É claro que o advogado não deve aceitar passivamente julgamentos populares de mérito jurídico, mas, quando o seu próprio julgamento concorda com o do público, a impopularidade do cliente não é razão para assisti-lo[28].

---

27. Ver *ibid.*; Kaufman, *Problems* 431-3, 440-4 (reimprimindo a correspondência entre Bowles e Field).

28. Sugere-se às vezes que o advogado deve sentir-se mais pressionado a aceitar o cliente se o advogado for a única perspectiva de representação do cliente,

Das muitas distinções que Field ignorou entre a situação de Erskine e a sua estava a de que as reivindicações do cliente de Erskine tinham consideravelmente mais mérito jurídico. Estavam profundamente fundamentadas nas normas jurídicas da liberdade de expressão. Os outros exemplos clássicos de representação civil de clientes impopulares, tais como os que envolvem manifestantes pelos direitos civis ou vítimas de caça às bruxas, também são instigantes porque as reivindicações dos clientes tinham mérito forte, mesmo pela Primeira Emenda. Na Visão Contextual, esse mérito provê forte razão para aceitar o caso.

Além disso, parece improvável que a Visão Dominante tenha feito alguma contribuição prática para a disposição dos advogados de aceitar "clientes impopulares" em casos de liberdades civis. O típico "cliente impopular" na área de liberdades civis é incapaz de pagar os custos de representação e, portanto, depende da disposição dos advogados de aceitar um caso de tal tipo *pro bono*. Ainda assim, em casos *pro bono*, os advogados sempre fizeram julgamentos de mérito substantivo. Indícios de amostragem indicam que os advogados tendem a estar mais comprometidos com liberdades civis substantivas do que o público leigo[29]. Esse com-

---

ou, como diz Murray Schwartz, se ele for "o último advogado da cidade". "The Zeal of the Civil Advocate", 1983, *American Bar Foundation Research Journal* 543, 562-3. A sugestão está errada na medida em que o fundamento para a recusa do advogado é um julgamento de que a posição do cliente carece de mérito. Nesse caso, representar o cliente seria um uso inútil e potencialmente destrutivo de recursos escassos.

A situação, porém, pode envolver um problema distinto. Se o advogado não é o "último advogado na cidade", mas o *único* advogado na cidade (ou o único que tem probabilidade de considerar a questão), então a sua decisão envolve mais responsabilidade. Isso não é razão para aceitar o caso independentemente dos méritos, mas é razão para tomar cuidado excepcional na avaliação dos méritos.

29. John Heinz e Edward Laumann, *Chicago Lawyers* 145-6, 149-51 (1982); Herbert McCloskey e A. Brill, *Dimensions of Tolerance* 245-7 (1983).

promisso substantivo, não a ética da Visão Dominante, explica o admirável serviço da profissão a clientes impopulares com reivindicações de liberdades civis meritórias.

O terreno moral da advocacia reconsiderado

Estamos agora em posição de reconsiderar os três exemplos apresentados na Introdução.

O condenado inocente. O drama do cliente que confessa um assassinato pelo qual um homem injustamente condenado espera a execução poderia ser descrito como um conflito extremo de processo (confidencialidade) e substância (inocência)[30]. Claramente, o sistema processual geral fracassou até agora, e parece improvável que, na ausência de alguma intervenção do advogado, ele tenha alguma chance de se corrigir. O advogado, portanto, tem certa responsabilidade de avaliar o mérito substantivo, e parece claro que existe a perspectiva de uma tremenda injustiça.

Comparado com os interesses em jogo do condenado inocente, o interesse legítimo do cliente pelo silêncio parece trivial. Com certeza, ele colocou sua confiança no advogado, mas, assim como a "honra entre ladrões" mostra que nem todas as formas de honra são especialmente valorosas, a confiança de um assassino na disposição do advogado de permanecer passivo diante da enorme injustiça parece ter pouco peso. A consideração rival mais importante não é o direito do cliente ao silêncio mas o efeito da revelação em dissuadir pessoas com interesses mais legítimos de buscar aconselhamento jurídico.

---

30. Presumo, para propósitos heurísticos, que a informação veio do assassino verdadeiro, embora a descrição de Powell seja ambígua quanto a esse ponto. Arthur Powell, *I Can Go Home Again* 289-92 (2ª ed., 1943).

No capítulo 2 expressei ceticismo a respeito dos argumentos dos advogados de que as garantias da confidencialidade categórica são essenciais para induzir as pessoas a buscar aconselhamento jurídico. Os argumentos parecem especialmente fracos quando aplicados a esse caso. Se o advogado pudesse fazer uma revelação anônima para ajudar o condenado inocente, isso não teria nenhum efeito enfraquecedor sobre a confiança geral na confidencialidade do advogado. Mesmo uma revelação com muita publicidade parece não ter probabilidade de produzir um efeito importante. O mais provável é que a revelação fosse interpretada pelo público não como um enfraquecimento indiscriminado do compromisso de confidencialidade do advogado, mas como uma exceção às circunstâncias extremas desse caso. Os leigos têm consciência de que as normas de confidencialidade não são absolutas, e muitos deles já acreditam (incorretamente) que as normas fazem uma exceção para casos desse tipo[31]. Sendo assim, a revelação pública não teria nenhum efeito sobre a disposição do público em buscar aconselhamento jurídico[32].

Se a revelação fizesse alguma diferença e as regras dessem ao advogado arbítrio para revelar, então o caso seria um caso fácil. Ele se torna difícil quando reconhecemos que as regras disciplinares dos advogados, que têm a força de lei

---

31. Ver Fred Zacharias, "Rethinking Confidentiality", 74, *Iowa Law Review* 351, 344-5 (1989), que relata um levantamento de amostragem pequena em que 42 por cento dos pesquisados leigos indicaram uma crença de que a regra permitia a revelação do advogado na situação do condenado inocente, e 80 por cento eram favoráveis a essa regra.

32. Estou supondo que há certa revelação que o advogado pode fazer que aumentará materialmente as chances de livrar o condenado inocente. Esse não é necessariamente o caso. O advogado não teria permissão para testemunhar sobre a declaração do cliente culpando a si mesmo. Mas relatar às autoridades ou ao aconselhamento da defesa poderia fazer uma grande diferença. Por exemplo, a declaração poderia sugerir a localização de provas importantes. Na medida em que a revelação seria fútil, a argumentação a favor dela torna-se menos atraente.

em virtude da sua adoção pelos tribunais, proíbem a revelação. Este caso, pelo menos, não está dentro das exceções explícitas das regras[33]. Talvez as regras pudessem ser interpretadas para implicar tal exceção, mas há fortes objeções a tal interpretação. Os comentários dos redatores às *Model Rules* desencorajam exceções implícitas, e os comentaristas que consideraram o caso do condenado inocente tenderam a interpretar as regras como inflexíveis[34].

Portanto, o advogado poderia ter de considerar a revelação como uma forma de anulação. Pode-se argumentar, de maneira geral, que as normas de confidencialidade dos advogados devem ser vistas, na melhor das hipóteses, como fracamente obrigatórias. A fundamentação lógica dos advogados para essas normas é dogmática e incoerente. As normas parecem estar em desarmonia com o tratamento de confidencialidade em situações análogas de legislaturas e agências e até mesmo de tribunais fora do domínio das regras de responsabilidade profissional. As normas foram decretadas por meio de um processo fortemente influenciado por associações profissionais, que são histórica e estruturalmente inclinadas ao interesse próprio estrito mais do que fortuito.

Mesmo que os argumentos a favor das normas de confidencialidade categóricas não sejam fortes, temos de reconhecer que são aceitos por muitas pessoas, inclusive por pessoas com autoridade sobre a matéria. Isso porque a maior parte das normas foi decretada recentemente, muitas vezes depois de debate público substancial. Embora incompatí-

---

33. Na medida em que as comunicações envolvessem um ato criminoso futuro, possivelmente incluindo certo esforço de obstruir a investigação do anterior, algumas versões das regras disciplinares permitiriam a revelação da intenção de cometer o ato. Além disso, o privilégio probatório advogado–cliente não se aplicaria a muitos pedidos de informação sobre como escapar à detenção ou apreensão por um ato criminoso passado.

34. *Model Rules* 1, 6, Comentário, parágrafo 19; Zacharias, "Rethinking Confidentiality", 390-1.

veis com certa legislação sobre questões análogas, as regras dos advogados são compatíveis em importantes aspectos com o privilégio advogado–cliente das regras sobre a prova judicial. Não obstante a influência das associações de advogados, as normas de responsabilidade profissional são, em análise final, decretadas pelos tribunais.

Contudo, essas considerações parecem sobrepujadas pelo absurdo substantivo da aplicação das regras nas circunstâncias particulares do condenado inocente. Se os fatos são tais que a revelação provavelmente salvaria uma vida inocente sem uma ameaça demonstrável para direitos importantes de outros (embora limitando o acesso futuro ao aconselhamento jurídico), então seria grotesco não revelá-los. Embora uma regra proibindo a revelação fosse degradante para qualquer ator, ela o é particularmente para um advogado, já que o obriga a aquiescer a uma violação monumental de um compromisso central do seu papel. A regra não deveria ser interpretada de modo que exigisse tal degradação. Se tal interpretação é inevitável, então o advogado deve desafiar a regra não como um ato de ilegalidade, mas como um ato de compromisso, baseado em princípios, com valores jurídicos mais fundamentais do que aqueles que sustentam a regra.

Benefícios para empreendimentos agrícolas. Esse caso já está prontamente enquadrado como um conflito entre forma e propósito. Ao prover benefícios de água para cada fazendeiro, a lei permite, pelo menos presumivelmente, que um fazendeiro rico disperse suas propriedades entre fideicomissos e corporações e que cada um desses "fazendeiros" consiga o máximo de benefícios. Contudo, essa interpretação parece incompatível com o propósito evidente, impedir pessoas ricas de reivindicar benefícios maiores que pessoas não-ricas. Os proprietários de terras que fariam esses arranjos começam ricos e, embora as transferências dispersem o controle formal e os direitos de usufruto, informalmente quem transfere retém a maioria ou todos eles. O propósito de limitar as transferências aos ricos não é "problemático" no sentido discutido acima: ele não ameaça nenhum valor fundamental. Portanto, não há nenhuma razão para desconfiar dele.

Naturalmente, o conflito de forma e propósito torna-se problemático apenas se encontramos algum defeito no processo de execução pública. Se o processo é confiável, o advogado contribui para a elaboração da lei ao apresentar as reivindicações de uma maneira que facilite a determinação pelas autoridades. Muitos analistas da política agrícola durante o período em que essas transações eram populares sugerem que o processo de execução não era confiável. Afirmam que os órgãos de execução eram "capturados" pelas grandes organizações agrícolas, que, por sua vez, eram dominadas pelos fazendeiros mais ricos. As organizações agrícolas controlavam o fluxo de informação para os órgãos, orquestravam a pressão sobre eles diretamente e por meio da sua influência sobre o Congresso e distribuíam empregos para burocratas que estavam deixando o cargo, viagens e outros emolumentos não-monetários aos encarregados, de maneira bem calculada para induzir a sensibilidade aos interesses dos seus membros mais poderosos. Esses analistas interpretam a aceitação dessas transações pelos órgãos como resultado não do julgamento imparcial dos méritos jurídicos, mas da sua "captura" pelas pessoas que se beneficiavam com as transações[35]. Um advogado que concordasse com essa conclusão teria uma responsabilidade maior de avaliar os méritos substantivos da transação. Em muitos casos, provavelmente teria concluído que as transações não deviam proceder porque são incompatíveis com o propósito da lei.

---

35. Paul Taylor, "Excess Land Law: Calculated Circumvention", 52, *California Law Review* 978 (1964); Grant McConnell, *The Decline of Agrarian Democracy* (1953).

Naturalmente, poderia ser custoso para o advogado implementar essa conclusão. Assim que essas transações tornam-se mais ou menos padrão, os advogados que declinarem de concordar com elas terão muito trabalho para atrair clientes nessa área e podem até mesmo estar sujeitos à acusação de imperícia. Assim, o advogado tem de pesar o próprio interesse em ganhar o seu sustento e o mal que tais transações ocasionam. Nem a certeza nem a magnitude do mal parecem tão grandes a ponto de ser não razoável para ele decidir prosseguir.

O fato de que as pressões econômicas às vezes sobrepujam interesses de mérito jurídico não significa, porém, que não seja importante pensar a respeito do mérito. Em outras situações, as pressões podem não ser tão fortes. Por exemplo, se o advogado estivesse considerando a prática antes que ela se tornasse de uso geral e o cliente não tivesse nenhuma expectativa de que ele viesse a adotá-la, ele provavelmente poderia, e deveria, privar-se dela sem custos pesados. Além disso, um advogado que ainda não entrou no campo relevante mas considera fazê-lo, devia ver as pressões que o forçam a participar de práticas não-meritórias como uma forte razão para não entrar. Mesmo o advogado que acredita plausivelmente ter uma desculpa para ceder a pressões para participar do arranjo deve ter consciência do seu mérito dúbio. Poderíamos ver esse tipo de autoconsciência como um bem em si, como uma característica constitutiva da autonomia ética. Poderíamos também pensar na prática de avaliar os custos morais do que fazemos como uma disposição importante e uma habilidade que precisa ser mantida e cultivada. Um advogado que se permite tornar-se insensível aos custos morais de ações que sente que deve realizar, arrisca-se a perder a capacidade de avaliar tais custos em situações em que tem maior arbítrio.

O *recalcitrante S & L.* Grande parte do debate a respeito das revelações enganosamente incompletas dos advogados da

Kaye Scholer ao Bank Board dizia respeito ao enquadramento. Os defensores da Kaye Scholer enquadraram a questão como litígio e argumentaram que, naquele contexto, o aconselhamento não tinha nenhum dever de evitar representações enganosamente incompletas (em oposição a especificamente falsas). O Office of Thrift Supervision [Secretaria de Fiscalização de Poupanças] enquadrou a questão como regulamentação bancária e argumentou que, naquele contexto, um dever maior de sinceridade era adequado[36].

Nessas questões, o OTS estava, em boa parte, certo. O sistema bancário, como fiador das dívidas do Lincoln, tinha um forte interesse na sua polidez. Além disso, quando o Lincoln tornou-se insolvente, o sistema de seguros era efetivamente o único reclamante dos bens do Lincoln e, portanto, com direito a assumir o controle do banco. Portanto, do começo ao fim, o Bank Board tinha um forte direito a ter acesso às informações necessárias para determinar se o banco era insolvente. As leis bancárias davam aos fiscalizadores poderes praticamente ilimitados para exigir informação e eram específicas ao proibir declarações enganosamente incompletas. A auditoria do Lincoln Savings & Loan foi, inegavelmente, um processo regulatório sujeito a essas leis, e o mero fato de que o litígio foi antecipado não era razão para diminuir o padrão de sinceridade exigido. Além disso, mesmo que a questão fosse enquadrada como litígio convencional, muito da conduta alegada provavelmente teria sido errada pelos padrões convencionalmente aplicados nesse contexto[37].

---

36. Para uma discussão (concentrada na Kaye Scholer) sobre se normas diferentes são adequadas para áreas diferentes da prática, ver David Wilkins, "Making Context Count: Regulating Lawyers After Kaye Scholer", 66, *Southern California Law Review* 1145 (1993).

37. Ver William H. Simon, "The Kaye Scholer Affair", *Law and Social Inquiry* (1998).

Além dessa questão do contexto, havia mais uma questão, em grande parte ignorada, relativa ao tipo de enquadramento que enfatizei acima – a questão sobre a amplitude adequada do quadro. Na época desses acontecimentos, o setor de S & L e o seu sistema de regulamentação estavam em crise. As falhas inerentes do esquema regulador original, do New Deal, haviam sido exacerbadas pelas políticas monetárias estritas que começaram em 1979 e, subseqüentemente, pelo afrouxamento das restrições reguladoras no início e em meados da década de 1980. Na verdade, o sistema criou fortes incentivos para que os operadores fizessem investimentos de alto risco com capital publicamente segurado, conservando os lucros em caso de sucesso mas empurrando os prejuízos para o governo em caso de fracasso. As tentações especuladoras para os operadores – e o conseqüente risco para o público – intensificavam-se geometricamente à medida que a instituição aproximava-se da insolvência – ponto em que o operadores estavam apostando unicamente com dinheiro público. Os perigos eram aumentados pela má conduta sistemática e pela corrupção flagrante e ocasional de alguns membros dos ramos executivo e legislativo com responsabilidade pelo sistema.

Nessa perspectiva mais ampla, o argumento a favor de deveres fortes de sinceridade ganha ainda mais peso. Em primeiro lugar, o interesse do Bank Board por informações a respeito da saúde do Lincoln não era meramente forte, mas urgente. Os riscos para o sistema de seguro de um banco não-saudável tendem a aumentar com a demora. Quanto mais o banco afunda, maiores os riscos que precisa correr para ter alguma chance de apostar na sua recuperação. Além disso, os argumentos contra deveres elevados de sinceridade são especialmente implausíveis nesse contexto. Tais argumentos, naturalmente, baseiam-se na noção, própria do contraditório, de que os melhores resultados ocorrem quando cada parte concentra-se em promover interesses atribuídos a ela pela divisão de trabalho. Mas esses argumentos pressupõem que as pessoas que representam os outros interesses estão tendo um desempenho eficaz e responsável, o que, manifestamente, não foi o caso. Por exemplo, o Bank Board tinha uma terrível deficiência de pessoal, e os legisladores federais centrais, que haviam recebido contribuições eleitorais de Keating e outros operadores, repetidamente intimidaram o Board e seus funcionários.

No balanço, as considerações mencionadas acima sugerem que essa visão mais ampla era a maneira certa de os advogados da Kaye Scholer enquadrarem as questões éticas. Primeiro, as leis bancárias regulamentam amplamente. Segundo, as omissões institucionais circundantes eram influências práticas importantes sobre os resultados prováveis. A relevância do terceiro interesse do enquadramento – conhecimento especializado – é mais difícil de avaliar. Os litigantes da Kaye Scholer começaram a representar Keating sem conhecimento especializado em atividade bancária, mas seria de esperar que conseguissem algum rapidamente. (A firma cobrou do Lincoln $13 milhões de dólares durante os cinco anos de representação; portanto devem ter aprendido um bocado.) Um leitor consciencioso da literatura disponível sobre problemas bancários, mesmo sem o ponto de observação interno da firma, poderia ter conseguido uma impressão razoavelmente precisa das falhas do sistema.

Na verdade, Keating – e talvez também os seus advogados – realmente enquadrou as questões amplamente, embora de maneira diferente da que estou sugerindo aqui. Na visão de Keating, os fiscalizadores foram arrogantes e irrazoáveis, desconsiderando brutalmente os interesses comerciais legítimos do Lincoln, insistindo em um grau de formalidade e cautela superior ao exigido pela política bancária federal. Essa visão não parecia tão implausível na época como parece agora. Pouco depois que Kaye Scholer começou a sua representação, a *Forbes* identificou o Lincoln como a segunda instituição de poupança e empréstimo mais lucrativa do país. Os criadores de políticas bancárias federais passaram anos enviando sinais confusos. Às vezes, encorajavam os bancos a afirmar em excesso a sua saúde por meio de dispositivos de contabilidade que, se não fossem especificamente autorizados, seriam fraudulentos, e negaram ao Bank Board os recursos para fechar mesmo as associações de poupança que estavam insolventes sob esses termos liberalizados. Sem dúvida, alguns administradores também se arriscavam, impedindo a intervenção na esperança de que as associações de poupança e empréstimos conseguissem sair da insolvência e poupar ao governo os custos e sofrimentos de fechá-las.

Mesmo adotando essa visão mais ampla, porém, não teria sido plausível para os advogados da Kaye Scholer pensar que estavam justificados na retenção de informação material ou nas declarações enganosas. Os benefícios governamentais que o Lincoln recebia do sistema de seguros não eram direitos básicos ou interesses fundamentais a que o banco tinha direito, independentemente da política legislativa e regulamentadora. (Nesse aspecto, podia-se argumentar que a sua situação era diferente da dos que recebiam os benefícios acima, que poderiam reivindicar uma condição constitucional mais forte a favor dos seus interesses públicos, embora mesmo essa reivindicação fosse muito controvertida.) Mesmo que a política pública fosse suficientemente ambígua para permitir que acreditássemos não frivolamente que as atividades arrogantes e de alto risco de Keating eram adequadas – uma proposição discutível –, assim que os auditores as desafiaram, era importante esclarecer a política pública, e fazê-lo exigiria informação material precisa.

Embora a questão do enquadramento não seja decisiva, já que o argumento a favor da sinceridade é forte mesmo no enquadramento mais estrito, o quadro mais amplo dá mais força à conclusão de que as declarações enganosamente incompletas alegadas pelo OTS foram inadequadas.

Capítulo 6
A defesa criminal é diferente?

Algumas pessoas que concordam comigo na rejeição à Visão Dominante fazem uma exceção no caso da defesa criminal. Pensam que a prática nesse campo é distinta de maneiras que tornam a Visão Dominante plausível unicamente nesse caso[1]. Concordo que algumas características especiais da prática da defesa criminal têm implicações importantes para a ética jurídica. Essas características, porém, não são aquelas enfatizadas com mais proeminência pelos seus apologistas. Além disso, podem ser acomodadas de modo mais plausível na Visão Contextual do que na Visão Dominante.

Questões controvertidas

No início, devemos focalizar o inquérito. Tomo como certo que os advogados podem declarar inocência em nome de clientes que acreditam ser, na verdade, culpados e defender esses clientes de várias maneiras. Uma razão, naturalmente, é que é mais desejável ter questões controvertidas de-

---

1. David Luban, *Lawyers and Justice: An Ethical Study* 58-66 (1988); Richard Wasserstrom, "Lawyers as Professionals: Some Moral Issues", 5, *Human Rights* 1, 12 (1975); Deborah Rhode, "Ethical Perspectives on Law Practice", 37, *Stanford Law Review* 589, 605 (1985).

terminadas pelo tribunal em julgamento do que de maneira unilateral pelo advogado e privadamente; o advogado pode contribuir mais assistindo o juiz na determinação do que fazendo-a sozinho. A lei, além disso, dá aos réus criminais muitos direitos explícitos, que são independentes da culpa ou da inocência. Esses "direitos processuais intrínsecos" incluem o direito de um réu que confessa privadamente a culpa de declarar-se inocente e colocar à prova a acusação, o direito de excluir provas obtidas ilegalmente e o direito de não ser sujeitado a punição cruel e incomum.

As questões com que estamos ocupados envolvem táticas que não podemos ver plausivelmente como auxiliando o juiz em uma determinação informada ou vindicando direitos processuais intrínsecos. Será conveniente focalizar táticas sobre as quais os advogados têm algum arbítrio, no sentido de que essas táticas não são claramente (pelo menos de maneira eficaz) proibidas nem claramente exigidas por normas correntes de aconselhamento de assistência eficaz.

Retardamento estratégico

Os advogados de defesa têm oportunidades de prolongar e retardar casos arranjando deliberadamente sua programação a fim de exigir repetidas continuações. Isso pode ter a vantagem de exaurir as testemunhas de acusação e minar as suas lembranças[2].

---

2. Segundo um promotor público assistente em Manhattan: "De modo geral, os advogados de defesa jogam um jogo. Chama-se retardar. Quanto mais você retarda os seus casos, mais fracos eles se tornam para a acusação." Steven Brill, "Fighting Crime in a Crumbling System", *The American Lawyer* 3 (julho-agosto 1989).

Fraude

Os réus às vezes pedem aos advogados que apresentem como prova testemunhas com perjuras. Os advogados às vezes acham que podem beneficiar os seus clientes impedindo o testemunho de testemunhas da acusação que eles sabem ser fidedignas. E às vezes podem obter vantagem argumentando junto ao júri que os testemunhos sugerem inferências factuais que eles sabem que são falsas.

Por exemplo:

> Meu cliente Norman e o seu co-réu, Steve Thomas, foram acusados de receptar propriedade roubada. A polícia encontrou Norman e Steve em um beco, transferindo um aparelho de som e uma televisão de um carro sucateado para o assento traseiro de um Pontiac branco.
>
> O caso dependia de determinar se os nossos clientes sabiam (ou deveriam ter sabido) que a propriedade era roubada...
>
> Quando Norman pegou emprestado o Pontiac do primo, disse-nos que recebeu apenas a chave da ignição, não a chave do porta-malas. Mas, depois de colhidos todos os depoimentos, nenhuma menção fora feita ao fato. Por sugestão do advogado de Steve Thomas, fizemos o que, para mim, na época, foi um argumento novo e chocante: obviamente Steve e Norman não tinham nenhuma idéia de que a propriedade era roubada; do contrário, por que estariam colocando a carga no assento traseiro do Pontiac em vez de ocultá-la no porta-malas?[3]

---

3. James S. Kunen, *How Can You Defend Those People? The Making of a Criminal Lawyer* 117 (1983). Esse tipo de argumento parece ser considerado legítimo pela maioria dos advogados de defesa. Por sua vez, o perjúrio do cliente e a impugnação de testemunhas fidedignas são controvertidos. Compare Monroe Freedman, *Lawyer's Ethics in an Adversay System* 43-58 (1975) (defendendo essas práticas) com Harry Subin, "The Criminal Defense Lawyer's 'Different Mission': Reflections on the 'Right' to Present a False Case", 1, *Georgetown Journal of Legal Ethics* 125 (1987) (criticando-os).

Chantagem

Os advogados ocasionalmente julgam vantajoso revelar ou ameaçar revelar informações que eles sabem que não contribuem para a determinação informada a respeito dos méritos porque tal revelação prejudica a acusação ou as testemunhas. Considere a prática de "chantagem", tal como inaugurada nas defesas de perjúrio de vários funcionários governamentais, como, por exemplo, o diretor da CIA, Richard Helms, que mentiu para o Congresso a respeito do envolvimento da agência na deposição do presidente chileno Salvador Allende. A defesa solicita a revelação de grande quantidade de informações que seriam danosas ou, pelo menos, embaraçosas para o governo, unicamente para pressioná-lo a retirar a acusação. Ou considere a prática de revelar informação embaraçosa mas irrelevante a respeito de testemunhas adversas. Suponha, por exemplo, que o advogado de defesa ameace interrogar a testemunha queixosa, em um caso de estupro, a respeito de sua história sexual prévia, embora o réu não alegue que ela tenha dado o seu consentimento[4].

Chamamos "defesa agressiva" a política de participação categórica em tais práticas sempre que são vantajosas para o cliente. A questão central é se há alguma característica distintiva na esfera criminal que levaria uma pessoa que desaprovasse a defesa agressiva (e o seu análogo do lado do queixoso) na defesa civil a aprová-la na defesa criminal.

Antes de discutir afirmativamente as características distintivas, devemos considerar duas objeções que, se reconhecidas, trariam à baila uma outra discussão. Primeiro, em cada

---

4. Ver Joe Trento, "Inside the Helms File", *National Law Journal*, 22 de dezembro de 1980, p. 1 (sobre chantagem); Subin, "Criminal Defense" 129-36 (sobre o uso da história sexual anterior em casos de estupro).

uma das situações mencionadas acima, a tática eticamente questionável é permissível apenas porque o juiz a permite. O juiz concede as moções para o prosseguimento, anula as objeções ao inquérito ou argumento enganoso e concede as requisições de revelação da informação irrelevante. A segunda objeção desafia a premissa de que o advogado de defesa sempre "sabe" de alguma coisa com certeza suficiente para criar a suposta tensão entre verdade e advocacia. Mesmo as declarações incriminadoras do cliente podem ser o produto de confusão ou psicopatologia. É trabalho do juiz, não do advogado, fazer determinações factuais difíceis.

Os argumentos gerais do capítulo 5 parecem receptivos a essas objeções. A deferência para com o juiz ou julgador é garantida apenas se ele tem toda a informação relevante. As questões da defesa agressiva surgem tipicamente porque o advogado tem informação relevante para determinar se é justificável ou não a tática de retenção diante do julgador. Ele sabe que o propósito da sua moção de prosseguimento é o retardamento, que o testemunho da testemunha de acusação é preciso ou que o material da revelação solicitado não será relevante para a defesa.

Para concluir que ele "sabe" dessas coisas, não é necessário atribuir nenhuma certeza cósmica, pré-heisenbergiana a ele; temos de concluir apenas que, dado o seu conhecimento (e o fato de que não o compartilha plenamente com o juiz), ele está em melhor posição que o juiz para fazer o julgamento relevante. Se o cliente lhe contou, de maneira verossímil mas confidencial, que estava na cena do crime, o advogado de defesa está mais capacitado que o juiz para decidir se será útil para uma determinação sobre os méritos saber que a testemunha de acusação que o colocará lá tem visão deficiente ou uma condenação anterior por perjúrio.

Não obstante, as objeções realmente apontam para uma característica significantemente distintiva da defesa criminal – a suposição de inocência e o seu corolário, o ônus da prova, para além de dúvida razoável, sobre a acusação. O processo criminal, dentro de um amplo espectro, está comprometido com a resolução da ambigüidade factual a favor do réu. Isso implica que o advogado de defesa não pode "saber" de fatos adversos para o seu cliente até que esteja convencido deles com um grau mais elevado de confiança (para além de dúvida razoável) do que seria exigido em um caso civil.

Argumentos fracos a favor da defesa agressiva

As razões mais comumente oferecidas a favor de uma maior tolerância da advocacia categoricamente agressiva na defesa criminal não se sustentam bem ao ser examinadas.

O bicho-papão Estado

Os libertários afirmam que a advocacia agressiva é adequada à esfera criminal porque serve para verificar a opressão pelo "Estado". Tais argumentos invocam a imagem do indivíduo "isolado", "solitário", "sem amigos" ou "nu" diante "do poder e dos recursos enormes do Estado". Supõe-se que a advocacia agressiva nivele o campo e transforme o julgamento em uma "competição de iguais" ou, pelo menos, expresse o compromisso do Estado de tratar todos os cidadãos com respeito[5].

Supõe-se também que ofereça proteção contra a natureza inerentemente corruptora do poder estatal e a conseqüente agressividade e rapacidade dos funcionários do Estado. O

---

5. Ver Luban, *Lawyers and Justice* 58-66; Barbara Babcock, "Defending the Guilty", 32, *Cleveland State Law Review* 175 (1983-84); Charles Fried, *An Anatomy of Values: Problems of Personal and Social Choice* 128-32 (1970).

advogado de defesa agressivo inibe o abuso aumentando a dificuldade da condenação. Na retórica de David Luban:

> Queremos colocar o Estado em desvantagem mesmo no seu poder de nos punir legitimamente pois acreditamos, como questão de teoria política e experiência histórica, se o Estado não for colocado em desvantagem ou restringido *ex ante*, nossas liberdades políticas e civis são colocadas em risco. Os detentores do poder são inevitavelmente tentados a abusar do sistema de justiça criminal para perseguir oponentes políticos, e a polícia excessivamente zelosa passará por cima das liberdades civis em nome da ordem e da prevenção do crime[6].

Esse tipo de retórica esteve livre de reflexão crítica por tanto tempo que mesmo um pouco deve ser suficiente para suscitar dúvidas. Em primeiro lugar, a imagem do indivíduo solitário enfrentando o Leviatã é enganosa. Reconheçamos a parte do solitário, embora alguns réus tenham montes de amigos. Mas e o Estado? A retórica libertária tende a sugerir que o réu individual enfrenta o Estado inteiro. Mas, naturalmente, o Estado tem outras preocupações além desse réu. Do ponto de vista do Estado, o réu pode ser parte de uma enorme classe de réus e suspeitos criminais com os quais mal consegue começar a lidar.

Seria mais plausível retratar o réu típico como enfrentando um pequeno número de burocratas exauridos e com excesso de trabalho. Naturalmente, as agências estatais podem focalizar os seus recursos em réus particulares e, quando o fazem, seu poder pode ser formidável. Mas o Estado não pode concentrar o seu poder dessa maneira em todos os réus nem na maioria deles. Contudo, a defesa agressiva tra-

---

6. Ver Luban, *Lawyers and Justice* 60.

taria todos os réus como se estivessem enfrentando o poder concentrado pleno do Estado[7]. Segundo, não há vítimas no retrato libertário. As ações criminosas são retratadas como reivindicações de recursos punitivos pelo Estado. Mas, na verdade, muitas vezes são iniciadas em nome de indivíduos particulares cujos direitos foram violados pelo réu e que têm em jogo um forte interesse pessoal pelo resultado (não necessariamente uma reivindicação de compensação tangível – embora alguns processos criminais envolvam indenização – mas um desejo de vindicação/retaliação ou de proteção que poderia ser conseguido com a punição do réu).

O movimento pelos "direitos das vítimas" trabalhou nas duas últimas décadas para substituir na consciência popular a imagem do julgamento criminal como uma competição entre Estado e réu pela de uma competição entre vítima e réu. O movimento é muitas vezes ingênuo ou cego quanto à eficácia da punição criminal para deter males futuros ou auxiliar as vítimas, mas a sua imagem parece tão plausível quanto a do advogado de defesa.

---

7. Ao responder a uma versão anterior deste capítulo, David Luban analisou os dados disponíveis nos recursos comparativos de acusadores e defensores e reconheceu que eles não exibiam nenhuma disparidade dramática. Os acusadores têm uma vantagem em pessoal "que vai de leve a significativa", mas, "de certa maneira, provavelmente gasta-se mais dinheiro em advogados de defesa criminal do que em acusadores". "Are Criminals Defenders Different?", 91, *Michigan Law Review*, 1729, 1732-3 (1993).

Luban enfatiza que essa comparação deixa de fora a polícia, um recurso enorme disponível para os acusadores na preparação dos seus casos. Tem razão, mas eu acrescentaria que a comparação também deixa de fora três fatores que favorecem a defesa: (1) Os acusadores têm o ônus da prova, que é elevado. Pode-se argumentar que a eqüidade exige uma vantagem de recursos para a parte que tem o ônus da prova. (2) Por causa da regra de *Brady contra Maryland*, 373 U.S. 83 (1963), que exige que os acusadores passem para os réus dados que possam servir à defesa, algumas investigações da acusação beneficiam os réus. (3) Nem todas as atividades dos acusadores envolvem acusação. Alguns recursos acusatórios vão para a investigação e análise de casos que nunca são registrados. Não há nenhuma contraparte substancial dessa atividade de "triagem" no lado da defesa.

Agora considero a sugestão de que é desejável equalizar as capacidades da acusação e da defesa ou nivelar o campo. Se quiséssemos realmente fazer isso, poderíamos "colocar em desvantagem" os funcionários do Estado (para usar a expressão de Luban) da maneira como fazemos hoje com os cavalos em corridas de puros-sangues – exigindo que os mais fortes carreguem pesos. Certamente os promotores e a polícia seriam retardados se tivessem de carregar cintos com, digamos, quarenta libras de pesos de chumbo. Se quiséssemos buscar a igualdade, teríamos de aumentar os pesos na mesma proporção da probabilidade de condenação. O promotor de um réu pego em flagrante, perante uma multidão de testemunhas, teria de carregar acorrentada na perna uma bola de centenas de libras.

O motivo pelo qual isso parece tolo é que a própria premissa de que há um interesse em remediar *categoricamente* os desequilíbrios de poder entre a acusação e a defesa é tola. Queremos que a acusação seja forte na sua capacidade de condenar os culpados e fraca na sua capacidade de condenar os inocentes. Quando esses objetivos estão em conflito, fazemos barganhas, com freqüência em favor da segunda. Mas um enfraquecimento indiscriminado do poder estatal, não concentrado em nenhum dos objetivos do processo, não serve a nenhum propósito. O problema da defesa agressiva é que ela impede a capacidade do Estado de condenar os culpados sem proporcionar nenhuma proteção significativa aos inocentes.

Os argumentos concentrados no Estado a favor da defesa agressiva são impelidos pelo que pode ser chamado de dogma libertário. A versão de direita do dogma libertário é a de que a única ameaça à liberdade é o Estado. A versão de esquerda é a de que as únicas ameaças importantes são o Estado e organizações privadas poderosas como as corporações. Na segunda visão, como expressa David Luban, o objetivo central do papel do advogado é "a proteção do indivíduo contra as instituições"[8]. A idéia de que a violência ou a opressão informal difusa poderia ser uma ameaça à liberdade é incompreensível para ambas as versões do dogma.

O dogma libertário geralmente é acompanhado por referências a regimes totalitários como os da Alemanha nazista e da Rússia soviética e à ausência de direitos de defesa criminal em tais regimes[9]. Supõem-se que esses exemplos ilustrem o risco para a liberdade de um Estado excessivamente poderoso e o valor da defesa criminal para deter o risco. A proposição tem mérito mas é incompleta. Ela ignora os riscos para a liberdade dos Estados fracos (a República de Weimar e o Governo Provisório), em parte como conseqüência do terrorismo privado ilegal e da agressão paramilitar que esses Estados foram incapazes de deter. Desde o fim do colonialismo, a América Latina viu muitos exemplos de Estados fracos, sem poder para deter a opressão terrorista de forças paramilitares de proprietários de terras ou traficantes de narcóticos.

Além disso, como argumento a favor dos direitos dos réus no processo criminal, o dogma libertário ignora que a execução do Direito penal, além de representar uma ameaça ao abuso de poder do Estado, é uma importante *proteção* contra tal abuso. Isso é tragicamente ilustrado pela incapacidade de certos Estados latino-americanos de levar a julgamento os crimes de seus militares. E, nos Estados Unidos, a conversão dos amigos de Oliver North em partidários da defesa criminal foi vista por muitos liberais como uma ironia satisfatória; agora porém que a quinta emenda impediu

---

8. David Luban, "Partisanship, Betrayal, and Autonomy in the Lawyer-Citizen Relationship: A Reply to Stephen Ellmann", 90, *Columbia Law Review* 1004, 1028 (1990).

9. Freedman, *Lawyer's Ethics* 2.

que ele fosse acusado por um dos mais egrégios abusos de poder estatal em anos recentes, os liberais deviam qualificar as suas afirmações a respeito do papel dela como salvaguarda contra tais abusos.

A versão de esquerda do dogma libertário pelo menos tem a virtude de reconhecer a ameaça potencial à liberdade em organizações privadas como o partido nazista no tempo de Weimar ou a Máfia na Itália. Mas também ela faz distinções arbitrárias. Considere a tentativa de David Luban de atualizar o dogma para reconhecer a poderosa ameaça à liberdade das mulheres representada pelo estupro e pela agressão sexual. Esse ponto pode parecer difícil de harmonizar com o dogma libertário, já que estupradores e agressores não são, tipicamente, agentes do Estado ou de organizações. Mas, na sua argumentação a favor da contenção no interrogatório de queixosos em casos de estupro, Luban resolve o problema afirmando que em tais casos o Estado opõe-se a outra instituição ameaçadora – o "patriarcado"!

Essa tática mostra-se exorbitante. Como todo o comportamento está situado nas estruturas e processos sociais e é por eles influenciado, pode-se reificar quase qualquer ato como ato institucional. Imagine promotores pedindo moderação na defesa de acusações por drogas com base no fundamento de que o Estado está confrontando a instituição da cultura da droga, ou na defesa de arruaceiros com base no fundamento de que o Estado está se opondo aos de classe inferior ou na defesa de um vigarista sem importância com base no fundamento de que o réu representa o capitalismo. Levada muito longe, a tática conduziria ao discernimento de que as instituições formais não são as únicas ameaças importantes à liberdade, de que uma variedade ampla e não-especificável de processos sociais que são experimentados como violência difusa também constituem ameaças. Mas todo o objetivo da tática é negar esse discernimento, fazendo o estupro parecer excepcional e distintamente semelhante ao Estado, para que os interesses da liberdade na sua proibição eficaz possam ser reconhecidos sem que se reconheça o mesmo em um amplo espectro de acusações criminais.

O argumento de Luban, de que a defesa agressiva desejavelmente "superprotege" a liberdade contra o abuso do Estado, suscita a questão de por que a superproteção contra o abuso do Estado equivale à resultante subproteção contra o abuso privado. Na medida em que se pode discernir uma resposta, esta constitui a afirmação libertária costumeira (que geralmente não vem acompanhada por nada que se possa chamar de análise política ou histórica) de que os perigos do totalitarismo são maiores do que os perigos do caos anárquico.

Se colocamos de lado o problema observado acima, de que esses perigos não são inteiramente distintos, há mais uma objeção a esse argumento. Ele supõe que devemos escolher categoricamente entre um sistema de justiça penal que proteja contra um perigo e um sistema que proteja contra outro. Mas, na verdade, as escolhas relevantes devem ser feitas na margem. Podemos todos concordar quanto a um sistema que proporcione oportunidades fortes para o estabelecimento da inocência e para a asserção de alguns direitos processuais intrínsecos. A questão então é determinar se algum benefício líquido é obtido pelo acréscimo de uma defesa categoricamente adversária que inclua, por exemplo, a fraude ativa.

Embora a imagem do Estado poderoso, predatório, seja a mais proeminente na retórica da defesa criminal, ocasionalmente encontramos a defesa agressiva racionalizada em termos da imagem de um Estado fraco, desconexo. Nessa imagem, o problema não é a má-fé dos representantes públicos mas a sua preguiça e inépcia. A defesa agressiva trabalha para mantê-los alerta e fazer cumprir padrões superiores da prática.

Ao trabalhar nessa veia retórica, John Kaplan refere-se ao caso de uma celebridade, em Los Angeles, acusada de convite à prostituição, por meio de uma armadilha policial. Tal como executada até esse caso, a operação envolvia um microfone na bolsa da pessoa que servia de isca, que transmitia a conversa para policiais escondidos nas proximidades mas não gravava o convite. O aconselhamento de defesa conseguiu uma absolvição enfatizando quão facilmente a polícia poderia ter obtido provas mais confiáveis por meio da gravação, lançando, com isso, dúvidas sobre o testemunho "não-corroborado" dos policiais. Como conseqüência desse caso, a polícia melhorou a tática gravando rotineiramente os convites à prostituição[10].

A idéia no caso é que a defesa dos culpados ajuda os inocentes ao elevar os padrões da prática da polícia e da acusação. Sabendo que as condenações são difíceis de obter, a polícia e os acusadores colherão mais provas e farão preparativos mais completos, o que resultará na vindicação mais coerente de suspeitos e réus inocentes porque os representantes públicos descobrirão mais provas exculpatórias e compreenderão melhor as ambigüidades e deficiências em casos superficialmente fortes[11].

Quando utilizado a favor da defesa agressiva, esse argumento atrai muitas objeções. Para começar, poderíamos perguntar por que alguém descrente a respeito da dedicação dos representantes públicos esperaria que eles reagissem às absolvições resultantes da defesa agressiva elevando os seus padrões de prática. Não poderiam simplesmente afrouxar, racionalizando seus fracassos com a desculpa de que os

---

10. John Kaplan, "Defending Guilty People", 7, *University of Bridgeport Law Review* 223, 231-2 (1986).
11. O argumento é elaborado em John B. Mitchell, "The Ethics of the Criminal Defense Attorney: New Answers to Old Questions", 32, *Stanford Law Review* 293 (1980).

tribunais não cooperam? Ou talvez aumentassem os seus esforços seguindo linhas menos construtivas do que as contempladas pelo argumento, gastando mais tempo em táticas próprias de fraude e coação[12]. Ou talvez tentassem conseguir que a legislatura compensasse a maior dificuldade de condenação aumentando a severidade da punição, dando-lhes mais poder para negociar o reconhecimento de culpa em troca de menor pena.

Na verdade, a demagogia recente a respeito de questões de controle da criminalidade – tentativas em todo o espectro político de instigar o público a tomar medidas punitivas vingativas e ineficazes explorando os temores da violência criminosa – sugere que o argumento poderia ser invertido para afirmar que a condenação confiável dos culpados é uma salvaguarda crucial dos inocentes. Em um mundo onde a defesa agressiva é legítima, a absolvição é menos um sinal de inocência provável do que seria em um mundo sem a defesa agressiva. É mais provável que seja vista como uma conseqüência do retardamento da defesa, fraude ou intimidação, e isso poderia tender ainda mais para desmoralizar os representantes públicos e o público e exacerbar a má conduta oficial e a irracionalidade vingativa dos eleitores.

Além disso, o argumento supõe erroneamente que *qualquer* aumento das exigências de prova para a acusação é desejável. Mas o tipo de defesa oferecido no caso aumenta os custos. Sempre haverá algum ponto em que os benefícios sociais de aumentar os encargos da acusação não justificam os custos. Alguém tem de julgar, em nome da sociedade, em

---

12. Uma resposta, aparentemente muito difundida, da polícia e dos promotores a decisões estritas dos tribunais federais a respeito de questões de busca e apreensão foi o perjúrio policial destinado a contornar as decisões. Myron Ordfield, "Deterrence, Perjury, and the Heater Factor: An Empirical Study of the Exclusionary Rule in the Chicago Criminal Courts", 63, *University of Colorado Law Review* 75 (1992).

que ponto deve estar o equilíbrio. Um advogado de defesa comprometido com a defesa agressiva recusa-se a fazer tal julgamento e diminui a capacidade do tribunal (juiz, júri) de fazê-lo.

Para avaliarmos a conduta do aconselhamento na história de Kaplan, precisamos saber de algo que ele não nos diz: o aconselhamento da defesa enganou o tribunal? Se o aconselhamento simplesmente argumentou que o tribunal devia inocentar porque as práticas policiais foram inadequadas, ele não fez nada questionável mas tampouco se dedicou à defesa agressiva. Por outro lado, se o aconselhamento sugeriu ao júri que o réu não fizera o convite à prostituição, sabendo que ele o fizera, então ele não contribuiu para a decisão informada a respeito das práticas policiais.

O argumento ainda supõe que a sociedade reage aos encargos maiores que a defesa agressiva impõe à acusação aumentando os recursos para a acusação. Isso parece improvável. Tais recursos são escassos e competem com muitas outras necessidades sociais. Em algum ponto, os encargos maiores com certeza fazem pressão contra as restrições à expansão. Nesse ponto, o efeito crítico da defesa agressiva é forçar uma realocação de recursos *entre* casos. Essa realocação tem mais probabilidade de ser prejudicial para réus inocentes.

Idealmente, desejaríamos que os recursos das acusações se concentrassem (além da proteção a direitos processuais intrínsecos) em solucionar dúvidas a respeito da culpa de suspeitos ou réus. Mas a defesa agressiva força os acusadores a realocar recursos em casos (e, dentro de casos, em questões) nos quais nem eles nem os advogados de defesa têm quaisquer dúvidas a respeito da culpa (ou no esclarecimento de questões que não fazem nenhuma contribuição para a determinação confiável da culpa). Na medida em que os recursos são fixos, isso significa que menos recursos estão disponíveis para casos e questões que envolvam dúvidas quanto à culpa. Assim, réus inocentes são prejudicados.

Dignidade

Uma concomitância freqüente da idéia de que a defesa agressiva detém a predação do Estado é a idéia de que ela expressa respeito pela "dignidade do indivíduo"[13]. Poderíamos distinguir duas maneiras de mostrar respeito pela dignidade individual. Podemos mostrar respeito de maneira geral por meio de direitos independentes de culpa ou inocência – por exemplo, direitos à notificação de acusações e à liberdade contra a punição cruel e incomum. Os advogados de defesa respeitam a dignidade dos seus clientes fazendo cumprir tais direitos, assim como observando civilidades de intercâmbio polido com eles. Mas esse senso de dignidade não implica retardamento, fraude e intimidação. Pelo contrário, esse senso geral de dignidade, que se aplica independentemente das características da pessoa particular, tem de ser compatível com uma medida comparável de dignidade para outros. Parece implausível, até mesmo incoerente, pensar que os interesses de dignidade de alguém exigem retardamento, fraude e intimidação de outros.

O tipo mais específico de respeito, que diferencia os indivíduos pelo que são e pelo que fizeram, parece incompatível com a defesa agressiva por duas razões. Mais obviamente, a defesa agressiva trata todos os réus com igualdade. Tenta impedir a condenação independentemente de o acusado ser culpado ou não. Além disso, a defesa agressiva impele o réu a apresentar-se como alguém que ele não é nem

---

13. Freedman, *Lawyer's Ethics* 2.

pensa que é. Ela não se limita a retratar como inocentes os réus que cometeram os atos de que foram acusados; também leva os advogados a orquestrarem o comportamento dos seus clientes no tribunal para que se conforme aos estereótipos dos juízes e jurados de como é e como se comporta um cidadão respeitável e cumpridor das leis. Naturalmente, se essa é a melhor maneira de conseguir uma absolvição, a maioria dos réus preferiria tal defesa mas poucos a experimentariam como uma afirmação da sua individualidade.

A idéia de que a dignidade individual poderia ser servida ajudando-se o acusado a escapar da condenação substantivamente adequada por meio da fraude ou da manipulação processual é difícil de conciliar com a legitimidade do castigo após a condenação. Um ideal viável de dignidade tem de deixar espaço para o respeito pelos direitos dos outros e (pelo menos no nosso sistema) para a aceitação da punição quando o indivíduo viola tais direitos.

Oportunidade igual

Os advogados de defesa muitas vezes justificam a ética libertária como uma maneira de equalizar as circunstâncias de réus ricos e não-ricos. Um réu pobre deveria ter uma defesa tão boa quanto um rico, dizem, e, como uma pessoa rica tem os benefícios do retardamento e da fraude, os pobres também deveriam ter[14]. A plausibilidade especiosa desse argumento depende grandemente da combinação, na expressão "uma defesa tão boa quanto", de *uma oportunidade igualmente boa de provar a inocência* (e vindicar direitos processuais intrinsecamente valiosos) com a noção inteiramente

---

14. Ouvi essse argumento muitas vezes em conversas com advogados de defesa.

diferente de *uma oportunidade igualmente boa de escapar à condenação.*

Nem todas as desigualdades são ilegítimas e, mais importante, nem todas as desigualdades ilegítimas podem ser desejavelmente mitigadas ampliando-se as vantagens dos mais favorecidos ao resto das pessoas. As pessoas ricas têm oportunidades muito melhores de assassinar outros que as não-ricas, já que podem comprar armas caras e contratar capangas habilidosos para ajudá-las. Essa, porém, não é uma desigualdade que possa ser desejavelmente corrigida estendendo-se a vantagem aos não-ricos. Qualquer ganho que resultasse da maior igualdade seria submergido pela perda resultante de maior violação criminal de direitos substantivos das vítimas.

A capacidade maior dos ricos de escapar da condenação pelos seus crimes é, em primeiro lugar, moralmente comparável à sua maior capacidade de cometê-los. É uma dentre um grande número de determinantes arbitrárias da condenação. Em se tratando de criminosos, burros, desajeitados e neuróticos, têm mais probabilidade de ser presos e condenados do que os espertos, habilidosos e concentrados. Essas desigualdades são injustiças, mas são injustiças triviais comparadas com as injustiças de muitos dos próprios crimes, e remediá-las não valeria os custos.

É desnecessário dizer que esse ponto não se aplica às vantagens que os ricos têm diante dos não-ricos no estabelecimento da sua inocência. Além disso, devíamos também distinguir entre as vantagens que os ricos têm por causa das circunstâncias sociais, independentes do processo de justiça criminal, e as vantagens criadas ou realçadas pelo processo de justiça criminal. Um exemplo das segundas seriam as vantagens criadas pelas decisões oficiais de concentrar os esforços acusatórios desproporcionalmente sobre réus não-ricos. Retorno a esse ponto abaixo.

Auto-incriminação

O privilégio constitucional contra a auto-incriminação é, sem dúvida, uma característica distintiva do processo criminal. Não se discute a noção de que o advogado de defesa deve ajudar o réu a tirar vantagem desse privilégio, se assim ele desejar e o privilégio for aplicável. Porém, a aplicação do privilégio no que diz respeito a um amplo espectro de questões de defesa é ambígua. Além disso, para muitos advogados, o privilégio incorpora um princípio geral que, mesmo quando não é especificamente aplicável como mandado de lei constitucional, estatutária ou do *common law*, deve inspirar a decisão ética do advogado de defesa.

A importância do privilégio para a questão mais ampla das obrigações éticas do advogado de defesa depende de como o compreendemos na relação com o direito a recorrer ao advogado. Por um lado, poderíamos interpretar a relação como significando simplesmente que o réu tem direito à assistência do advogado ao afirmar o seu direito de permanecer em silêncio diante do interrogatório oficial. No outro extremo, poderíamos decidir que o privilégio e o direito de ser assistido por seu advogado exigem que o réu não sofra nenhuma conseqüência adversa como resultado de revelações que faça ao advogado. Como vimos, essa conclusão exigiria que o advogado aquiescesse a muitas formas de fraude, em circunstâncias em que sabe que uma tática particular é enganosa dadas as revelações que o cliente lhe fez[15]. Escolher entre as posições ao longo desse espectro exige alguma interpretação daquilo a que se refere o privilégio e, dado o enraiza-

---

15. Freedman, *Lawyer's Ethics* 30, insiste nesse ponto. A afirmação de que a defesa agressiva é importante como forma de assegurar a adequada revelação do cliente ao aconselhamento está sujeita às críticas dos argumentos de confiabilidade no capítulo 2.

mento do privilégio na cultura jurídica, é surpreendentemente difícil encontrar uma interpretação plausível[16].

O privilégio desempenha um papel proeminente na história da liberdade anglo-americana, de maneira mais notável na luta contra a perseguição religiosa na Inglaterra dos séculos XVI e XVII e na luta contra a perseguição política nos Estados Unidos durante a era McCarthy. Em ambos os períodos, porém, os seus proponentes o associaram com princípios que agora parecem apenas indiretamente relacionados com o seu significado central contemporâneo. Entre as suas preocupações mais básicas estava a criminalização da crença e da expressão; a afirmação de que o réu não devia ser forçado a incriminar a si mesmo geralmente estava ligada a uma afirmação mais ou menos explícita de que a atividade em questão não podia ser legitimamente punida. Outro conjunto de preocupações era processual; o privilégio era usado para sustentar objeções ao "interrogatório aleatório", isto é, ao interrogatório oficial sem acusações específicas e sem a supervisão de juízes independentes.

O sistema jurídico americano agora lida com a primeira preocupação sob a rubrica da liberdade de crença e expressão e com a segunda sob a rubrica do devido processo. Essas doutrinas oferecem uma variedade de restrições diretas à criminalização da crença e uma variedade de exigências explícitas referentes à acusação e à supervisão judiciais no processo penal. Na medida em que essas medidas parecem inadequadas, a maneira plausível de reagir seria reforçá-las diretamente. As práticas contemporâneas que associamos com o privilégio parecem uma rota indireta para essas preocupações.

---

16. Eugene Wigmore, VIII, *Evidence*, seções 2250-84 (McNaughton, rev., 1961), e David Dolinko, "Is There a Rationale for the Privilege Against Self-Incrimination?" 33, *UCLA Law Review* 1063 (1986), fazem um levantamento dos argumentos contra e a favor do privilégio. O excelente artigo de Dolinko argumenta que o privilégio carece de uma justificativa plausível.

Para prosseguir com a investigação, temos de perguntar que papel o privilégio tem de desempenhar no que diz respeito à atividade que foi legitimamente criminalizada e em um processo em que há notificação e especificação justas das acusações e certa determinação judicial preliminar de que as acusações têm alguma base. Quatro defesas do privilégio são relevantes para essa investigação mais estrita.

Primeiro, diz-se que o privilégio impede a acusação irresponsável. Na sua ausência, os acusadores poderiam levar o caso a julgamento sem uma investigação adequada, na esperança de que poderiam provar o caso interrogando o réu. Esse argumento poderia ser apresentado também contra o poder de intimação. Limitar o acesso às provas no julgamento parece uma maneira ineficiente de encorajar mais investigações. Pensaríamos que essa preocupação seria adequadamente atendida exigindo-se que o acusador fizesse uma demonstração *prima facie* suficiente antes de interrogar o réu.

Segundo, muitas vezes se afirma que forçar alguém a "admitir a sua culpa" é infringir injustificavelmente a autonomia ou a liberdade. A plausibilidade limitada dessa sugestão deve-se inteiramente à possibilidade de que "admitir a culpa" pode significar *reconhecer que a punição é justificada*, em vez de, simplesmente, *reconhecer a conduta que a lei define como criminosa*. Impedir o réu de contestar a legitimidade do processo ou da punição que enfrenta violaria importantes valores da primeira emenda. Mas, justamente por essa razão, não precisamos do privilégio de proteger o réu contra esse perigo. A questão real quanto ao privilégio é determinar se se pode pedir ao réu que descreva a sua conduta (tanto quanto se poderia indiscutivelmente pedir o mesmo a terceiros na condição de testemunha).

Para alguns, exigir mesmo esse tanto de participação em um processo que leva à punição é um assalto intolerável à individualidade. Essa perspectiva move David Luban a buscar mais artilharia retórica. "Tornar-me o instrumento ativo da minha própria destruição assinala a subordinação total do eu ao Estado", escreve ele[17]. Se deixamos de lado a fusão questionável de punição e "destruição" aqui, resta o problema de que a subordinação do indivíduo ao Estado é assinalada com mais força pelo próprio Direito penal substantivo. Para a maioria das pessoas, essa subordinação é tolerável na medida em que a lei é justa. O dever de proporcionar informação factual a respeito do próprio crime não parece intensificar a subordinação muito mais do que a proibição do próprio crime (exceto na medida em que torna a execução mais eficaz) e deve ser similarmente tolerável.

Terceiro, o privilégio às vezes é associado com valores de privacidade. O argumento parece ser o de que é uma violação da subjetividade usar o conhecimento da pessoa contra ela para fins de punição. Mas, encaremos, todo o processo criminal é uma invasão maciça da privacidade. (O assassinato é o ato mais privado que uma pessoa pode cometer, sugeriu William Faulkner.)[18] Além disso, o testemunho forçado a respeito de conduta auto-incriminatória parece uma incursão muito menos séria na privacidade do que as regras substantivas que fazem a responsabilidade depender da intenção subjetiva (mesmo quando a intenção é estabelecida por testemunho de terceiros). Por exemplo, a intenção muitas vezes é o elemento crítico de muitas acusações de fraude e peculato, e essa questão acarreta uma investigação da subjetividade do réu em que um largo âmbito da sua conduta e estilo de vida é potencialmente relevante. Ainda assim, a invasão da privacidade raramente foi tratada como objeção séria a regras substantivas desse tipo[19].

---

17. Luban, *Lawyers and Justice* 194.
18. William Faulkner, *Intruder in the Dust* 57 (1949).
19. George Fletcher, "The Metamorphosis of Larceny", 89, *Harvard Law Review* 469 (1976).

Outro argumento ocasionalmente proposto a favor do privilégio é o de que exigir que alguém apresente prova que tenda a acarretar punição contra si mesmo

Um quarto argumento afirma que a base para o privilégio é a não-confiabilidade das declarações auto-incriminatórias. As confissões muitas vezes refletem coerção policial ou pressões psicológicas internas. A observação é bem considerada, mas é questionável se sustenta uma norma tão categórica quanto o privilégio. Outros tipos de prova – por exemplo, a prova da identificação por testemunha ocular desconhecida do réu – tampouco são confiáveis, mas geralmente lidamos com o problema avaliando a confiabilidade caso por caso, em vez de por exclusão em bloco. Contudo, a confiabilidade é a justificativa racional mais plausível do privilégio e implica um âmbito mais limitado do que os outros[20]. Na medida em que a confiabilidade é a preocupação, o privilégio justifica a exclusão de tipos de prova auto-incri-

---

é inescrupulosamente cruel. A crueldade encontra-se na dor psicológica que a pessoa sofre por dois motivos: saber que esses pronunciamentos fidedignos ocasionarão punição e lutar contra a tentação de mentir. Ver, por exemplo, Luban, *Lawyers and Justice* 194.

Como David Dolinko assinalou, essa afirmação é incompatível com uma variedade de práticas jurídicas que impõem punição às pessoas por deixarem de fazer escolhas psicologicamente difíceis mas moralmente adequadas. As pessoas que sofrem enorme dificuldade psicológica para abster-se de abuso sexual, espancamento ou roubo raramente são desculpadas por deixarem de fazer as escolhas corretas nessas questões. Dolinko, "Is there a Rationale" 1090-117.

Além disso, geralmente avaliamos a crueldade da punição não apenas em termos da magnitude da dor do punido mas em termos da proporcionalidade da dor diante dos benefícios sociais e da justiça da punição. A auto-incriminação sai-se muito bem por estes dois últimos padrões. Muitas vezes é bastante útil na execução da lei e pode ser vista como uma forma de justiça restitutiva. Tanto a moralidade popular como muitas teorias éticas vêem o reconhecimento dos próprios crimes como um valioso primeiro passo na compensação dos que foram prejudicados. Além disso, a auto-incriminação poupa ao público despesas de execução adicionais que, de outra maneira, resultariam do crime; na medida em que se tem de incorrer nessas despesas adicionais, elas aumentam a injustiça inicial do próprio crime.

Finalmente, dado que o dilema afeta apenas réus culpados, não posso entender a intuição de que o tipo de dor psicológica que o argumento identifica tenha um peso particularmente grande em um mundo que aceita a pena capital e o confinamento prolongado em condições carcerárias escabrosas.

20. Ver Akhil Amar e Renee Lettow, "Fifth Amendment First Principles", 93, *Michigan Law Review* 857 (1995).

minatória com forte tendência enganosa. Por outro lado, as preocupações com a confiabilidade não sustentam a reivindicação de que o cliente nunca deve sofrer conseqüências adversas por causa de uma declaração auto-incriminadora. Se uma declaração tem pouca probabilidade de não ser confiável ou se leva a provas independentes confiáveis, a justificativa racional da confiabilidade não sugere nenhuma razão para que o material não possa ser usado de maneira adversa para o cliente.

Assim, por essa visão, o privilégio não oferece nenhuma sustentação para a defesa agressiva. As declarações incriminatórias feitas perante o advogado não são provavelmente, induzidas por coerção. O advogado deve estar em condições de avaliar se elas refletem pressões psicológicas internas, e a insistência em que o advogado esteja convencido da sua veracidade, para além de dúvida razoável, antes de executar qualquer ação que afete adversamente o cliente, deve proteger o cliente adequadamente contra tais pressões. Não se trata, naturalmente, de autorizar o aconselhamento a revelar declarações feitas pelos próprios clientes. Mas a explicação da confiabilidade não sugere nenhuma razão para que o aconselhamento empregue táticas que não vindicam os seus direitos intrínsecos nem contribuem para a determinação dos méritos, mesmo quando a avaliação do advogado é baseada em informação do cliente.

Ônus da prova

Reconheci anteriormente que é adequado um advogado de defesa buscar absolvição para um cliente substantivamente culpado com base no fundamento de que a acusação deixou de cumprir o ônus da prova. Alguns advogados de defesa vêem essa concessão como uma encosta escorregadia que leva à fraude ativa. Na prática, há dificuldades em sustentar a linha entre argumentar que o ônus da prova não foi cumprido e enganar ativamente.

O caso de Norman e o Pontiac emprestado é um bom exemplo. O advogado de defesa argumentou que *"evidentemente* Steve e Norman não tinham idéia de que a propriedade era roubada. Do contrário, por que colocariam a carga no assento traseiro do Pontiac, em vez escondê-la no porta-malas?"[21]. Na verdade, o advogado sabia que não a tinham colocado no porta-malas porque não tinham a chave dele. Isso parece fraude. O advogado no mínimo sugeriu vigorosamente que eles podiam ter aberto o porta-malas sabendo que não podiam.

Muitos advogados de defesa, porém, acham que esse argumento simplesmente equivale a apontar uma omissão no argumento da acusação; ela deixou de apresentar provas adequadas de que Norman não podia ter aberto o porta-malas. Assim, qualquer argumento contrafactual pode ser visto como uma sugestão de que a acusação deixou de sustentar o seu ônus ao negar a inferência em questão.

Penso que isso vai longe demais. Os advogados de defesa que propõem essa alegação reconhecem que o júri não compreende esse tipo de argumento como questão de ônus da prova mas como uma sugestão de que a inferência culpabilizadora é verdadeira. Embora as regras da ética proíbam os advogados de afirmar suas "opiniões pessoais" a respeito das questões que argumentam perante o júri[22], os advogados muitas vezes violam as proibições na forma, e muitos acreditam que eles *devem* violá-las, pelo menos em espírito, para serem eficazes. Como Monroe Freedman escreve, "a advocacia de julgamento eficaz exige que toda palavra, ação e atitude do advogado sejam compatíveis com a conclusão

---

21. Ver nota 3, acima, e o texto que a acompanha.
22. ABA Model Rules of Professional Conduct 3.4(e.).

de que o seu cliente é inocente"[23]. Portanto, quando o advogado de defesa sabe que a inferência é falsa, esse tipo de argumento só pode ser considerado como fraude. Isso não significa necessariamente que os jurados tendam a não compreender e a subestimar as normas processuais; eles são naturalmente orientados para a substância. Se o logro é a única maneira de fazer o júri levar em conta considerações de ônus da prova, trata-se de um preço ético que vale a pena pagar. O problema com esse argumento é que desorientar júris não é a única maneira de cuidar dos interesses do ônus da prova. O procedimento de costume, quando não confiamos no júri no que diz respeito a uma questão, é confiá-la ao juiz. E, na verdade, o juiz agora tem a responsabilidade de rejeitar acusações por moção da defesa quando a acusação deixar de apresentar provas a partir das quais o júri possa razoavelmente inferir a culpa[24].

Por que essa prática não é adequada para fazer frente aos interesses de ônus da prova sem argumentação enganosa? Há três interesses relevantes. Um é o privilégio contra a auto-incriminação, que é parcialmente implementado colocando-se o ônus da prova (a dimensão relativa ao ônus de levar o caso adiante) sobre a acusação mas que, como argumentei acima, não exige defesa agressiva. Outro interesse atendido pelo ônus da prova é institucionalizar um julgamento social a respeito dos males relativos da absolvição errônea e da condenação errônea encorajando a resolução das dúvidas que favorecem a absolvição[25]. Mas a contribuição

---

23. Monroe Freedman, "Professional Responsibility of the Criminal Defense Lawyer: The Three Hardest Questions", 64, *Michigan Law Review* 1469, 1471 (1966).
24. Charles Wright, *Federal Practice and Procedure*, seção 461 (1982).
25. A dimensão relativa ao "ônus de levar o caso adiante" envolve o dever de primeiro apresentar, pelo menos, um argumento mínimo. Quando a parte com o ônus deixa de fazê-lo, a outra parte tem o direito ao encerramento da demanda sem ela própria

da advocacia agressiva aqui é muito indireta e excessivamente ampla. Ela diminui a probabilidade de condenação errônea apenas diminuindo a probabilidade de qualquer condenação. Permitir a apresentação de provas fraudulentas teria o mesmo efeito, apesar de quase todos reconhecerem que isso seria impróprio (excluindo o caso controvertido de perjúrio do cliente). Como argumentei acima, é errônea a idéia de que a advocacia agressiva protege os inocentes por meio dos seus efeitos a longo prazo sobre os padrões da prática policial e processual.

Finalmente, colocar o ônus da prova (levar o caso adiante) sobre a acusação serve ao propósito de desencorajar os representantes públicos de sujeitar os cidadãos à despesa e à angústia de uma ação penal sem a investigação e a consideração adequadas, na esperança de que as provas dos réus os ajudem a completar os seus argumentos. Mas esse interesse parece bem atendido pela regra que exige que o juiz rejeite o caso se a acusação deixar de oferecer provas que justifiquem a condenação. Como vimos acima, não é evidente que a defesa agressiva induz níveis superiores de preparação ou, mesmo que o faça, que os benefícios da preparação adicional justifiquem os seus custos.

Punição

Algumas pessoas consideram o processo penal categoricamente diferente do civil porque o primeiro está interessado antes na punição que na compensação. Quando um litigante civil prevalece apesar dos méritos do caso, o resulta-

---

exibir nada. A dimensão do "risco da não-persuasão" do ônus da prova determina quem perde se o julgador não achar o argumento de nenhuma das partes mais persuasivo que o outro. A pessoa com esse ônus perde quando o julgador fica "em equilíbrio".

do geralmente é injustiça para outro cidadão particular. Quando um réu criminal prevalece apesar dos méritos, o custo é mais abstrato e difuso. A vítima da injustiça é a sociedade em geral. Além disso, a natureza do prejuízo é mais difícil de definir. Dada a incerteza difundida a respeito da legitimidade e eficácia da punição, pode-se argumentar que deveríamos ter uma tolerância elevada para com os custos da absolvição incorreta[26].

Como brevemente reconhecerei em detalhe, penso que há alguma substância nesse argumento, mas ele fracassa como fundamentação categórica para a defesa agressiva. Primeiro, esse ponto já foi levado em conta ao definir os termos substantivos da punição e os direitos processuais do acusado, tais como o direito ao aconselhamento e o elevado ônus da prova nos casos criminais. Além disso, o processo penal é muitas vezes um substituto para o processo civil. Em casos em que o réu e a vítima estão em contato contínuo, o processo penal muitas vezes é usado para desencorajar males que, em princípio, são passíveis de ação civil mas para os quais o custo do processo civil é muito caro ou as compensações civis são inadequadas. (Além disso, alguns processos penais envolvem compensações de indenização à vítima que são indistinguíveis das compensações civis, exceto pela sua relativa facilidade de execução.)

Assistência social, justiça e anulação

Até agora, os argumentos a favor de um nível especial de partidarismo na defesa criminal parecem fracos. Contudo, ainda temos de considerar um argumento que não é proeminente nas racionalizações públicas da defesa agressiva mas

---

26. Wasserstrom, "Lawyers as Professionals", 12.

que, na verdade, parece refletir uma importante motivação ética de muitos advogados de defesa. Barbara Babcock o denomina "razão do assistente social" e o ilustra com uma história de como usou uma defesa forçada de insanidade para salvar um cliente negro e indigente de uma sentença de 20 anos de reclusão mandatória por posse de heroína[27].

A "razão do assistente social" concentra-se na severidade das práticas punitivas contemporâneas e na incidência desproporcional da punição severa entre as minorias raciais e os pobres. As práticas em questão parecem estar se espalhando e intensificando. Alguns anos atrás, o Texas sentenciou à prisão perpétua um homem acusado de três fraudes envolvendo um total de cerca de $200[28] dólares. Na Califórnia, um jovem triplamente azarado, que nunca fora acusado de um crime violento, recentemente foi condenado à prisão perpétua sem direito a liberdade condicional pela posse de 5,5 gramas de *crack*[29]. Esses não são exemplos idiossincráticos, mas exemplos de sentenças insanamente severas, muitas das quais instigadas pela histeria pública e oficial diante do problema das drogas, alimentada pela política demagógica. A proporção de pessoas encarceradas nos Estados Unidos hoje é maior do que a de qualquer outro país do mundo; nas décadas de 1970 e 1980, seus índices de encarceramento excederam os de quase todos os Estados totalitários[30].

O fato de que tal punição atinja desproporcionalmente as minorias raciais e as pessoas pobres é, com certeza, importante para explicar por que essas práticas são sustenta-

---

27. Babcock, "Defending the Guilty" 178-9.
28. *Rummel contra Estelle*, 445, U.S. 263 (1980) (rejeitando a afirmação de que a punição era inconstitucionalmente cruel e incomum).
29. Mike Davis, *City of Quartz: Excavating the Futuro in Los Angeles* 288 (1990).
30. Fox Butterfield, "U.S. Expands the Lead in Rate of Imprisonment", *New York Times*, 11 de fevereiro de 1992, p. 16; Elliot Currie, *Confronting Crime* 28 (1985).

das politicamente. (Quase um terço de todos os homens negros dos Estados Unidos com idade entre 20 e 29 anos está preso, em liberdade condicional ou *sursis*.)[31] Além disso, pelo menos em algumas jurisdições, as práticas punitivas são parte integrante de um sistema de policiamento que visa comunidades minoritárias e pessoas de cor, especialmente jovens, para vigilância e disciplinamento muitas vezes abusivos, destinados em parte a mantê-los fora de áreas usadas por grupos raciais e econômicos privilegiados e, em parte, para reforçar a subserviência a uma estrutura de poder local que os exclui[32]. Com certeza, essa caracterização da execução do Direito penal contemporâneo é controvertida, mas, para aqueles de nós que acreditam nela, vale a pena avaliar que apoio poderia oferecer a uma defesa agressiva.

Considere primeiro que Babcock chama o argumento em questão de "razão do assistente social". À primeira vista, essa parece uma maneira incomum de caracterizar um argumento sobre ética *jurídica*. Refere-se a uma profissão diferente. Além disso, abandona a retórica que é associada com a profissão jurídica e que, neste caso, é adequada, notavelmente a "injustiça". A formulação de Babcock parece refletir o fato de que o argumento está em tensão com as tendências positivistas da cultura jurídica.

Na maioria das vezes, as práticas punitivas em questão envolvem a imposição de penalidades prescritas por lei e o exercício de arbítrio oficial conferido por lei. Além disso, a doutrina constitucional restringiu durante muito tempo as rotas principais para a revisão constitucional dessas práticas. Ela praticamente exclui a revisão da eqüidade ou pro-

---

31. Marc Mauer e Tracy Huling, *Young Black Americans and the Criminal Justice System: Five Years Later* (The Sentencing Project, outubro de 1995).

32. Ver o retrato arrepiante do regime Darryl Gates em Los Angeles em Davis, *City of Quartz* 267-322.

porcionalidade da punição[33], pelas cláusulas do devido processo ou da punição cruel e incomum, e apenas em circunstâncias raras e extremas permite reparação pela cláusula da igual proteção para o abuso do arbítrio acusatório[34]. Isso foi verdadeiro mesmo ao longo de todo o período em que os tribunais federais abriram amplos caminhos para a revisão das práticas policiais de interrogatório e de busca e apreensão.

Conseqüentemente, os advogados que gostariam de trabalhar contra as práticas da punição excessiva e discriminadora descobrem que devem fazer isso, na maioria das vezes, indiretamente, explorando obstáculos processuais para a condenação. Especialmente na ausência de quaisquer bases constitucionais amplas, muitos advogados sentem-se privados do apoio direto dentro da sua própria cultura profissional para esforços que, na essência, têm o objetivo de subverter essas práticas. Como a legislatura autorizou as punições e conferiu arbítrio à polícia, aos promotores e aos juízes no que diz respeito a elas, as punições têm autorização soberana e, portanto, legitimidade jurídica.

Contudo, essa visão reflete a orientação positivista extrema do discurso da responsabilidade profissional. Ela ignora os temas substantivos da cultura jurídica mais ampla que são receptivos às preocupações dos advogados de defesa. Do ponto de vista substantivo, o fato de que a legislatura autorizou e os tribunais recusaram-se a condenar ou a fornecer compensações para as práticas em questão não conclui a questão da sua legitimidade jurídica. Ainda pode haver espaço para um ator jurídico decidir que as legislaturas e os tribunais estão errados – que eles aplicaram erronea-

---

33. Ver *Rummel contra Estelle* 445 U.S. 263 (1980); *Solem contra Helm* 463 U.S. 277 (1983).
34. Ver Stephen A. Salzburg e Daniel Capra, *American Criminal Justice* 665-70 (1992).

mente as normas jurídicas relevantes ao aprovar essas práticas – e, então, prosseguir com base no que o ator acredita serem as decisões corretas na medida em que tenha a capacidade prática de fazê-lo. Essa é a prática da anulação, discutida no capítulo 3.

Penso que um argumento baseado na idéia de anulação ofereceria melhor apoio à defesa agressiva do que as justificativas comumente oferecidas. O argumento é que a defesa agressiva é justificada porque subverte a punição que, embora formalmente prescrita, é injustamente severa e discriminadora nos termos das normas mais gerais da cultura jurídica. Além disso, a ilegitimidade de tal punição ainda é sugerida pelo fato de que parece produto de várias rupturas políticas, inclusive a privação de direitos dos pobres e a ofuscação demagógica no processo eleitoral.

Contudo, mesmo quando se reconhece a visão da acusação criminal contemporânea que é premissa desse argumento, isso ainda não é uma justificativa adequada da defesa agressiva. O problema é que o argumento é insuficientemente inclusivo, na medida em que se reconhece que há uma classe substancial de réus para os quais a punição seria justa e, de outra maneira, adequada. A defesa agressiva é uma prática da anulação categórica e indiscriminada; ela não se concentra na subversão das práticas acusatórias e policiais que poderiam sofrer oposição plausível por serem excessivas e injustas.

Para que o argumento do "assistente social" ou da anulação funcione, a prática da defesa agressiva teria de ser reformulada na direção de uma anulação *ad hoc* ou específica. A defesa agressiva devia limitar-se apenas a casos que apresentem uma ameaça de punição excessiva ou arbitrária e devia ser empregada apenas na medida em que tenha probabilidade de opor-se à ameaça. A prática da defesa agressiva devia ser parte de uma estratégia maior destinada a concentrar recursos e esforços em casos que apresentam as maiores ameaças de injustiça. A capacidade prática dos advogados de adotar essa abordagem irá variar com o grau de autonomia que um advogado tem na sua prática. Alguns advogados acharão mais fácil continuar a comprometer-se categoricamente com a defesa agressiva mas a aplicar critérios seletivos no momento em que decidem aceitar clientes, restringindo sua prática a clientes em risco de punição excessiva ou discriminadora. Outros advogados terão mais arbítrio sobre o manejo dos casos que na aceitação dos casos. Os advogados de escritórios que regulamentam questões éticas por meio de padrões institucionais podem conseguir persuadir os seus escritórios a adotar a abordagem e a especificar critérios institucionais para ela. Outros podem não conseguir influenciar as políticas dos seus escritórios na direção dessa abordagem mas podem conservar um elevado grau de arbítrio nos seus próprios casos. Provavelmente é melhor que os advogados formulem critérios para a anulação *ad hoc* coletiva e publicamente – por meio de programas de defesa pública ou associações de advogados especializadas. (Tais critérios devem assumir a forma de padrões gerais, não de gerência institucional *ad hoc* de casos individuais.) Mas, se isso não é prático, é melhor ter critérios formulados e aplicados individual e privadamente do que não ter absolutamente nenhum critério.

Em graus variáveis, os advogados de defesa estão sujeitos às pressões das associações de advogados e dos tribunais que regulamentam as suas práticas, das fontes de prestígio e financiamento, e dos clientes. Alguns advogados podem ter autonomia suficiente nessas relações para adotar a abordagem da anulação *ad hoc* publicamente e vinculá-la à oposição pública à punição excessiva e discriminadora, aliando-se, talvez, a associações de advogados alternativas e a grupos de não-advogados em busca de reforma do sistema. Outros advogados carecerão da autonomia para adotar a abordagem publicamente mas terão arbítrio suficiente sobre seus casos para aplicar a abordagem tacitamente. Quanto mais arbítrio prático o advogado tem, mais ambiciosamente ele pode aplicar a abordagem, mas pouquíssimos advogados têm tão pouco arbítrio a ponto de não poder aplicá-lo de maneira significativa.

Naturalmente, algumas pessoas questionarão se há critérios plausíveis pelos quais os advogados possam distinguir a punição excessiva e discriminadora, mas o argumento do "assistente social" pressupõe tais critérios, de modo que qualquer um que aceite esse argumento deve ter alguns. Além disso, embora a doutrina jurídica sobre sentenciamento e discriminação não legitime especificamente a tomada de decisão pelo advogado proposta aqui, ela provê ampla ilustração de como advogados dispostos a fazer julgamentos de proporcionalidade e discriminação podem fazer isso de maneira que leve em conta os valores sociais e a razão prática.

Sem dúvida, os julgamentos particulares de anulação pelo advogado serão controvertidos, mas isso, em si, não é uma objeção à prática. Os julgamentos específicos da polícia a respeito de quando prender, dos promotores sobre quando acusar e dos juízes e júris sobre quando condenar também são controvertidos. Ao decidir preferir ou não dar responsabilidade a esses atores, não perguntamos se cada decisão que tomarem encontrará concordância universal mas se, no todo, suas decisões farão uma contribuição positiva em termos dos valores que acreditamos ser relevantes.

Não é possível predizer que a adoção ampla e aberta da anulação *ad hoc* melhoraria o sistema de justiça criminal sem que nos comprometêssemos com alguns critérios de avaliação do sistema e fizéssemos suposições a respeito de quais critérios os advogados de defesa adotariam e aplicariam.

Mas penso que qualquer um que endosse a crítica de que o presente sistema é sistemicamente propenso à punição excessiva e discriminadora deve ser otimista quanto ao potencial dessa abordagem. Meu palpite é que os advogados de defesa de motivação mais idealista concordam com essa crítica. A abordagem da anulação *ad hoc* permitiria que a expressassem mais diretamente na prática. Ela poderia melhorar a prática, levando a decisões de advocacia que melhor se ajustassem aos valores mais plausivelmente invocados para justificar a defesa agressiva e amenizando a sensação de alienação que alguns advogados experimentam em relação a seus compromissos normativos básicos na prática diária.

A preocupação de algumas pessoas será a de que, como os critérios serão necessariamente diferentes entre os advogados de defesa, os réus obterão diferentes níveis de defesa, dependendo do advogado que lhes couber. Contudo, essa situação já existe sob os regimes éticos correntes: definimos a defesa agressiva em tempos de táticas que não foram explicitamente regulamentadas. Além disso, essa parece ser outra situação em que os interesses da eqüidade horizontal parecem ter menos peso que os interesses da justiça substantiva.

Uma resposta típica dos liberais à legitimidade desse tipo de decisão por advogados na esfera civil é o escritório de serviços jurídicos controlado pela comunidade. É curioso que a idéia de controle da comunidade não se tenha estendido com igual freqüência ou entusiasmo aos programas da defensoria pública. Há sérios problemas no ideal de controle da comunidade: por exemplo, não se evidencia de imediato nenhuma maneira de definir e representar comunidades, e a eqüidade requer que, ao representar os seus clientes, os advogados estejam livres de várias formas de interferência política. Muitos dos julgamentos referentes à eqüidade e à humanidade das práticas policiais e acusatórias e ao relativo prejuízo social e iniqüidade das diferentes infrações (que são exigidos por qualquer arregimentação de fontes de defesa) seriam feitos da melhor maneira por um corpo geralmente representativo de um grupo local significativamente definido. Há muitos precedentes e exemplos na esfera civil, e, embora o registro seja confuso, a idéia ainda é promissora.

Pode haver uma preocupação de que a anulação *ad hoc* venha a tornar vulneráveis os advogados de defesa ao parecer politizar a sua prática. A anulação *ad hoc* poderia, simultaneamente, enfurecer as forças da demagogia do controle do crime e afastar liberais libertários cujo apoio à defesa criminal se baseasse nas visões falaciosas, mas ideologicamente poderosas, criticadas acima. Contudo, poderia acontecer que uma crítica substantiva da punição excessiva e discriminadora fornecesse uma base ideológica mais poderosa para opor-se à demagogia do controle do crime do que o liberalismo libertário.

A atração ideológica do liberalismo libertário declinou, especialmente fora da profissão jurídica, e, na verdade, a demagogia do controle do crime parece ter lucrado com a repulsa popular ao seu desprezo antinomista pela responsabilidade e pela punição, ao seu antiestatismo paranóico, à sua indiferença às vítimas e à sua obsessão com a justiça processual à custa da justiça substantiva. Várias pessoas interessadas no controle do crime seriam muito mais receptivas aos apelos de apoio à defesa criminal baseados em ideais de humanidade e eqüidade substantivas do que a apelos baseados nas preocupações do liberalismo libertário.

Os interesses em jogo

Alguns partidários da defesa criminal reagem à minha crítica afirmando que a defesa geral, agressiva, pouco faz para impedir a acusação de réus culpados e, na verdade, tem pouco efeito prático[35]. Mesmo sob suposições normativas, dizem eles, o problema sério não é a defesa agressiva mas a defesa insuficiente. Dadas as limitações de recursos e o volume explosivo de acusações criminais, a maioria dos réus não consegue a atenção e o esforço aos quais têm direito, mesmo nas visões mais limitadas do âmbito adequado da defesa criminal.

Esse é um ponto importante. Contudo, a importância da variante criminal da Visão Dominante não se encontra apenas no seu efeito sobre as práticas correntes. Ela também é relevante para o modo como avaliamos o sistema com propósitos de reforma e legitimação popular. Se podemos ou não assegurar apoio a um aumento nos recursos de defesa, isso depende em parte do uso que as pessoas pensam que se dará aos recursos adicionais. Se os recursos extraordinários custearem esforços para substanciar defesas factuais de boa-fé, muitas pessoas terão sentimentos bem diferentes a respeito deles do que se custearem esforços para revelar provas que sirvam para impugnar testemunhas fidedignas.

Se a defesa agressiva é de importância prática trivial, então os argumentos a favor dela são simplesmente afetação, mas a afetação tem efeitos importantes sobre as posturas populares perante o sistema. A visão popular de que os advogados de defesa comumente conseguem absolvições para réus culpados está provavelmente errada, mas é uma inferência razoável a extrair de argumentos que retratam a defesa agressiva como um potente baluarte contra o Estado. Outro importante interesse em jogo no argumento diz respeito à concepção que os advogados de defesa têm de si mesmos e à sua capacidade de expressar seus compromis-

---

35. Ver, por exemplo, Luban, "Are Criminal Defenders Different?".

sos morais no trabalho. Minha abordagem capacitaria os advogados de defesa a vincular mais diretamente os seus compromissos mais plausíveis às suas práticas cotidianas. Isto deve ser considerado um importante benefício.

Conclusão

Começamos com a questão de determinar se a defesa criminal deve ser tratada diferentemente da prática civil para propósitos da crítica da concepção-padrão da advocacia adversária. As razões mais comuns para sua distinção revelaram-se implausíveis. Não obstante, há razões que poderiam justificar o uso seletivo de táticas de defesa agressivas, em oposição ao uso categórico prescrito pela Visão Dominante. A abordagem seletiva ou *ad hoc* é a única prescrita geralmente pela Visão Contextual. Portanto, no nível mais geral, a ética da defesa criminal não deve ser diferente. Por outro lado, essa abordagem atenta para o contexto da prática, e o problema da punição criminal excessiva e discriminadora parece distintivo em gravidade e escala. Nesse sentido, a defesa criminal é, na verdade, diferente.

Capítulo 7
Institucionalizando a ética

As discussões sobre ética jurídica tendem a reduzir-se a discussões sobre a regulamentação do advogado. Isso acontece quando as pessoas supõem que uma crítica ética da advocacia poderia ser plausível apenas se fosse suscetível de formulação e aplicação como regra disciplinar.

Deve-se resistir a essa tendência. Embora seja sustentada por muitas das práticas correntes das associações de advogados e investigadores, ela se choca com a corrente central das aspirações tradicionais da retórica profissional. O termo "ética" foi aplicado ao nosso tema justamente para sugerir que envolve mais do que a execução coerciva das regras. É, em parte, um esforço coletivo para definir o significado da boa advocacia e marcar o caminho para a satisfação pessoal e o respeito social como advogado. Como tal, um dos seus usos mais importantes é como guia para o exercício do arbítrio pelos advogados. E, embora as sanções desempenhem um papel nesse projeto, a crítica informal é igualmente importante.

Deixei o tema da institucionalização da ética jurídica para o final porque devemos pensar sobre a implementação apenas depois que pensarmos a respeito do que estamos tentando implementar. Não me proponho oferecer um programa abrangente. Os presentes regimes disciplinares e quaisquer outros que tenham probabilidade de ser adotados deixam aos advogados bastante arbítrio. Sem nenhuma mudança institucional, a Visão Contextual pode servir como base para guiar e avaliar o exercício do arbítrio pelos advogados.

Não obstante, as instituições são importantes. Um programa ético que resiste à institucionalização está em desvantagem. Portanto, é importante que a Visão Contextual seja suscetível de institucionalização. Em particular, vale a pena reagir às objeções de que qualquer programa ético como a Visão Contextual, que se vale de normas informais ou insiste em responsabilidades mais do que mínimas para não-clientes, será frustrado por pressões econômicas. Tivemos ocasião de considerar aspectos dessas objeções em capítulos anteriores; posso elaborar aqui as respostas a elas.

Uma estrutura de execução inspirada pela Visão Contextual teria duas características principais: um regime disciplinar composto em boa parte de normas contextuais e um conjunto de regras destinadas a encorajar compromissos éticos voluntários e fortalecer as forças que contribuem para a execução informal de tais compromissos.

Tal programa seria levado a cabo por uma associação de advogados inclusiva como a Ordem dos Advogados Americana (OAA) e as suas contrapartes estaduais, mas é uma virtude importante que não exija apoio de tal associação. Poderia ser seguido efetivamente também por tribunais, legislaturas e órgãos públicos de controle, e há um importante papel para ela em associações voluntárias e especializadas de advogados. Da perspectiva contextual, o papel das associações inclusivas de advogados em questões de responsabilidade foi grandemente regressivo. A visão da profissionalização que revimos no capítulo 4 considerou como complementares os seus compromissos gêmeos com o julgamento contextual e a auto-regulamentação por meio de associações profissionais. Na verdade, associações de advogados inclusivas tenderam a usar a sua autoridade sobre a regulamentação da prática para eliminar os aspectos da visão profissional centrados em aspirações, para substituir normas contextuais por normas categóricas e minimizar as responsabilidades para com não-clientes[1].

Os desenvolvimentos recentes na regulamentação profissional mais compatíveis com a Visão Contextual foram invariavelmente levados a cabo por outras instituições – tribunais, órgãos fiscalizadores e associações especializadas de advogados. Embora os tribunais, nos seus papéis de reguladores éticos, tenham se inclinado a adotar os códigos da ordem de advogados nacional de maneira mais ou menos indiscriminada, adotaram políticas diferentes em outros contextos. Ao aplicar normas criminais e civis contra a fraude e a assistência a atividades ilegais e ao liberalizar o sistema de revelação, muitos tribunais ampliaram (ou redescobriram) os deveres do advogado para com não-clientes sob normas relativamente contextuais. O mesmo fizeram alguns órgãos de controle, notavelmente a Securities and Exchange Commission e o Office of Thrift Supervision (este último no caso Kaye Scholer), ao aplicar suas normas de revelação a advogados que exercem suas atividades perante eles[2].

Além disso, associações de advogados voluntárias exclusivas ou especializadas ocasionalmente tomaram inicia-

---

1. Com associação de advogados "inclusiva" refiro-me a associações que exijam que todos os advogados da jurisdição sejam membros – cerca de dois terços dos estados as têm agora – e a associações voluntárias, tais como a Ordem dos Advogados Americana, que aspiram a arregimentar e representar toda a categoria.

A desvantagem das associações de advogados inclusivas é que, como os seus membros tendem a ser mais diversos, elas têm mais dificuldade para chegar a um acordo e estão mais sujeitas a pressão no sentido do "menor denominador comum". Michael Powell, *From Patrician to Professional Elite: The Transformation of the New York City Bar Association*, cap. 1 (1988).

2. Ver, de maneira geral, Geoffrey Hazard Jr., Susan P. Koniak e Roger C. Cramton, *The Law and Ethics of Lawyering*, 57-153 (2.ª ed., 1994).

tivas promissoras a respeito de questões de responsabilidade profissional. Para mencionar três exemplos: a Associação dos Advogados da Cidade de Nova York é uma organização antiga, com uma longa história de interesse na ética. De tempos em tempos, encorajou compromissos com os interesses de não-clientes que foram consideravelmente mais fortes que os padrões minimalistas dos códigos de ética. Em anos recentes, instou por padrões exigindo que os advogados tributários assumissem mais responsabilidade pela validade das posições que tomam em nome dos clientes[3]. A Academia Americana de Advogados Matrimoniais foi organizada em 1988 com a intenção declarada de elevar os padrões éticos dos praticantes na área do divórcio. Promulgou o seu próprio código ético para membros em áreas como a revelação e as táticas de litígio, impondo responsabilidade significativamente mais forte às partes adversas do que os códigos da Ordem dos Advogados Americana. Três associações de Advogados Comerciais, recentemente formadas em cada uma das principais áreas metropolitanas da Califórnia, também promulgaram regras éticas para os seus membros destinadas a moderar o uso estratégico, e contrário aos propósitos, dos processos de litígio. Na maior parte, os novos padrões propostos por essas organizações são apenas desvios modestos do *status quo* e não foram acompanhados por processos de execução formais. Não obstante, são sugestivos.

---

3. Sobre a Associação dos Advogados da Cidade de Nova York, ver Powell, *From Patrician to Professional*. Sobre o trabalho da associação na área da ética tributária, ver Special Committee on the Lawyer's Role in Tax Practice, The Association of the Bar of the City of New York, "The Lawyer's Role in Tax Practice", 36, *Tax Lawyer* 865 (1983).

Um regime disciplinar contextual: o modelo do delito civil

Um regime disciplinar inspirado pela Visão Contextual começaria com a máxima de "promover a justiça" e a desenvolveria em um conjunto de preceitos mais definidos. O regime deveria incluir um ou mais códigos ou "consolidações". As normas nessas compilações assumiriam a forma de padrões gerais, presunções refutáveis e casos ilustrativos. A elaboração não ocorreria em um único esforço de promulgação mas progressivamente, por meio de esclarecimentos e revisões anunciadas no decorrer de casos específicos.

Os que duvidam que um regime regulamentador de normas contextuais seria viável precisam ser lembrados de que já temos tal regime. Foi plenamente operacional durante décadas e aceito com menos controvérsia do que a que rodeia os códigos de ética da OAA. Refiro-me, naturalmente, ao sistema do delito civil tal como se aplica aos advogados.

A Visão Dominante caracteriza apenas um dos dois sistemas paralelos de responsabilidade profissional. É o sistema disciplinar centrado em associações de advogados e tribunais no seu papel regulamentador. O sistema disciplinar administra sanções destinadas a desencorajar a má conduta futura, ao passo que o sistema do delito civil administra primariamente concessões por danos destinadas a compensar a má conduta passada. Ambos os sistemas, contudo, estão centralmente interessados na elaboração de padrões de conduta profissional, e as normas substantivas que aplicam sobrepõem-se substancialmente. (Quase toda a responsabilidade do advogado no delito civil envolve negligência ou fraude, ambos os quais são violações dos códigos de ética.)

A comparação dos dois sistemas poderia ser útil na consideração de um leque de questões institucionais a respeito do objetivo dos regimes disciplinares, tais como os papéis relativos das autoridades públicas e associações de advogados, dos processos judiciais em contraposição aos administrativos, da execução pública em contraposição à privada, e das compensações punitivas em contraposição às compensatórias. Contudo, não abordarei essas questões aqui[4]. Simplesmente quero invocar o sistema de negligência para sugerir que não há nada radical na noção de uma ética jurídica de normas contextuais e dar alguma idéia de como as normas contextuais poderiam funcionar em um regime disciplinar contextual.

A norma central do sistema do delito civil talvez seja a mais inflexivelmente contextual das normas jurídicas – a norma da negligência. Como disse Roscoe Pound, tais normas "não são formuladas absolutamente nem recebem um conteúdo preciso, quer por legislação, quer por decisão judicial, mas são relativas a ocasiões, lugares e circunstâncias e devem ser aplicadas com referência ao caso em questão"[5]. Ou, como diz o *Restatement of Torts*, o padrão de negligência "provê flexibilidade suficiente para permitir que se levem em conta [...] todas as circunstâncias particulares do caso". A pedra de toque retórica da norma de negligência é a sua razoabilidade, e as "qualidades da [razoabilidade] diferem conforme as várias circunstâncias em que a expressão é usada"[6].

Fora do campo da ética jurídica, esse tipo de norma é rotineiramente associado ao julgamento profissional. O Supremo Tribunal reconheceu essa associação quando declinou de formular padrões categóricos de "assistência eficaz" do advogado pela sexta emenda: "Nenhum conjunto

---

4. Para discussões excelentes de tais questões, ver Deborah Rhode, "Institutionalizing Ethics", 44, *Case Western Reserve Law Review* 665 (1994); David Wilkins, "Who Should Regulate Lawyers?", 105, *Harvard Law Review* 799 (1992).
5. Roscoe Pound, *An Introduction to the Philosophy of Law* 58.
6. *Restatement of Torts Second* Section 283, comentários c, d.

particular de regras detalhadas para a conduta do advogado pode levar satisfatoriamente em conta a variedade de circunstâncias enfrentadas pelo advogado de defesa ou o âmbito de decisões legítimas referentes à melhor maneira de representar um réu criminal."[7]

Os próprios advogados estabelecidos muitas vezes falam dessa maneira. O *Model Code*, ao explicar a proibição da prática jurídica por não-advogados, reconhece que os leigos são capazes de aprender e seguir regras específicas. O que lhes falta (presumidamente) e que os advogados têm (presumidamente) é "julgamento profissional", e "A essência do julgamento profissional do advogado é a sua capacidade instruída de relacionar o corpo e a filosofia gerais da lei a um problema específico do cliente..."[8]. Não obstante o seu tratamento das obrigações do advogado para com terceiros em termos categóricos, os próprios códigos de ética tendem a tratar as obrigações do advogado para com os clientes em termos contextuais. Os deveres centrais para com os clientes – os que dizem respeito à competência, aos conflitos de interesse e à razoabilidade dos honorários – assumem formas contextuais[9].

Não esperamos que normas desse tipo sejam plenamente especificadas. No contexto dos delitos civis comuns, espera-se que o ator e o júri, ao reverem a conduta, empreguem um amplo leque de conhecimento tácito acumulado por meio da experiência social. Quando um júri leigo avalia a conduta profissional, tipicamente exigimos que seja assis-

---

7. *Strickland contra Washington* 466 U.S. 668, 668-9 (1984).
8. *Model Code* EC 3-5.
9. *Model Rules* 1.1 (o advogado deve prover a habilidade e o esforço "razoavelmente necessários" para a representação); 1.5 (os honorários devem ser "razoáveis"), 1.7 (representações conflitantes permitidas apenas com consentimento informado e quando o advogado "acredita razoavelmente" que nenhum cliente será afetado de maneira adversa).

tido por testemunhas especializadas, das quais se espera que recorram a conhecimento tácito, informal.

Usamos as regras para fundamentar e especificar o padrão do cuidado. Ao cumprir o padrão, porém, um ator não pode simplesmente olhar um conjunto de regras e supor que qualquer coisa não especificamente proibida ali será satisfatória. Esperamos que muitas vezes não haja absolutamente nenhuma regra específica. E, quando encontramos regras, raramente as tratamos como conclusivas. A violação de regras é, na melhor das hipóteses, "prova" da violação do cuidado e pode ser refutada demonstrando-se que seguir a regra no contexto particular não vindicaria os objetivos mais gerais da prática relevante. E a observância das regras raramente é uma defesa conclusiva.

A regularidade empírica da prática – o costume – também provê fundamentação mas, novamente, não tratamos o costume como conclusivo. Sempre está aberto ao queixoso ou ao réu demonstrar que a prática costumeira está em desarmonia com as normas mais gerais. Outro tipo de orientação vem na forma de casos exemplares. Essa, naturalmente, é a marca distintiva da decisão judicial no *common law*, e ela tem muitas analogias na prática profissional – por exemplo, as formas modelares ou protocolos para várias tarefas. Um elemento central desse tipo de orientação é que ela exige um julgamento relativamente complexo a respeito do grau em que as circunstâncias particulares em que o profissional se acha são análogas às envolvidas no caso ou modelo.

Naturalmente, os tribunais, quando definem padrões de delito civil, desempenham papéis diferentes dos que desempenham quando criam um regime disciplinar. Um tribunal do *common law* que aplica o padrão de cuidado para propósitos de responsabilidade civil profissional vale-se de normas elaboradas dentro da profissão. Pode decidir entre normas profissionais rivais e pode ocasionalmente rejeitar normas vigentes na profissão mas, na maioria das vezes, pensa em si como aplicando compromissos estabelecidos independentemente dos seus esforços. Embora os seus poderes possam muito bem ser considerados legislativos, são poderes legislativos secundários. Nesse papel, não seria plausível o tribunal empreender uma formulação abrangente dos compromissos da profissão mesmo que as tradições do *common law* não a restringissem a uma operação caso por caso.

Os esforços intraprofissionais de que se vale o sistema do delito civil, porém, muitas vezes assumem a forma de códigos ou consolidações. Quando uma associação de advogados ou mesmo uma agência ou tribunal com poder regulamentador sobre a profissão elabora um regime disciplinar, eles, pelo menos parcialmente, estão ocupando um papel intraprofissional, antes falando pela profissão do que mantendo-a fiel aos compromissos assumidos. Como tais, estão em uma posição melhor para promulgar formulações mais gerais e abrangentes.

A norma de cuidado razoável/negligência tem uma importante relação com a noção de consenso profissional pertinente à ética jurídica. Como vimos no capítulo 2, uma objeção freqüente à Visão Contextual é a de que os julgamentos contextuais a respeito da ética são controvertidos, como se isso excluísse o seu uso como base para julgamentos éticos[10]. Claramente, a controvérsia é igualmente verdadeira a respeito do ajuizamento da negligência, e a resposta para a controvérsia ali é bastante instrutiva para a ética jurídica. Quando revemos um julgamento profissional para propósitos de negligência, distinguimos tacitamente dois níveis de controvérsia.

---

10. Stephen Bundy e Einer Elhauge, "Knowledge About Legal Sanctions", 92, *Michigan Law Review* 261, 313-21 (1993); David Wilkins, "Legal Realism for Lawyers", 104, *Harvard Law Review* 468, 511-3 (1990).

Primeiro, os profissionais podem discordar quanto a um julgamento particular estar abaixo do padrão mínimo de cuidado que a lei deve aplicar. Na medida em que é assim, menor a probabilidade de impor a responsabilidade. Mas não consideramos que tal controvérsia exclua a responsabilidade. Se as condenações da prática preenchem certos critérios básicos de credibilidade e têm aceitação substancial na profissão, é provável que o tribunal considere as visões rivais e, quando persuadido pelas condenações, imponha a responsabilidade mesmo sem consenso.

Segundo, os profissionais podem concordar que dois ou mais julgamentos rivais são compatíveis com padrões mínimos e, contudo, discordar quanto a qual é o melhor. Se é essa a situação, os tribunais não imporão a responsabilidade, e o sistema do delito civil não considerará mais a questão até que um grupo de constituintes profissionais com certo peso afirme que uma dessas posições não é simplesmente errada mas irrazoável. Até então, o sistema do delito civil permanece agnóstico.

Dentro da profissão, porém, o debate continua e pode ser apaixonado e intenso. Nunca se esperaria, por exemplo, que os médicos dissessem que, como dois procedimentos médicos possíveis são razoáveis para propósitos de delito civil, não há nenhum propósito em descobrir qual seria melhor para o paciente. Pelo contrário, poderíamos esperar um vigoroso debate quanto aos méritos, no qual cada lado argumentaria vigorosamente que os julgamentos do outro estão errados sem, contudo, nenhuma intenção de sujeitá-lo à responsabilidade. Médicos tratando de pacientes teriam de ler esses debates antes de escolher qual procedimento recomendar. Seria improvável que dissessem a um paciente que, como os procedimentos são controvertidos, vão abster-se de fazer uma recomendação. De modo similar, instituições profissionais cujos membros estivessem convencidos de que um procedimento é melhor não hesitariam em expressar a sua visão coletiva simplesmente porque tem a probabilidade de ser controvertida.

Quando alguém diz que a Visão Contextual não é funcional porque o julgamento que encoraja é controvertido, pode referir-se à controvérsia a respeito de determinar se os julgamentos cumprem ou não padrões de cuidado mínimos. Se for assim, está certo ao subentender que tal controvérsia pesa contra a responsabilidade mas parece ter esquecido que o sistema do Direito civil não impede julgamentos plausíveis de responsabilidade. Às vezes, a objeção refere-se à controvérsia a respeito de qual dos julgamentos razoáveis rivais é melhor em termos dos valores relevantes do sistema jurídico. Isso seria impedimento para o regime contextual apenas se ele estivesse preocupado exclusivamente com a responsabilidade, mas ele não deve estar.

O sistema do delito civil reflete uma divisão clara de trabalho, em que os tribunais preocupam-se exclusivamente com a responsabilidade e deixam a crítica não-coerciva e o debate para instituições dentro da profissão. Embora os regimes éticos jurídicos às vezes sejam considerados apenas como sistemas de responsabilidade, é mais plausível pensar neles também como parte dos sistemas intraprofissionais não-coercivos da crítica e da reforma. Este último papel é refletido em duas práticas distintas dos sistemas disciplinares não encontradas em sistemas de delito civil – a sanção da censura ou "reprimenda" e a opinião aconselhadora, ambas as quais analisam e pronunciam a conduta como não-ética sem conferir ressarcimentos, prescrever a conduta ou solucionar disputas privadas. O papel mais amplo do sistema de ética ainda é mais evidente no fato de que algumas organizações profissionais que são ativas na disciplina estão geralmente envolvidas também na discussão ética mais informal, por exemplo patrocinando conferências, debates e pesquisas.

Na sua inclinação para normas precisas, os redatores dos códigos da OAA parecem estar pensando em termos de Direito penal, não de delito civil. O Direito penal tipicamente exige um grau muito mais elevado de especificação normativa do que o dos delitos civis. Os regimes de ética jurídica têm certa similaridade com os regimes de Direito penal. As normas de ambas as esferas são associadas a penalidades ou punições impostas por uma autoridade regulamentadora, não a ressarcimentos conferidos às partes prejudicadas. Além disso, as penalidades mais severas sob os regimes éticos – a suspensão ou a expulsão da ordem – têm uma qualidade catastrófica que, pode-se dizer, é mais comparável a decisões criminais graves que a decisões civis graves. E a responsabilidade sob normas criminais e éticas tipicamente encerra uma percepção mais forte de estigma social que a responsabilidade civil.

Na verdade, porém, a analogia da disciplina profissional com a punição criminal é pobre. Ela ignora a sobreposição substantiva entre normas disciplinares e civis; a negligência é uma questão tanto de responsabilidade civil como de disciplina profissional. Mais importante, as similaridades entre disciplina e punição criminal são diminuídas por uma diferença crítica entre elas: o processo disciplinar é substancialmente uma forma de *auto*-regulamentação ocupacional. Isso significa não tanto regulamentação por meio de instituições profissionais participativas como a aplicação de padrões que são imanentes na prática. As normas de negligência, mesmo quando determinadas por instituições fora da profissão, são declarações de normas desenvolvidas pelos próprios praticantes. Um julgamento de negligência deve ser sustentado por provas de que os praticantes respeitáveis geralmente consideram os padrões relevantes como obrigatórios. Os processos da educação profissional e da socialização funcionam para inculcar tais normas. Por contraste, por mais que esperemos que o Direito penal incorpore a moralidade comum, tratamos as normas penais como uma forma mais remota e impessoal de regulamentação que lei do delito civil.

A questão do estigma precisa de comentário adicional. Muitos advogados aparentemente acreditam que um julgamento de conduta aética inflige um ferimento emocional e simbólico mais forte que um julgamento comparável de responsabilidade civil. Essa crença é irracional e perversa. É irracional porque, como observamos, quase todas as violações de deveres civis por advogados também são violações de deveres éticos. É perversa porque alimenta uma resistência à expansão dos deveres éticos e uma procura por salvaguardas incômodas, inclusive a especificação formal.

A crença no caráter fortemente estigmatizador dos julgamentos adversos parece ser sustentada por uma tradição de hipocrisia na retórica da ética jurídica. Ao mesmo tempo em que se inclinaram a minimizar o âmbito dos seus deveres éticos, os advogados da corrente principal inclinaram-se a falar dos deveres restantes como se tivessem uma qualidade sagrada. Essa tradição foi exacerbada pela tendência mais recente de alguns éticos para interpretar a responsabilidade profissional antes como uma expressão dessa perspectiva de "caráter" que como uma questão de conduta justa[11]. Parece decorrer dessa perspectiva de "caráter" que um julgamento ético adverso é indício de carência fundamental de valor pessoal.

A única cura para essa situação é diminuir o nível de hipocrisia. Abandonar o namoro com o bom "caráter" em oposição à boa conduta seria um bom primeiro passo. A expressão da crítica em termos éticos jurídicos não deve, por

---

11. Por exemplo, Anthony Kronman, *The Lost Lawyer* (1993).

si, carregar estigma maior que qualquer outro julgamento adverso sobre a conduta. Naturalmente, as violações particulares da ética podem ser vis e ter fortes conotações sobre o caráter de uma pessoa. Mas outras violações envolvem males menores, giram em torno de questões fechadas, resultam de inadvertência ou pressões compreensíveis ou representam erros de boa-fé. Não devemos deixar que a exorbitância retórica categórica nos iniba de enfrentar e criticar esses tipos de conduta nos termos da ética jurídica[12].

Reestruturando o mercado de serviços jurídicos

Algumas pessoas acreditam que a Visão Contextual, ou, na verdade, qualquer abordagem da ética jurídica que imponha deveres maiores para com não-clientes do que a Visão Dominante, tende a ser vencida pelas pressões sociais. O argumento não é persuasivo, em última análise, mas serve como um lembrete útil de que a regulamentação, além de ordenar a conduta e penalizar a conduta divergente, pode influenciar a conduta indiretamente ao alterar as estruturas institucionais que geram as pressões informais na prática.

Comece com o argumento da "corrida para agradar". Diz-se que os clientes preferem os advogados mais dispostos a promover os seus interesses agressivamente. Os advogados dispostos a ir mais longe que outros têm uma vantagem com-

---

12. Além disso, os julgamentos de caráter são muito mais difíceis do que os julgamentos de conduta. Apesar da inclinação há tanto tempo vigente de julgar os seus membros por normas categóricas, a associação esteve até recentemente disposta a julgar requerentes à admissão com base nos padrões gerais de "bom caráter moral". O registro dessa prática é notoriamente escasso. Tais julgamentos eram, com muita freqüência, erráticos e, muitas vezes, escudos do preconceito político e social. Ver Deborah Rhode, "Moral Character as a Professional Credential", 94, *Yale Law Journal* 491 (1985).

petitiva. Atraem muito mais clientes. Para manter as suas práticas, os advogados com ambições éticas têm de fazer concessões em seus princípios e imitar os seus competidores mais zelosos. Quando o fazem, os advogados inicialmente mais agressivos percebem que perderam o seu poder competitivo e reagem tornando-se ainda mais agressivos. O ciclo continua até as pessoas se acomodarem no mais baixo nível tolerável de compromisso com os interesses de não-clientes (terceiros e o público). Tais forças ameaçam subjugar as dimensões aspirativas – aquelas que se valem da exortação, do exemplo e da crítica no lugar de sanções – do projeto contextual.

Refletindo, essas conclusões pessimistas parecem injustificadas. Como questão de intuição, poderíamos construir, com a mesma facilidade, a hipótese de uma corrida para o topo. Nessa disputa, os advogados competem não com base na sua disposição de afirmar agressivamente os interesses do cliente mas com base na sua capacidade de induzir terceiros (parceiros potenciais de negociação e tribunais) a confiar nos seus clientes. Eles conseguem isso convencendo os terceiros de seus compromissos com a eqüidade e, então, afiançando os seus clientes. Quanto mais crível o compromisso de um advogado com a eqüidade, maior a sua capacidade de induzir os outros a confiar no cliente e mais valioso ele se torna para o cliente. Assim, os advogados poderiam ter de superar-se mutuamente, pelo menos nas manifestações mais observáveis de justiça, e o equilíbrio ocorreria em um nível bem alto de compromisso com os interesses de terceiros. Há, naturalmente, um roteiro que prevê conseqüências menos extremas. Sugere que os advogados irão distribuir-se eticamente em um âmbito de posições entre o fundo (baixo compromisso) e o topo (alto compromisso) e atrair clientelas distintas, com preferências distintas pelo compromisso ético.

Ora, dos resultados previstos pelos três roteiros, o terceiro – a distribuição – parece mais próximo do mundo real. Os advogados exibem um amplo leque de identidades éticas. Alguns parecem ter adotado a estratégia pressuposta pela corrida para o topo; Brandeis é o paradigma. Alguns parecem ter corrido para o fundo; Roy Cohn é um exemplo seguro. Entre os dois casos extremos há mais diferenciação. Às vezes, a diferenciação é associada por função. Por exemplo, advogados de defesa criminal que se especializam em negociar ações judiciais tendem a ser menos agressivos eticamente do que os que se especializam em julgar casos. Existe certa diferenciação dentro da função. Por exemplo, alguns advogados tributaristas são muito mais agressivos que outros ao dar pareceres. Contudo, parece provável que as opiniões de tais advogados sejam menos críveis e que esses advogados barganhem a procura reduzida pelos seus serviços por pessoas em posições fortes em troca de uma procura maior por pessoas em posições fracas, que não conseguem pareceres de advogados fortemente comprometidos com terceiros.

Assim, há mais oportunidades para advogados eticamente ambiciosos na presente cena do que sugere o argumento da corrida para agradar. A partir da perspectiva reformista, devíamos considerar se essas oportunidades poderiam ser expandidas. Os argumentos da "corrida" atribuem as pressões sobre a conduta ética simplesmente ao "mercado", mas há muitas maneiras de organizar um mercado. O presente nível de procura pela advocacia eticamente ambiciosa ou com compromissos elevados é, em parte, uma função da organização particular do mercado agora em vigor. Algumas características dessa organização que não são nem concomitantes necessárias dos mercados nem claramente eficientes (no sentido econômico de maximizar a satisfação da preferência) podem inibir a procura pela advocacia de compromissos elevados.

Para a ética de compromissos elevados funcionar da maneira contemplada pelo roteiro da corrida para agradar, os advogados precisam de uma forma de tornar seus compromissos críveis para terceiros. Do contrário, os terceiros não têm nenhuma razão para recompensar o advogado e o cliente da maneira que o roteiro contempla. Uma forma geral de estabelecer tal credibilidade seria o advogado negociar um compromisso contratual diretamente com o terceiro. Por exemplo, nos grandes contratos de negócios, os advogados às vezes provêem uma garantia "10(b)-5" afirmando que não sonegaram informação material ao terceiro. As negociações podem assumir uma forma mais sutil quando o advogado negocia repetidamente com um terceiro. Por exemplo, um tribunal poderia recompensar advogados que parecessem abraçar uma ética de compromissos elevados com o compromisso processual ou a aceitação mais pronta das suas representações. Outra maneira de ganhar credibilidade seria os advogados firmarem compromissos de maneira mais geral e pública. Poderiam simplesmente anunciá-los ou associar-se a uma organização que sustente a ética de compromissos elevados.

As sanções que sustentam esses compromissos podem assumir uma variedade de formas. Um compromisso direto poderia ser aplicável por meio de ressarcimentos contratuais pelo terceiro. Tal aplicação muitas vezes é desajeitada e cara, portanto é importante que haja mais mecanismos informais. O argumento da corrida para agradar enfatiza a importância de sanções de reputação. Os rompimentos correntes reduzem a credibilidade futura dos compromissos de um advogado e, portanto, da disposição de terceiros para confiar nos compromissos e torná-los recíprocos. Tais sanções poderiam ser subscritas por organizações como, por exemplo, associações de advogados especializadas, que poderiam monitorar a conduta dos membros e impor sanções de reputação como reprimendas ou expulsões.

Existem, porém, obstáculos importantes a tal processo em um mercado de serviços jurídicos. O modo como o modelo particular de mercado reage a esses problemas afetará o nível de procura pela ética de compromissos elevados. A presente estrutura do mercado não parece reagir aos problemas tão bem como poderia. Considere quatro problemas.

A predisposição psicológica

A psicologia comportamental documenta predisposições psicológicas que influenciam a conduta econômica. As pessoas tendem a superestimar a probabilidade de sucesso dos seus projetos. (Por exemplo, quando os entrevistadores perguntam a pessoas prestes a casar quais são as suas chances de divórcio, quase todas estimam as chances como próximas de zero, apesar de mais da metade dos casamentos terminar em divórcio.) Tendem também a concentrar-se sobre as contingências imediatas, vívidas e exemplificáveis em detrimento das contingências mais remotas e abstratas. (Por exemplo, os que respondem a pesquisas superestimam constantemente a freqüência das causas de morte dramáticas como o homicídio e subestimam a freqüência de causas mundanas como a asma.)

Ao especular sobre a influência de tais predisposições na especificação contratual de deveres de relação, Melvin Eisenberg escreve:

> Na ocasião em que o contrato é feito, cada parte tende a ser indevidamente otimista a respeito das perspectivas a longo prazo da relação e da disposição da outra parte para evitar a conduta oportunista ou a manipulação injusta dos deveres contratuais relevantes à medida que a relação se desenrola. [...] Por incapacidade, as partes tendem a dar peso indevido ao estado da relação na ocasião em que o contrato é feito, que é

vívido, concreto e exemplificado; a considerar erroneamente o estado da sua relação naquele ponto como representativo do futuro da relação e a pensar muito pouco e a colocar muito pouco peso no risco de que a relação irá mal[13].

Na medida em que os terceiros estiverem dispostos a concentrar-se menos nas contingências contra as quais a ética de compromissos elevados se salvaguarda, eles tenderão a não negociar a favor delas diretamente. A mesma tendência minaria as sanções de reputação informais.

A sobrecarga emocional associada à retórica ética também pode inibir a negociação. Duvidar da ética de alguém, mesmo quando as pessoas não têm certeza dos critérios substantivos que as dúvidas pressupõem, às vezes é considerado um ataque ao caráter. Os clientes podem temer que assinalar dúvidas provocará aflição e indignação, e esse temor pode levar a uma predisposição emocional e cognitiva contra o reconhecimento de questões de compromisso ético. A ansiedade pode levar as pessoas a esconder da consciência as contingências que tornariam as questões importantes.

Os custos da especificação normativa

Suponha que as duas partes que negociam um contrato querem abraçar a ética de princípios elevados, a Visão Contextual, por exemplo. Elas ficariam satisfeitas com simplesmente acrescentar uma frase ao contrato que vinculasse cada uma à "ética da Visão Contextual" ou a "atuar justamente"? Provavelmente não. Esses termos exigem definição. Mesmo partes que pensam compartilhar um sentido geral do seu

---

13. Melvin Eisenberg, "The Limits of Cognition and the Limits of Contract", 47, *Stanford Law Review* 211, 251-2 (1995).

significado poderiam sentir-se dispostas a só se comprometer, ou a confiar no compromisso da outra parte, depois de os termos terem sido significativamente elaborados. Contudo, se as partes estivessem escrevendo em uma tábula rasa, a elaboração envolveria um bocado de tempo e esforço custosos. (Uma ética contextual não requer necessariamente menos especificação que uma ética categórica, apenas um tipo diferente de especificação – antes pressupostos refutáveis e casos exemplares que regras formais.)

Quando estão disponíveis códigos publicamente produzidos, que podem ser incorporados por referência ou que a lei aplica à revelia, a tarefa de redigir a peça é grandemente simplificada. Os códigos da OAA e a extensa jurisprudência e comentários que os interpretam executam essa função mas provêem apenas a ética de baixo compromisso da Visão Dominante. Embora a maior parte dos elementos dessa ética pudesse ser abandonada se o cliente quisesse concordar com uma ética de alto compromisso, não há nenhuma elaboração de uma ética de alto compromisso tão saliente, tão específica ou tão extensamente glosada como a elaboração da OAA da ética de baixo compromisso. Isso cria uma predisposição a favor da ética de baixo compromisso. As partes podem preferir a Visão Contextual substantivamente mas sentem-se desencorajadas pelos custos da sua elaboração. Podem decidir-se pelo baixo compromisso porque podem consegui-lo com custos de transação mínimos[14].

Um advogado que quer oferecer um estilo de advocacia de alto compromisso aos clientes ou convencer terceiros de que o alto compromisso merece reciprocidade tem de convencer os clientes e terceiros de que vale a pena fazer o es-

---

14. Ver Michael Klausner, "Corporations, Corporate Law and Networks of Contracts", 81, *Virginia Law Review* 757 (1985).

forço de aprender sobre o estilo de alto compromisso. Podem ter reservas quanto ao baixo compromisso mas, se este for amplamente ordenado ou incorporado, podem sentir-se confortáveis com ele porque estão familiarizados com ele. Por sua vez, o alto compromisso poderia acarretar uma educação custosa. Tais custos dão a um sistema prevalecente o benefício de uma inércia independente da atração substantiva dos seus termos.

O mesmo se aplica, embora talvez com menos força, aos compromissos e relações com os tribunais. Um advogado estará menos inclinado a comprometer-se de uma maneira pública geral com a ética de alto compromisso se tiver de arcar com o custo de elaborar a ética ele mesmo. Um tribunal que adota uma norma amplamente prevalecente em outra parte beneficia-se dos esforços passados e futuros de outros para elaborar a norma. Já um tribunal que adota uma norma distinta pode temer que, a menos que os outros a sigam, a norma permanecerá elaborada de maneira menos que ótima.

Informações sobre a aplicação do direito

A credibilidade dos compromissos éticos depende substancialmente (embora não exclusivamente) da disponibilidade de sanções efetivas para a violação. Se as sanções são coercivas, como as compensações contratuais ou as penalidades disciplinares, ou informais, como a perda de reputação, exigem informações precisas a respeito da fidelidade dos advogados aos seus compromissos. Tais informações são difíceis de obter. Muitas vezes são ambíguas e ocultadas pelas normas de confidencialidade[15].

---

15. Ver Ronald J. Gilson e Robert H. Minookin, "Disputing Through Agents: Cooperation and Conflict Between Lawyers in Litigation", 94, *Columbia Law Review* 509 (1994).

Alguns sugerem que os recentes desenvolvimentos institucionais exacerbaram esse problema ao romper as redes de transmissão informal de informações a respeito da reputação. Quando um pequeno número de advogados se relaciona em um cenário local, as perspectivas de divisão informal de informações e de sanções de reputação são altas. Nas décadas recentes, porém, a profissão cresceu dramaticamente e a prática tornou-se mais difundida em âmbito nacional e mesmo global. Nessas circunstâncias, as informações a respeito de conduta não-aquiescente podem não estar disponíveis; nessa medida, os advogados têm menos incentivo para honrar os seus compromissos, e os terceiros menos incentivo para confiar neles.

Informações assimétricas a respeito da disposição

Algumas negociações podem ser inibidas por uma combinação de ignorância, por um lado, e de relutância para revelar informações estrategicamente valiosas, por outro. O argumento é complicado mas, na essência, tal como aplicado ao nosso tema, é o seguinte. Suponha que, em certas negociações em que ocorre a prática esperta (fraude e abuso), ela cause grandes prejuízos e que tais prejuízos pudessem ser evitados se os espertinhos (os dispostos à prática esperta) aderissem à ética de alto compromisso. Se plenamente informadas, as partes honestas lidando com espertinhos insistiriam no alto compromisso. Na verdade, porém, as partes honestas não conseguem distinguir os espertinhos de outras partes honestas. Os espertinhos querem baixo compromisso mas não querem ter de pedir porque fazê-lo assinalaria a sua identidade para as partes honestas. Se, porém, a regra tácita à revelia é o baixo compromisso, eles não precisam pedir, a menos que a parte oponente peça o compromisso elevado.

Uma parte honesta que não sabe com quem está lidando pedirá um compromisso elevado? Talvez não. Se a prática esperta é rara e a fração de espertinhos na população é pequena, embora os prejuízos individuais da prática esperta possam ser grandes, o prejuízo médio no todo das transações pode ser pequeno. Sem conhecer a disposição da parte oponente, uma parte honesta valorizará um compromisso elevado em termos da perda média advinda da prática esperta. É possível que o prejuízo médio possa ser menor que os custos de transação do compromisso elevado (os custos da especificação mais os custos de negociar o valor do termo). Assim, embora as partes plenamente informadas negociassem pelo compromisso elevado, se a informação é assimétrica e o termo-padrão é o baixo compromisso, elas podem acabar aceitando esse baixo compromisso[16].

Esse é um problema que afeta grandemente a negociação privada. É menos provável que afete tribunais porque o grande volume de casos com que lidam significa que os custos de transação por caso para obter compromisso elevado são mais baixos; eles podem, por exemplo, atuar pela regra geral. Além disso, na medida em que os advogados têm reputações éticas definidas, pode ser possível distinguir os espertinhos pelos seus advogados. Como observamos, porém, as informações relativas à reputação são limitadas.

Os quatro obstáculos que consideramos sugerem que o poder relativo das forças que impelem rumo ao topo ético e ao fundo ético não são simplesmente questões de preferências do cliente mas também de predisposições psicológicas, problemas contratuais e informações limitadas. Nenhum regime de mercado poderia eliminar esses problemas. Mas há

---

16. Ver Ian Ayres e Robert Gertner, "Filling Gaps in Incomplete Contracts: An Economic Theory of Default Rules", 99, *Yale Law Journal* 87 (1989).

maneiras diferentes pelas quais os regimes de mercado podem reagir a eles, e o equilíbrio de forças dependerá de quais maneiras forem escolhidas. A presente configuração do mercado para serviços jurídicos é mais acomodatícia para a ética de baixo compromisso do que para a de compromisso elevado. Assim, um programa de implementação para a Visão Contextual poderia incluir várias medidas para a reforma do mercado, e as mais importantes entre elas envolveriam o ajuste do processo de contrato, a elaboração de normas opcionais e a provisão de informações.

Regras de contratação

Uma resposta aos defeitos de mercado é eliminar o arbítrio contratual por meio de regras obrigatórias. Algumas regras éticas, tais como as que governam as formas mais extremas de fraude e abuso, têm e devem ter uma forma obrigatória. Mas há respostas menos severas que deixam certo arbítrio contratual.

Uma envolve o objetivo das regras tácitas que se aplicam na ausência de acordo explícito. As habituais regras tácitas de baixo compromisso parecem agravar alguns dos problemas que identificamos. Primeiro, reforçam os efeitos das predisposições psicológicas a favor da ética de baixo compromisso. Segundo, não oferecem nenhum incentivo para que as partes com intenção de ocultar informação material ou praticar conduta agressiva (espertinhos) revelem, a parceiros de negociação diferentemente dispostos (partes honestas), informações que assinalariam a estes os riscos que estão assumindo.

Reverter as regras tácitas para criar uma presunção de compromisso elevado – por exemplo, a revelação plena de informações materiais – poderia, portanto, ter efeitos desejáveis. Em situações em que nenhuma parte tem consciência da questão ou está disposta a suscitar a questão, a ética de compromisso elevado serve aos seus interesses. Nas situações em que uma parte quer desproporcionalmente a ética de baixo compromisso, uma regra tácita de compromisso elevado forçaria essa parte a suscitar a questão e negociar pela possibilidade preferida. Isso serviria de contrapeso às predisposições cognitivas da outra parte contra considerar a questão. Também forneceria à outra parte um sinal útil de que ela enfrenta riscos dos quais, de outra maneira, não teria consciência. Em uma situação em que ambas as partes quisessem o baixo compromisso, elas ainda poderiam obtê-lo especificando-o em um acordo.

Uma reforma modesta introduziria regras de *imposição de compromisso* à esfera ética. Uma regra de imposição de compromisso requer que as partes façam algum compromisso explícito a respeito de uma questão particular, independentemente do conteúdo do compromisso. Um exemplo de regra de imposição de compromisso é a exigência, em muitos estados, de que os advogados façam um acordo explícito com os clientes a respeito dos honorários e que o façam por escrito. A regra surge, em parte, da preocupação de que as predisposições psicológicas, de outra maneira, desencorajariam o cliente de concentrar-se na questão. Tais regras poderiam ser estendidas a negociações com terceiros. Poder-se-ia exigir que os advogados, em quaisquer negociações diretas substanciais, formulassem por escrito à outra parte os padrões éticos sob os quais estão operando, seja de maneira geral, seja com respeito a questões específicas, tais como a revelação.

Os tribunais poderiam incluir tais exigências nas suas regras de prática. Uma regra poderia especificar padrões éticos aceitáveis alternativos e insistir em que cada advogado indicasse um ao qual se sentisse obrigado. A Receita Federal, por exemplo, poderia oferecer uma escolha que incluísse uma norma pela qual um advogado (ou contador não-advogado) concordaria em revelar toda a informação material conhecida e identificar todas as posições jurídicas sobre as quais houvesse dúvida substancial. Um advogado que firmasse o compromisso e o rompesse estaria sujeito a sanção. Um advogado que não firmasse o compromisso sujeitaria o cliente a uma probabilidade maior de que sua declaração de imposto de renda passasse por auditoria.

Códigos opcionais subsidiados publicamente

Um conjunto elaborado de compromissos éticos é um bem público no sentido do economista. Assim que alguém o produz, é difícil limitar o seu uso pelos outros, e o uso de qualquer pessoa não limita a sua disponibilidade para outros. Os economistas argumentam que bens desse tipo tenderão a ser subproduzidos por meio da iniciativa privada, orientada para o lucro. Observamos que o subsídio público para a ética de baixo compromisso refletida nos códigos da OAA e em casos e comentários relacionados cria uma forte predisposição contra a ética de compromisso elevado.

Portanto, uma reforma subsidiaria a produção de conjuntos alternativos de normas de compromisso elevado que as partes poderiam adotar por meio de incorporação. Ao reduzir os custos de transação do compromisso elevado, tais esforços poderiam ter grande impacto, mesmo se as suas normas fossem opcionais. Essas normas alternativas poderiam ser produzidas por órgãos públicos ou associações privadas.

Observe que a análise dos "bens públicos" sugere reservas a respeito da tradição da reforma jurídica elitista exemplificada pelo *Restatement of the Law Governing Lawyers* [Reformulação da lei que governa os advogados] do American Law Institute. O instituto é uma associação filantrópica de reforma jurídica dedicada a produzir "reformulações" de várias áreas do Direito para a orientação de tribunais e praticantes. A abordagem do *Restatement* da reforma jurídica envolveu uma combinação de resumo e esclarecimento, por um lado, e de reformismo de incrementação, por outro. As suposições vigentes parecem ser as de que apenas o resumo e o esclarecimento podem enrijecer ou consagrar o *status quo*, mas que qualquer coisa além do reformismo de incrementação privaria as reformulações de influência forte.

Se as normas do *Restatement* fossem propostas para a decretação como regras obrigatórias, essas suposições seriam plausíveis. Mas se pensamos nelas como regras opcionais para a incorporação em acordos privados, em compromissos públicos de reputação ou em regras de tribunais especializados, então as suposições estão mal orientadas. Produzir variações novas mas de menor importância tende a aumentar a ambigüidade e, portanto, os custos de esclarecer compromissos, ao aumentar o número de referenciais plausíveis de um padrão específico. Mais importante, ao limitar a reforma a mudanças de incrementação, as reformulações contribuem pouco para o âmbito de escolha disponível para o compromisso ético arbitrário. Os recursos substanciais gastos para produzir a reformulação da ética jurídica podem oferecer alguma contribuição para o esclarecimento da ética de baixo compromisso e encorajar algumas pequenas reformas desejáveis, mas, justamente ao fazê-lo, exacerbam o problema da diversidade de padrões e a predisposição institucional contra a ética de compromisso elevado. O instituto poderia desempenhar um papel muito mais útil se elaborasse um conjunto de normas fortemente diferenciadas da ética prevalecente de baixo compromisso e o oferecesse como opção para a adoção voluntária.

Informações sobre a aplicação

O problema das informações sobre a aquiescência dos advogados aos seus compromissos parece especialmente difícil, mas há alguns sinais de esperança. No nível mais formal, temos a informação produzida pelo ajuizamento público de acusações contra advogados. Tal informação é muito cara mas parece provável que, no passado, tenha havido investimento insatisfatório nela. Esforços maiores de órgãos como o Office of Thrift Supervision e dos tribunais para aplicar a Regra 11 e a publicidade das sanções são, portanto, promissores.

No nível mais informal, a informação difunde-se por meio das redes de comunicação informal e do jornalismo. Novas tecnologias facilitaram a substituição de redes locais por outras mais abrangentes. E a emergência de um jornalismo jurídico vasto e agressivo criou uma profusão de informações detalhadas sobre a prática. Os jornalistas desempenharam um papel valioso ao levantar e investigar questões éticas. (O papel do *American Lawyer* é especialmente notável.)

Talvez o maior espaço de desenvolvimento exista entre esses níveis na forma da atividade de cumprimento voluntária. Nota-se uma elevação recente na articulação de compromissos éticos por parte de associações de advogados voluntárias e especializadas como a American Academy of Matrimonial Lawyers. Esses esforços podem ser acompanhados pela troca informal de informações entre os membros a respeito da aquiescência deles. Contudo, eles carecem de processos de cumprimento explícitos e, na ausência de tais processos, desempenham um papel muito limitado na transmissão de informação a pessoas de fora. (A lei de difamação restringe a transferência informal de informações a respeito do desempenho ocupacional a estranhos, e os de fora teriam problemas para avaliar informações informais.)

A sanção final disponível para a associação voluntária contra um membro é a exclusão; uma variedade de sanções menores, tais como a reprimenda, também está disponível. Uma associação voluntária poderia fazer valer os seus compromissos ao abrir espaço para queixas de qualquer pessoa que afirmasse ter sido prejudicada por uma violação, julgando-os de acordo com procedimentos imparciais, anunciando suas descobertas e aplicando sanções aos violadores. Os custos processuais de tal sistema seriam substanciais mas, provavelmente, bem menores que o ajuizamento público comparável. A vantagem seria a maior credibilidade dos compromissos da associação e o maior valor da condição de membro como sinal de compromisso. (Associações voluntárias como os Underwriters Laboratories muitas vezes certificam bens de maneira análoga.)

Não está claro se a regulamentação pública seria útil para encorajar tal atividade associativa. Certa revisão das leis de difamação para incorporar a boa-fé ao se relatar informação relevante poderia ser uma boa idéia. Certa aplicação das leis antitruste, para assegurar que as associações não se tornem máquinas para a restrição da desejável competição em torno dos preços, poderia ser necessária em certo ponto. Uma autoridade reguladora que quisesse encorajar mais atividade associativa poderia considerar o subsídio a alguns sistemas de execução privados como projetos de demonstração, na esperança de que, se provassem seu valor, outros poderiam imitá-los sem subsídio.

Conclusão

A Visão Contextual é suscetível de implementação como regime disciplinar aplicado por uma autoridade reguladora e como um conjunto de compromissos voluntários sujeitos à aplicação formal e informal. O papel do sistema do delito civil na definição de padrões mínimos de cuidado profissional é análogo ao papel das normas disciplinares, e, embora haja diferenças nos dois papéis, a aceitação sem controvérsia de normas contextuais na primeira esfera sustenta vigorosamente a sua viabilidade potencial na esfera disciplinar.

Apesar de serem repudiadas pelos códigos éticos em vigor, perspectivas similares à Visão Contextual realmente desempenham um papel na prática por meio da adoção voluntária e da execução informal voltada para a reputação. O fato de não desempenharem um papel ainda maior deve-se, pelo menos em parte, a certas características da presente configuração institucional dos serviços jurídicos, que parecem inibir os esforços voluntários de obter ética de compromisso elevado. Não há nenhuma razão para pensar que essas características são mais eficientes do que as possibilidades que acomodariam melhor a ética de compromisso elevado, como a Visão Contextual. Uma variedade de reformas destinadas a mitigar as predisposições cognitivas, os problemas de informação e os custos da especificação normativa prometem estimular a adoção e a promoção voluntárias da Visão Contextual.

Leitura adicional

O notável tratamento teórico da ética jurídica é *Lawyers and Justice: An Ethical Study* (1988), de David Luban. Também interessante e ponderado é *The Lost Lawyer* (1993) de Anthony Kronman, embora tenha menos a dizer a respeito de advogados do que se poderia esperar. "The Independence of Lawyers", 68, *Boston University Law Review* 1 (1988), é uma importante tentativa de combinar a análise da teoria do Direito e a análise institucional.

Infelizmente, há poucos tratamentos teóricos identificados com a Visão Dominante. Na maioria das vezes, a Visão Dominante foi exposta no nível da teoria pelos seus críticos, que inferiram os seus contornos a partir de materiais populares e doutrinários. As defesas teóricas principais da Visão Dominante são Stephen Pepper, "The Lawyer's Amoral Ethical Role: A Defense, a Problem, and Some Possibilities", 1986, *American Bar Foundation Research Journal* 613, e vários trabalhos de Monroe Freedman, por exemplo *Understanding Legal Ethics* (1990).

Um resumo da doutrina da ética jurídica pode ser encontrado em Charles Wolfram, *Modern Legal Ethics* (1986); promete-se uma edição atualizada para o futuro próximo. Um livro inovador situa proveitosamente regras e casos de ética no contexto de um conjunto mais amplo de doutrinas jurídicas que afetam o papel advocatício: Geoffrey Hazard, Jr., Susan Koniak e Roger Cramton, *The Law and Ethics of Lawyering* (2ª ed., 1994).

Um novato que deseje estudar alguns dos temas gerais da teoria do Direito discutidos no texto pode começar com Elizabeth Mensch, "The History of Mainstream Legal Thought", em *The Politcs of Law* (ed. rev., 1990), e Morton J. Horwitz, *The Transformation of American Law: 1870-1960* (1992). Poderia então continuar com Ronald Dworkin, *Law's Empire* (1986), e Duncan Kennedy, *A Theory of Adjudication* (1997).

Há uma vasta literatura a respeito dos méritos relativos do julgamento categórico e do julgamento contextual. A discussão contemporânea mais conhecida é Duncan Kennedy, "Form and Substance in Private Law Adjudication", 89, *Harvard Law Review* 1685 (1975).

Capítulo 1: Um direito à injustiça. Sobre a crítica moderna do positivismo, ver Ronald Dworkin, *Taking Rights Seriously*, caps. 2 e 3 (1977). Para a crítica moderna do libertarismo, ver Mark Kelman, "Taking Takings Seriously: An Essay for Centrists", 74, *California Law Review* 1829 (1986), e Barbara Fried, *The Progressive Assault on Laissez-Faire*, cap. 2 (1998).O positivismo, na forma pressuposta pela Visão Dominante, não tem mais proponentes refinados, mas o libertarismo tem. Ver, por exemplo, Richard Epstein, *Takings* (1985). Sobre o problema da "legislação privada", ver Stewart Macaulay, "Private Government", em *Law and the Social Sciences* (Leon Lipson e Stanton Wheeler, orgs., 1986).

Outras críticas da Visão Dominante que reconhecem a obsolescência de algumas das suas premissas são Maura Strassberg, "Taking Ethics Seriously: Beyond Positivist Jurisprudence in Legal Ethics", 80, *Iowa Law Review* 901 (1995), e David Wilkins, "Legal Realism for Lawyers", 103 *Harvard Law Review* 468 (1990). Cada um inclui alguma crítica do meu argumento.

Capítulo 2: Justiça a longo prazo. Um ensaio especialmente elegante e influente que lida com alguns dos temas deste capítulo é David Luban, "The Adversary System Excuse", em *The Good Lawyer* (David Luban, org., 1984). O artigo mais interessante sobre a confidencialidade é Fred Zacharias, "Rethinking Confidentiality", 74, *Iowa Law Review* 351 (1989). Ver também Elizabeth Thornburg, "Sanctifying Secrecy: The Mithology of the Corporate Attorney-Client Privilege", 69, *Notre Dame Law Review* 157 (1993), que resume proveitosamente boa parte da literatura. Como observado acima, alguns dos argumentos deste capítulo são criticados em Stephen Bundy e Einer Elhauge, "Knowledge About Legal Sanctions", 92, *Michigan Law Review* 261 (1993).

Capítulo 3: Os advogados devem obedecer a lei? A rica literatura sobre a não-aquiescência consciencicosa ou baseada em princípios é citada nas notas. Perspectivas mais gerais podem ser encontradas em Mortimer Kadish e Sanford Kadish, *Discretion to Disobey* (1973), e Robert Cover, "Nomos and Narrative", 97, *Harvard Law Review* 4 (1983). Para críticas simpáticas ao meu argumento, ver David Luban, "Legal Ideas and Moral Obligations: A Comment on Simon", 38, *William and Mary Law Review* 255 (1996), e David Wilkins, "In Defense of Law and Morality: Why Lawyers Should Have a Prima Facie Obligation to Obey the Law", 38, *William and Mary Law Review* 269 (1996); para discordância mais vigorosa, Selena Stier, "Legal Ethics: The Integrity Thesis", 52, *Ohio State Law Journal* 551 (1991); John DiPippa, "Lon Fuller, The Model Code, and the Model Rules", 37, *South Texas Law Review* 303, 340-3 (1996).

Capítulo 4: O profissionalismo jurídico como trabalho significativo. David Luban lida com alguns dos temas deste capítulo, invocando também Brandeis como um modelo de papel, em "The Noblesse Oblige Tradition in the Practice of Law", 41, *Vanderbilt Law Review* 717 (1988). Assim também Bryan Garth, "Independent Professional Power and the Search for a Legal Ideology with Progressive Bite", 62, *Indiana Law Journal* 214 (1986), que inclui algumas críticas amistosas às minhas visões. O tratamento mais extenso de Brandeis como um modelo de papel ético é Clyde Spilinger, "Elusive Advocate: Reconsidering Brandeis as People's Lawyer", 105, *Yale Law Journal* 1445 (1996), que adota uma visão diferente, mais crítica do que a minha ou a de Luban.

Sobre o trabalho significativo em geral, ver Roberto Unger, *Social Theory* 26-35 (1987), e, especialmente, *Middlemarch* (1871-72) de George Eliot e a biografia de Mason, *Brandeis: A Free Man's Life* (1946).

Capítulo 5: A ética jurídica como julgamento contextual. Outras abordagens que lembram a Visão Contextual aparecem em *Lost Lawyer*, de Kronman, e "Can Good Lawyers Be Good Ethical Deliberators?", de Heidi Feldman, 69, *Southern California Law Review* 885 (1996). Minha abordagem é criticada a partir da perspectiva das variações sobre a crítica da "moralidade do papel" em Rob Atkinson, "Beyond the New Role Morality for Lawyers", 51, *Maryland Law Review* 853 (1992), e Thomas Shaffer e Robert Cochran, *Lawyers, Clients, and Moral Responsibility* 30-9 (1994).

Capítulo 6: A defesa criminal é diferente? A discussão normativa da defesa criminal continua a ser, em grande parte, uma terra estéril em que o bando do "controle do crime" ataca a defesa agressiva sem reconhecer a crueldade e a injustiça sistêmicas das práticas penais correntes, enquanto o bando do "devido processo" replica com argumentos anacrônicos, indiferentes à distinção entre punição substantivamente justa e injusta.

A resposta de David Luban a uma versão anterior deste capítulo, embora, para mim, não-convincente, contém muitas observações e referências factuais interessantes. "Are Criminal Defenders Different?", 91, *Michigan Law Review* 1703 (1993). "Racially-Based Jury Nullification: Black Power in the Criminal Justice System", 105, *Yale Law Journal* 677 (1995), de Paul Butler, embora tenha um foco mais limitado que a minha proposta, invoca a tradição da anulação para propósitos similares aos meus.

Capítulo 7: Institucionalizando a ética. Discussões abrangentes de questões institucionais na regulamentação da responsabilidade profissional podem ser encontradas em David Wilkins, "Who Should Regulate Lawyers?", 105, *Harvard Law Review* 799 (1992); e Deborah Rhode, "Institutionalizing Ethics", 44, *Case Western Reserve Law Review* 665 (1994). Dois estudos que se concentram nas pressões éticas da organização do mercado de serviços jurídicos são Ronald Gilson e Robert Mnookin, "Disputing Through Agents: Cooperation and Conflict Between Lawyers and Litigation", 94, *Columbia Law Review* 509 (1994), e Richard Painter, "Toward a Market for Lawyer Disclosure Services: In Search of Optimal Whistleblowing Rules", 63, *George Washington Law Review* 221 (1995).

Agradecimentos

Meu argumento foi inspirado por dois corpos amplos e inteiramente distintos da teoria do Direito – os Estudos Jurídicos Críticos e o libertarismo jurídico de Ronald Dworkin.

No trabalho dos meus professores e amigos nos Estudos Jurídicos Críticos encontrei a mais poderosa crítica contemporânea do libertarismo e uma concepção de doutrina jurídica como conjunto de instabilidades estruturadas. Eu os segui ao rejeitar o pressuposto de que as práticas convencionais refletem um conjunto coerente de justificativas normativas e de que os limites práticos da revisão de tais práticas são tão rígidos ou fixos quanto a discussão freqüentemente supõe.

No trabalho de Dworkin encontrei a mais poderosa crítica contemporânea do positivismo e do ceticismo radical quanto à possibilidade do julgamento jurídico fundamentado. E, sem ser completamente convencido por ela, fui influenciado pela sua descrição fenomenológica da tomada de decisões jurídicas. Dworkin teve mais sucesso do que qualquer outro ao sugerir o que significa, para quem toma decisões, considerar seriamente uma questão jurídica.

As idéias deste livro assumiram forma em uma época em que os teóricos jurídicos cada vez mais se desengajavam da prática e os praticantes tornavam-se cada vez mais sentimentais e dogmáticos. Na minha experiência, Gary Bellow foi a exceção notável a essas tendências infelizes. Ele continuou dedicado a uma das mais difíceis e pessoalmente exigentes áreas da prática, enquanto se dedicava ao auto-exame crítico e à compreensão especulativa. Como exemplo, mentor e interlocutor, a sua influência foi enorme. Outros praticantes teoricamente engajados (e teóricos praticamente engajados) dos quais extraí discernimento e inspiração ao longo dos anos incluem Jeanne Charn, Teresa Nelson, Louise Trubek e Lucie White.

Tenho uma dívida de gratidão com muitos estudiosos da ética jurídica, mas especialmente com quatro deles. David Luban fez mais do que qualquer outro para dar profundidade ao campo. Também foi pioneiro na crítica do que chamei de Visão Dominante. Embora eu tenha aprendido muito com ele e emprestado muitas de suas idéias privadamente, inclinei-me, em público – e neste livro, na verdade –, a me concentrar nas relativamente poucas questões em que discordamos. Essa perversidade da minha parte nunca impediu a generosidade e a simpatia de Luban, pelo que me sinto enormemente grato. Agradeço especialmente a crítica detalhada do original, que levou a melhoras e correções.

Deborah Rhode encorajou-me e apoiou-me durante muitos anos, de mais maneiras do que poderia sequer começar a mencionar. Ela leu cada palavra deste livro, algumas delas mais de uma vez, e ofereceu muitas sugestões que melhoraram a argumentação. Também organizou e presidiu um seminário em Stanford que discutiu uma grande parte do original. As poucas tentativas que sugeri sobre como as minhas idéias poderiam ser institucionalizadas e implementadas devem-se, em boa parte, ao seu estímulo e assistência.

Durante os seus anos em Stanford, Bob Gordon foi meu aliado intelectual mais próximo. Há muitos pontos no livro em que eu seria incapaz de dizer se as idéias são minhas, dele ou nosso produto conjunto. Sinto falta dele.

O último membro desse notável quarteto é David Wilkins, que ofereceu muitas formas de apoio moral, intelectual e epicurista. Aproveitei livremente o seu trabalho, nas muitas discussões com ele, e os seus extensos comentários ao original.

Em Stanford, também tive o benefício da ajuda e do encorajamento de Bill Rubenstein, George Fisher, Barbara Babcock, Tom Nolan e Janet Halley. Tive diálogos episódicos valiosos com Steve Pepper da Universidade de Denver, Tony Alfieri da Universidade de Miami, Fred Zacharias da Universidade de San Diego, Robert Post de Berkeley, Rob Atkinson da Universidade do Estado da Flórida, Guyora Binder da Universidade Estadual de Nova York em Buffalo, e Steve Bundy de Berkeley.

A Fundação Guggenheim e a Fundação Keck forneceram generoso apoio financeiro.

Sou grato a Pat Adan e Carol Crane pela soberba assistência de secretariado e administração. Os maravilhosos funcionários da biblioteca da Stanford Law School, especialmente Andy Eisenberg e Paul Lomio, foram inestimáveis. Michael Aronson e Anita Safran da Harvard University Press supervisionaram habilidosamente a edição e a produção do livro.

Dependi do amor e do apoio emocional de Carmen Chang, Mike Simon e K. C. Simon. Mike e K. C. merecem crédito pela paciência que demonstraram ao esperar tanto tempo para ver os seus nomes impressos.

Vali-me livremente, em especial nos capítulos 3, 5 e 6, de trabalhos publicados anteriormente: "Should Lawyers Obey the Law?", 38, *William and Mary Law Review* 217 (1996); "Ethical Discretion in Lawyering", 101, *Harvard Law Review* 1083 (1988); "The Ethics of Criminal Defense", 91, *Michigan Law Review* 1703 (1993).

Índice remissivo

Ackerman, Bruce, 134-5, 148
Aconselhamento sobre a aplicação da lei, 121-2, 161-7
Advogado desinformado do queixoso, caso do, 216-20
Angústia moral dos advogados, 1-5, 23, 169-211
Anouilh, Jean (Antígona), 182-5
Anulação, 130-67, 252-5, 290-8
Aplicação de normas éticas, 301-30
Argumento da prerrogativa na Visão Dominante, 39-78
Associação de advogados, 193, 302-4
Auto-incriminação, 281-6
Ayres, Ian, 138

Babcock, Barbara, 291
Baird, Zoe, 247
Bellow, Gary, 217
Benefícios para empreendimentos agrícolas, caso dos, 6, 25, 60, 255-7
Berger, Raoul, 125
Berle, Adolph, 207
Bork, Robert, 136-7
Bradley, F. H., 189 n.15
Brandeis, Louis, 189-90, 195-211

Bundy, Stephen, 107-13
Calabresi, Guido, 137-40, 148, 166
Caráter, ética como questão de, 34-5, 313-4
Clientes que pagam com muito dinheiro, caso dos, 64-5
Condenado inocente, caso do, 6, 25, 60, 81-5 n.9, 255
Confidencialidade, 80-95, 123 n.5, 254
Contraditório, 95-106
Convenção, 244-8

Defesa criminal, 263-300
Dickens, Charles, 2, 170, 176-7
Dissonância cognitiva, 104-6
Dostoiévski, Fiodor, 170, 177
Douglass, Frederick, 156-7
Dworkin, Ronald, 58, 127, 142, 148, 194

Eisenberg, Melvin, 318
Elhauge, Einer, 107-13
Eliot, George (*Middlemarch*), 187-90
Enquadramento, amplo *versus* restrito, 231-41

Ferrovia negligente, 44, 54-5, 60, 72-3, 75
Field, David Dudley (caso da Ferrovia Erie), 248-52
Frank, Jerome, 147
Freedman, Monroe, 13, 217, 232-3, 287
Fried, Charles, 28-30

Ginsburg, Douglas, 246
Grafologista, caso do, 220
Gray, John Chipman, 67

Hand, Learned, 246
Hart, Henry M., Jr., 44, 72, 76, 194, 201-2, 207
Hazard, Geoffrey C., Jr., 13, 205-6
Hoffman, David, 50, 96-7
Holmes, Oliver Wendell, Jr., 61-2, 70, 187, 196, 197
Hurst, James Willard, 70, 202, 204, 207

Inquilinos desinformados, caso dos, 64-5
Interesse público, visão do, descrição. 12-3

Kafka, Franz (*O processo*), 177-85
Kaplan, John, 275-8
Kaye Scholer, firma jurídica, *v.* Recalcitrante S & L, caso do
Kronman, Anthony, 32-7, 195, 208, 209 n.37

Lei das prescrições, caso da, 44, 47-54, 60, 65, 75
Libertarismo, 44-56, 66-78, 123-4 n.5, 268-78
Luban, David, 12 n.8, 128 n.7, 144 n.25, 189 n.15, 269-74, 283-4

Man Who Shot Liberty Valance, The (filme), 145
Marx, Karl, 174-5, 188, 190
Maximização do bem-estar, 228-31
Melville, Herman (*Billy Budd*), 182-5
Mercado de serviços jurídicos, influência na ética, 314-29
Modelo de delito civil de regulamentação profissional, 305-14
Moralidade do papel, 25-7
Moulton, Bea, 217

Normas categóricas: definição: 13; crítica, 107-13 e *passim*
Normas contextuais: definição: 15; defesa, 107-13, 305-14 e *passim*

Obrigação para a lei, 119-67
Ogletree, Charles, 28-30
Ônus da prova e defesa, 286-9

Parsons, Talcott, 189
Paulsen, Michael, 137
Perjúrio no divórcio, caso do, 120, 161-7
Positivismo, 26, 56-78, 119-67, 241-2, 293
Post, Robert, 145
Pound, Roscoe, 52, 306
Profissionalismo como trabalho significativo, 169-211
Propósito *versus* forma, 223-31
Proprietários racistas (cláusula restritiva), caso dos, 71-5

Razão prática, 32-7
Recalcitrante S & L, caso do, 7-9, 25, 60, 205-6, 247, 257-61
Regras *versus* padrões, *v.* Normas categóricas e Normas contextuais

Representação sindical, caso da, 234-41
Ruskin, John, 115

Sacks, Albert, 44, 72, 76, 202-3
Sharswood, George, 96-7
Sonegação fiscal, 121-2, 163, 219-20, 226-8
Substância *versus* Processo, 215-23
Substantivo, ponto de vista da legalidade: definição, 127 discussão, 127-67, 241-2, 293

Talk of the Town, The (filme), 145
Thibaut, John, 105-6 n.28

Tushnet, Mark, 72

Verdict, The (filme), 145, 146-7
Visão Contextual: descrição, 14-8, 212-61: defesa, *passim*
Visão do interesse público, descrição, 12-3
Visão Dominante: descrição, 11-4; crítica, *passim*

Walker, Laurens, 105-6 n.28
Weber, Max, 174-5, 190
Wiebe, Robert, 171, 191
Wilkins, David, 110 n.35
Wouk, Herman (*The Caine Mutiny*), 184-5 n.9

Impressão e acabamento
Cromosete
GRÁFICA E EDITORA LTDA.
Rua Uhland, 307 - Vila Ema
Cep: 03283-000 - São Paulo - SP
Tel/Fax: 011 6104-1176